日本戰國梟雄錄

西國篇

遠流

目錄

〈自序〉人間萬事消磨盡，只有清香似舊時 8

前後三次驅逐將軍 三好長慶

起 細說從頭：將軍衰，權臣興 12

✦應仁之亂後的將軍人選問題✦管領權在握，人稱「半將軍」✦主君無子嗣，家臣選邊站✦抬轎有功任管領
✦多方勢力決戰船岡山✦睽違十年返領地，義興打造小京都✦管領、將軍鬧內鬨
✦「落跑將軍」跑到人生終點線✦高國喜獲新將軍人選✦適逢厄年，退隱又復出

承 權力轉移再下一層：管領衰，家臣興 27

✦將軍人選鬧雙包✦若無三好與足利，管領細川不成事✦元長功高震主，內鬨將他清除✦天文法華之亂，三大宗派打成一團

轉 三好長慶竄起，建立畿內霸權 35

✦初次上洛求職，看清主君實力✦復仇對象第一號：木澤長政✦「憑什麼是你當管領！」✦「劍豪將軍」稚齡登上歷史舞台
✦一戰成名！畿內新強權誕生✦長慶翻臉投敵，爆發江口之戰✦江口之戰終結細川專政✦反對勢力瓦解，長慶無人能敵

合 手足同心，霸業奠基：三好四兄弟 50
✦三好義賢✦安宅冬康✦十河一存

外一章 「劍豪將軍」足利義輝 58
✦天份過人的刀客✦調解糾紛，聲望大增✦信長、景虎相繼上洛✦軍神力挺效忠，接班關東管領

舉世無雙一梟雄 松永久秀

起 刀劍茶歌樣樣精通 66
✦早年經歷是個謎✦佛教勢力興盛的大和國✦長慶佈局護京都，決定先往丹波攻✦打完丹波，再攻大和✦文武雙全，名聞京畿

承 蠶食鯨吞滅主家，心狠手辣殺將軍 77
✦三好長慶最輝煌的一刻✦信長奇襲桶狹間，長慶亦獲漁翁利✦聲勢攀頂，意味著下坡來臨✦長慶逼死三弟，久秀獨攬大權
✦先是操弄幼君，接著鏟除將軍✦四大惡人爆內鬨，神佛殿堂成戰場

轉 信長出手，久秀龜縮 90
✦信長上洛，逼走在位時間最短的將軍✦九十九髮茄子換一命✦將軍義昭與「御父」信長關係急凍
✦多方圍攻信長，尚未分出勝負✦筒井城四年三度易幟✦上演叛變鬧劇，勢力只餘二城

合 梟雄人生爆炸性的最後一幕 102

◆同時與最多人為敵的日本紀錄◆六天魔王火燎比叡山◆無視久秀再反叛，信長收拾包圍網
◆三好家幾乎全滅，久秀也只餘一城◆纏鬥四年，長島一向一揆慘烈終結
◆包圍網再啟動，久秀三掀反旗◆日本史上首見引爆火藥自殺◆相關軼事及子孫發展

戰國第一智將 毛利元就

起 身為次子無人看好：乞食若殿就任家督 118

◆始祖原為公卿，輔佐鎌倉幕府◆飽受輕蔑的「乞食若殿」◆兵力經驗皆不利，初陣計取武田氏
◆二大之間難為小，元就正式任家督◆老江湖暗算小狐狸

承 大內尼子激戰，毛利夾縫求生 129

◆安藝境內結姻親，東向備後得盟友◆吉田郡山城之戰，毛利受困◆大內一萬五援軍出動，尼子慘敗
◆大內氏反撲：月山富田城之戰◆元就斷後，九死一生◆尼子大內元氣耗，毛利從中趁勢起

轉之一 兩川體制成形 143

◆兩川之一：山陰的吉川氏◆兩川之二：山陽的小早川氏◆二子吃兩川的深謀遠慮

轉之二 毛利聲勢飛漲，力克左右雙霸 149
◆大內家臣下剋上，幕府巴結尼子家◆晴久「藉由」元就之手除去新宮黨？◆為與尼子決戰，首先爭奪銀山◆轉贈皇室的高竿計策

合 終於殲滅尼子家，但不冀望得天下 158
◆與大友議和，以對付尼子◆先取白鹿城，阻絕海上補給◆攻陷月山富田城，殲滅死敵尼子氏◆遺訓高瞻遠矚，福澤被及子孫

腳跨陰陽手握智珠 尼子經久

起 根據地為神話之鄉，始祖為婆娑羅大名 170
◆出雲登上日本歷史舞台◆「人間世界」的統治者誕生◆始祖上溯南北朝時代佐佐木氏◆佐佐木氏分家，京極氏擁主有功◆本家京極沒落，分家尼子興起

承 最早的戰國大名 182
◆年輕家督太躁進，流放期間蓄實力◆智巧奪回居城，最早戰國大名登場◆厚積地方實力，只參與一次中央戰役

轉 山陰山陽十一州太守誕生 187
◆掌握人心，從信仰下手◆海岸線兩顆明珠帶來財富◆豐饒穀倉，還有優質鐵砂◆中國地方山雨欲來

合 霸業宛如曇花一現 194
✦狼吞虎嘯十一州✦笛藝要了繼承人的命✦烏雲滿佈的繼承問題✦「花之殿樣」的最後一程

暗殺盜國第一名
宇喜多直家

起 來自朝鮮的氏族 204
✦宇喜多起源的神話✦祖父奠定下剋上的基礎✦「八郎！你一定要光大家業！」

承 幼齡繼任家督，展現過人心機 211
✦攜家帶眷水路逃命✦十歲就會裝瘋賣傻✦討平叛亂叔公，從一座破城展宏圖✦暗殺生涯中頭一個受害者
✦毛利氏直逼備中、備前而來

轉 盜國、結盟、背叛 221
✦貌合神離，君臣攤牌✦結盟之手伸向毛利✦兩家和解，三家倒楣✦山陰名門尼子氏盡滅

合 備前大梟雄撒手人寰 229
✦雙手沾滿鮮血地離開人間✦毛利、宇喜多直接對決的最後一役✦宇喜多秀家，老大徒傷悲

貪欲無饜的軍師

黑田官兵衛

起 祖輩漂泊至播磨，父親發達成家老 234

✦集軍師梟雄於一身✦從近江黑田氏到備前黑田氏✦催生幕府有功，赤松獲贈播磨✦刺殺將軍爭權力，授人把柄遭剿平

✦販賣眼藥起家，富商晉身家老✦黑田氏入主姬路城✦生下即是少城主，畿內之旅拓見聞✦成為天主的子民

承 看好織田信長，攀上柴羽秀吉 246

✦逆向操作，壓寶信長✦兩大軍師的夢幻共演✦織田大軍馳援，強壓中國戰線✦自願出使，遭囚地牢

轉 邁向梟雄之路 254

✦荒木家慘遭殺絕，別所氏本家滅亡✦姬路城換來大名身分✦秀吉攻勢順利，聞變急返京都✦抖露秀吉野心的一句話

合 縝密籌劃趕不上局勢變化 262

✦四國沒分到，九州又嫌少✦君臨豐前，殺雞儆猴✦「讓人不寒而慄的是黑田」✦坐擁九州積實力，冀望收拾東西軍

✦天下大業壞在兒子手上

參考書目 271

〈自序〉

人間萬事消磨盡，只有清香似舊時

這是我的第二部著作。

早在○四年十月前作《日本戰國風雲錄》初稿即將完成時，我開始思索一個問題：「如果還有下一部，我該以哪個時代為背景？」

完稿的同時，我也確定下一部依舊鎖定日本的戰國。○五年確認《日本戰國風雲錄》的出版成為可能後，幻夢再也不是不可編織的了。但時代雖已拍板，內容依舊毫無頭緒。我困擾許久，直到讀完十五、六世紀佛羅倫斯人馬基維利（Niccolo Machiavelli, 一四六九～一五二七）於失業後撰寫的巨著《君王論》，腦海中電光石火地閃過答案——戰國的梟雄。已經敲定了主題和內容，對那些在部落格留言問我下一部可否寫些源平或幕末事蹟的網友，只能說聲抱歉了。

○五年初開始動筆。本作以戰國時代的二線人物為主，下筆後很快就遇上瓶頸，內在和外在的種種因素讓這本書延宕下來。這幾年間面對取材、構思，以及工作、課業的壓力，殫精竭慮，外表依舊童山濯濯，同時還早生華髮，甚至塵滿面，鬢如霜。

期間曾和編輯吳倩怡小姐見面討論三次，每討論一次，範圍就自然而然擴大，這也是本書執筆期會這麼長的原因之一——幸好只討論三次！最後敲定以畿內為界，將日本分為東國和西國，分部撰寫。本作《西國篇》收錄阿波的三好長慶、大和的松永久秀、備前的宇喜多直家、播磨的黑田官兵衛、安藝的毛利元就以及出雲的尼子經久，他們的事蹟將在正文中提及，序文便不贅述。

原本我寫了一篇將近三萬字的〈梟雄論〉，想對此一名詞做較明確的解說。實際上，「梟雄」很不容易詮釋，與英雄間的劃分更是難上加難。古希臘歌詠的英雄在歷史上其實並不多見，與其說他們是英雄，不如說是文人筆下的理想英雄形象，現實世界裡的英雄——甚至各領域的頂尖人物——多少都帶有梟雄性格。或許應該這樣說：我們所認識的英雄人物，其實是英雄和梟雄的混合體，或許是這樣，兩者才會有那麼多相似之處。

舉個例子，幾年前我在大學母校附近的舊書攤（逛舊書攤一直是我的嗜好）買到月刊《歷史と旅　特集　下剋上の戦国史》，羅列七名戰國梟雄，後人耳熟能詳的北條早雲、宇喜多直家都在其中，令人意外的是武田信玄、上杉謙信也榜上有名，反而齋藤道三、松永久秀意外出局。可見英雄和梟雄的界線恐怕很難說得清楚。

正因如此，我覺得單單在梟雄的定義上著墨只是作繭自縛，所以交稿時沒有附上該文。我想，拿掉那篇不成熟的文字對全書應不構成影響。以人物為出發點，旁及相關事件、時代背景與連串戰役的本作，格局上或許小了許多，然而我相信深度應該勝過前作。

二〇一〇年七月，我又去了一趟京都，特意前往比叡山延曆寺以及奈良東大寺，看看聖武天皇窮一代財力鑄造的盧舍那大佛，以及遭松永久秀付之一炬的大佛殿。想到自己置身歷史現場，加上感受到的古都氛圍，暢快自得的心情悠然而生。

近幾年日本國內掀起一股空前的歷史熱潮，大量年輕女性開始接觸以往被她們視為畏途的歷史——特別是以戰國時代為背景的大河連續劇、電玩、漫畫、小說，更受到歡迎。這樣的女性被稱為「歷女」。或許這只是一時風潮，但若有更多人因此對歷史產生興趣、進一步想追求更多相關知識，都是好事一樁。希望台灣也能出現更多喜愛古今中外歷史的同好，不管男女老少。

今後也請多多支持維揚的作品。

三好長慶

みよし　ながよし

前後三次驅逐將軍

【生卒年】一五二二～一五六四。

【根據地】攝津越水城。

【性格特徵】因主家細川氏漠視父親的死亡，對之滿仇恨，而且主家在應仁之亂後越俎代庖凌駕將軍之上，後來主家式微，使三好長慶也充滿取而代之的心理。

【特殊事蹟】前後三次驅逐足利幕府將軍義晴、義輝，然而始終不願犯下弒君罪行，主動低頭率軍迎接將軍回京都。

【最大領地】山城、攝津、河內、和泉、大和、阿波、淡路、讚岐、丹波、部分的若狹、播磨以及伊予，將近有十國。

【最後結局】在長子義興以及三個弟弟都比自己早逝的情況下，抑鬱而終。

【家族命運】長慶死後，本家斷絕。分家的三好康長晚年成為秀吉的御伽眾，收養秀吉的外甥「殺生關白」秀次為養子。

【梟雄度】★★★☆☆

起　細說從頭：將軍衰，權臣興

❖應仁之亂後的將軍人選問題

一四六三年，原本就沈迷茶道、作庭等文化活動的室町幕府八代將軍足利義政，因為厭倦管領與守護大名爭權，導致政局紛擾、連年戰亂，後嗣又已早夭，便決定把將軍大位讓給已經出家的弟弟義尋（還俗後改名義視）。但是兩年後他和正室日野富子生下了義尚，局勢就大不相同了。

一四六七年，綿延十年的應仁之亂爆發，整個京都淪為戰場，燒燬大半。一四七三年，情勢還不穩，義政便匆匆讓位給兒子義尚，自己快活逍遙去了；而背負著「原罪」出生的義尚，雖然小小年紀就當上第九代足利將軍，實權卻握在生母日野富子手中。為了鞏固兒子的地位，富子不惜找來山陰、山陽地區的大領主山名宗全做義尚的監護人，對抗義政之弟、也就是小叔義視的監護人細川勝元。

義尚擔任將軍的十餘年間，自稱「尼御台」（「御台所」即征夷大將軍的正室之意）的富子大為活躍，被她冷落在旁的兒子義尚，只能沉醉於酒色財氣。一四八九年，還未有初陣經驗的義尚，率領聯軍討伐近江南部大名六角高賴（【信長之野望】系列中六角氏大名義賢之祖父）的居城觀音寺城。義尚雖然身為大將，但是麾下軍隊並不完全聽命於他，鬱鬱不得志的義尚病逝陣中，得年僅廿五歲。

這下子將軍人選一時難產。義尚沒有子息，也無兄弟，第十代將軍勢必得從旁系產生，看來人選只有一個：應仁之亂的另一「元凶」義視之子義材。不過幕府管領細川政元（勝元之子）並不認同，結果是五十四歲的義政拖著老命回鍋擔任將軍──從必須獲得管領「認可」這點就能嗅出將軍聲威已不復往日了。

重做馮婦不到一年，義政也駕鶴西歸，將軍的繼任人選又成為各方的爭執焦點。前任管領畠山政長主張由義材繼任，現任管領細川政元則主張由義政的二哥政知──當時已被派到關東擔任堀越公方──的次子義遐擔任。兩方誰也不肯讓步，眼見又將重演應仁之亂的悲劇，這時日野富子挺身而出，強行指定義材為第十任將軍，才暫且化解一場干戈。

一生中總是和大位錯身而過的義視，目睹愛子義材被當年欲置自己於死地的兄嫂拱上將軍寶座，內心應該頗感安慰。被尊稱為「今出川

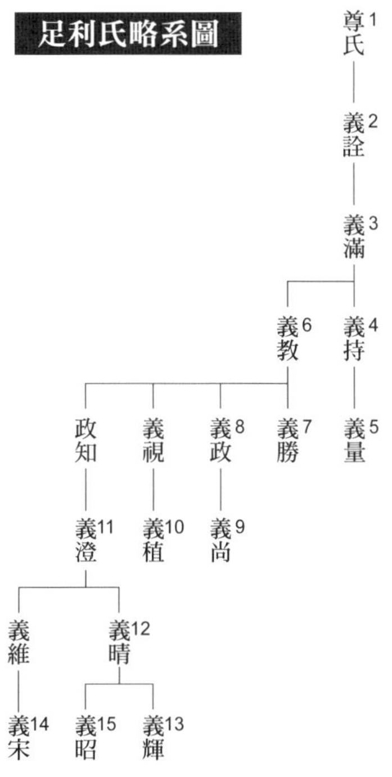

足利氏略系圖

管領

負責輔佐將軍管理、支配領地，是幕府中央最高行政官。將軍對地方守護的命令皆須透過管領傳達。依照慣例，管領一職由足利氏下的有力守護細川氏、斯波氏、畠山氏三個家族輪流擔任。

殿」的義視心情一放鬆便在第二年病逝，享年五十三歲（死後追贈從一位太政大臣）。附帶一提，應仁之亂的關係者中，最晚死去的正是素有「惡妻」之稱的日野富子，比義視多活五年，一四九六年以五十七歲之齡逝去。

義材就任將軍後，對並不支持他的年輕管領細川政元百般籠絡，先是給予近江守護職位，再追加山城守護。一四九一年的政元同時身居山城、近江、攝津、丹波四地的守護（後兩地是細川本家的世襲地），若再加上同族分家的領地，則細川氏擔任全日本六十八國當中的九國——山城、近江、攝津、丹波、和泉、備中、淡路、讚岐、阿波——守護之職，這是十五世紀末應仁之亂後日本最強大的勢力。

❖管領權在握，人稱「半將軍」

義材費盡心力地對政元示好，但成效不彰。

公方

原本指「公家の方」。符合這種説法的當然只有天皇，範圍可擴及朝廷。到了鎌倉時代，公方改指將軍，室町時代則專指足利將軍及其一族。由於足利家實力過於薄弱，只要兩個較大的守護大名聯合起來，就足以對將軍家造成威脅，加上足利家本身也內訌四起，常會有落敗者逃到地方上被守護大名拱出來當個割據一方的土霸王，這些足利家成員也都冠上「某某公方」之稱，例如平島公方、堀越公方、小弓公方以及堺公方。進入江戶時代，公方成為專指德川將軍的代稱詞，如五代將軍德川綱吉素有「犬公方」之稱。

一四九三年，義材和畠山政長領軍攻打政長位於河內的同族畠山基家，政元趁機在京都掀起「明應政變」。他不但迎接十四歲的義遐為新任將軍，並親自追擊前任將軍義材。結果畠山政長於亂軍中自殺，義材遭生擒帶回京都，被迫交出將軍家傳的鎧刀。義遐得了鎧刀，遂獲承認為室町幕府第十一代將軍，同時改名義澄。獲益最大的當然是細川政元，不僅剷除政敵，坐穩管領之位（直到一五〇七年遭暗殺為止），更扶植一位聽命於己的傀儡將軍，大權在握的他被同時代的人戲稱「半將軍」。

遭幽禁的義材後來逃出京都，前往北陸地方的越中。他在那裡鼓動能登畠山氏為死去的本家家督復仇，得到熱烈回響；接著說服越中境內的一向宗，也讓他們派出兵力。六年後（一四九八），義材挾北陸勢力殺回京都，然而在比叡山下遭「半將軍」迎頭痛擊，先鋒部隊潰敗，義材只好逃往越前，投靠該地新興勢力朝倉氏。為了去霉頭，改名義尹，一年後轉投到西國強力大名大內氏的庇護傘下。

在室町末期的細川本家來說，政元算是一號人物，尤其和他前後任的細川本家家督相比，更是傑出。但他有個致命缺點：迷信鬼神、喜好修練各種通神之術。為了和鬼神溝通，政元長期遠離女色，因此他一直沒有子嗣。

❖主君無子嗣，家臣選邊站

堂堂的幕府管領豈能沒有繼承人？於是政元先後認養了前關白九條政基之子澄之、阿波守護家義春之子澄元、典廄家政春之子高國。管領細川氏共有四家，地位高低依序為：京兆家（細川本家）、典廄家、阿波守護家、上守護家。三名養子中，高國的血緣和政元最接近，理應是第一順位繼承人，但政元屬意的卻是澄元。

自古以來，政權繼承人若不先確認，往往容易發生動亂；如七世紀末葉天智天皇「走」得倉促，害得弟弟大海人皇子和兒子大友皇子，叔姪火併厮殺。在塵埃尚未落定的情況下，一旦出現資格符合的可能人選，周遭必定會聚集黨徒意圖「壓寶」，而根據黨同伐異的「原理」，這些團體必定彼此對立。更嚴重的是，即便坐轎的人想退出，抬轎的人可不讓退。因為只要鬥垮其他競爭者，擁立有功，個個都能成為「國王的人馬」。

政元的家臣中自然也因此出現派系。細川氏家老之一、出身讚岐的香西氏和他的部屬藥師寺氏支持澄之；另一家老、出身阿波的三好氏押寶澄元。一四六六年出生的政元進入十六世紀也不過才三十四、五歲，在「人間五十年」的當時要「自然歸天」也沒那麼快，這群等不及的「轎夫」便決定自己動手。

一五〇七年六月廿三日，政元在自宅齋戒沐浴，被澄之收買的貼身侍衛拔刀刺死。幼名聰明丸、渾名「半將軍」的政元機關算盡，卻算不到會被公卿出身的養子結束性命，史稱「永正的錯亂」。

政元一死，家老香西元長立即呈報幕府，使其承認澄之為細川京兆家家督，香西更領軍擊退心有不滿的澄元、三好之長（長輝）聯軍。同年九月七日，三好之長率軍反撲，香西不敵遇害，年僅十九歲的澄之被迫自殺，細川京兆家的家督改由澄元擔任。經此一役，明眼人都看得出來，將軍的權力正從管領細川氏手中慢慢轉移到其家老三好氏之手了。

細川氏的內訌並未因此告終，這點或許在當時還沒有很多人看出來。人在周防的前將軍義尹聽到消息，拍手叫好，認為老天爺開眼！人間有公理！他趕緊說服周防的割據勢力大內義興（大內氏的亡國君義隆之父），要他護送自己回京都「復辟」。

的確，以血統來看，義尹的父親和義政是同母兄弟，他和已故的義尚是如假包換的堂兄弟，而義澄的父親政知和義政、義視不同母親，在嫡庶分明的時代，豈有放著嫡系不管、卻讓庶出即位的道理呢？

❖抬轎有功任管領

義尹、大內義興聯軍，一五〇八年六月十八日在政元另一名養子高國的帶領下，重回闊別十四年的京都。高國的血緣和政元最接近，可是在細川家內訌期間卻最沒有人擁護，讓他備覺委屈。好不容易有這次機會，於是他前往堺港迎接落難將軍歸來，希望能獲得政治酬庸。

大內、高國聯軍來勢洶洶，將軍義澄和細川澄元都沒有作戰經驗，於是連夜逃跑。義澄和澄元來

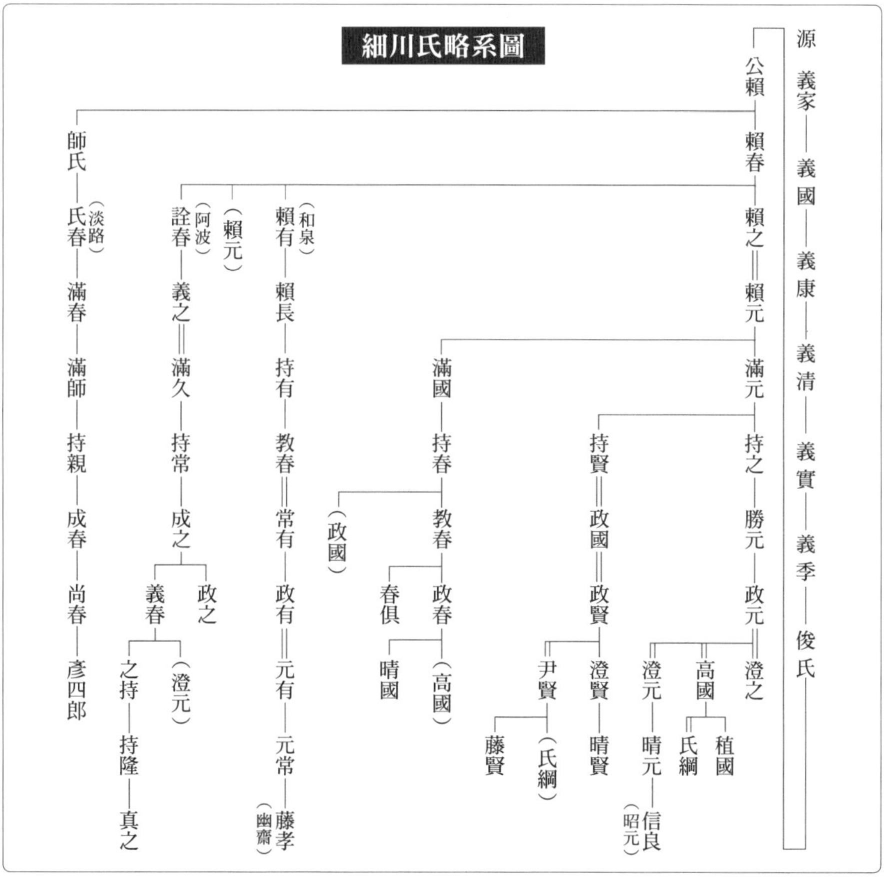

不及逃往三好氏的根據地阿波——因為堺港在義尹方面的控制下——匆忙中只能就近逃往近江，投靠讓他堂兄斃命的六角氏。

七月一日，義尹重新受命為征夷大將軍。為慶祝這天大喜事，義尹再次改名為義稙（另有一說是一五一三年十一月才改名），並且任命兩大功臣大內義興、細川高國為管領。

細川氏本來就是幕府三管領之一；可是大內氏的家世最高只能當到守護代，而且並未兼任幕府任何職位。更別說義興的先祖義弘，還曾在一三九九年的應永之亂中和義稙的先祖義滿兵戎相見，大內氏等於有內亂罪的「前科」。世事變化，在傳了五代之後，大內氏「漂白」成為堂堂的幕府管領了。

❖多方勢力決戰船岡山

不過敗者並未就此乾脆認輸。一五〇九年六月，擁戴澄元的三好之長從近江起兵，進攻京都。然而尚未進城，三好便敗於兩位新管領之手；兩個月後，三好整軍再戰，依然吞敗仗。之長慌忙簇擁澄元逃回阿波，他的長子長秀在撤退時和父親走失，獨自退到伊勢，在那裡遭到伊勢的割據勢力北畠氏殺害，留下九歲的兒子元長。

一五一一年七月，人在阿波的細川澄元糾集畿內反高國、義興的勢力，準備捲土重來。就在澄元、之長八月率軍進京時，在近江避難的前將軍義澄病逝，年僅三十二歲。他一生多災多難，童年在京都天龍寺（京都市右京區，屬臨濟宗，「京都五山」的龍頭）出家渡過，十三歲被迫還俗成為第十一代將軍，之後始終擺脫不掉權臣操弄。臨終時留下三歲庶子義冬（後改名義維）及襁褓中的嫡子義晴。日後，不只這兩個兒子，連孫子（義維之子義榮，義晴之子義輝）都逃不出命運的宰制：先後登

六將軍的生沒年表（沒年的年歲）

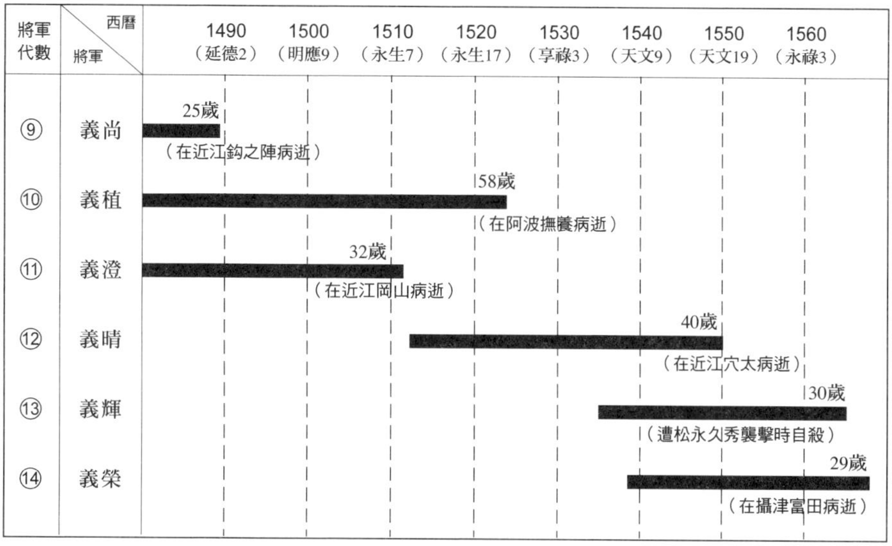

上將軍寶座的義輝（十三代）、義榮（十四代），都被當時還在神峰山上修煉的松永久秀玩弄於股掌之上。

進京路上有不少勢力投靠澄元，如紀伊的遊佐氏、管領畠山氏、播磨的赤松氏、甲賀眾，加起來該有一萬餘到二萬之間。當時擁護義植的義興和高國在京都的兵力只有數千之譜，因為形勢不利，援軍也尚未進京，因此義興選擇暫且退出，待和援軍會師後再返京都，將軍一行則「轉進」丹波，等待援軍到來。

沒想到前來護衛的軍隊竟然不少：能登的畠山義元（管領畠山氏的分家）、陶興房（晴賢之父）、尼子經久、毛利興元（元就之父）、安藝的豪族吉川氏和小早川氏等，據說連九州地方也派出軍隊。看來將軍雖在畿內不值錢，但是騙騙鄉下大名倒還遊刃有餘。

這些兵力加起來估計在三、四萬之間，義興將之整頓後稱為大內軍，八月廿三日，從丹波返回京都，和細川軍在洛北的船岡山城（京都市北區紫野船岡町）短兵相接。話說當年應仁之亂正酣，西軍的統帥山名宗全曾在此佈陣以待東軍到來，此地因而有了「西陣」之名。

雙方開戰後，細川軍的六角氏突然倒戈，使得兵力本就居於劣勢的細川軍更是陷入苦戰，最後澄元的族人細川政賢戰死，細川軍敗退撤出京都，陣亡三千四百多人，約占總數的五分之一，可說損傷慘重。自從應仁之亂以來，船岡山之戰是首次出現雙方有多股勢力在同一場戰役中較勁；這樣場面的再次出現，已經是七十一年後的山崎之戰了。

❖睽違十年返領地，義興打造小京都

自從一五〇八年六月義興護送義稙返回京都起，直到一五一八年，他已經離開領地——周防、長門、安藝、石見、豐前、筑前——有十年之久。在下剋上的時代，主君離開領地太久是件危險的事，不只得擔憂外敵侵犯，連家臣的後腦勺都會不知不覺長出一塊反骨。鎌倉公方（足利將軍家旁系）的權力是如何一點一滴被家臣上杉氏（即關東管領）攫走，義興想必知之甚詳；加上大內氏領地的東邊還出現了新興強敵——有「十一州太守」「陰陽第一太守」之稱的尼子經久，義興再不回到領地的話，可能就要無家可歸了。

義興離開京都的決定讓將軍義稙及另一位管領高國萬分無奈，少了靠山，牛鬼蛇神將充斥京都內外，特別是阿波的京兆家家督澄元和他的手下三好等人，必定虎視眈眈。

義興於一五一八年八月離開京都時，很多公卿攜家帶眷跟著去到遙遠的山口——大內氏的居城（山口縣山口市），讓這個從來不曾沐浴在王道教化下的小城漸漸沾染文化氣息。此後三十餘年，山口是當時日本罕見的安定之地，不但有大內氏獨占對明貿易帶來的富庶，而且是文化傳佈之地，因此有「小京都」之稱（這美名並非山口獨有，弘前、酒田、金澤、高山、中村都是名聞一時的「小京都」），羨煞各地。如果不是身為將軍、管領，義稙和高國應該也很想成為移居山口的一員吧。

❖管領、將軍鬧內鬨

大內義興和細川高國在船岡山擊退京兆家督細川澄元及其家老三好之長，氣焰益發高漲，連將軍都不放在眼裡了。這也難怪，因為義稙在這場戰役幾乎毫無貢獻度可言——手中無一兵一卒，既沒出軍餉，也沒能力籌措軍糧，許多助陣勢力表面上衝著將軍而來，但分析後可以發現，大內軍的兵源主要來自中國地方，而大內義興又是這一帶擁有六國守護的實力派大名，毛利、尼子、吉川、小早川諸氏顯然是要向大內氏表態盡忠才派兵助陣。兩位管領當然會認為眼前這位將軍——甚至幕府——已經一無是處了。

先前已有這樣的心理背景，現在義興一回去領地，義稙和高國的衝突便完全浮上檯面，沒得轉圜。即使有澄元、三好的外在威脅，也無法讓他們團結一致。義稙已經受夠這個不把自己當將軍看待的管領了。他認為就算澄元攻來也無所謂，再怎樣也不會比高國更討厭。因此當澄元再次率領三好、海部、香川、安富等四國勢力從今天的兵庫縣登陸殺入京都時，義稙拒絕和高國出亡。

流傳至今的史料都找不到澄元擔任幕府管領的記錄，因為當時已有高國這位管領——或許義稙曾經承諾，只要把高國除去，便以此職相贈。不過澄元永遠也沒能等到這一天。一五二〇年四月，高國再度捲土重來，在近江南部的大名六角定賴（前述的高賴之子、義賢之父）

支援下，從近江坂本出兵，突然現身京都，痛擊沉浸在勝利喜悅中的澄元、之長等人。

為了讓澄元有充裕的時間逃出，之長負起殿後的重責。當軍隊撤退時，負責殿後的部隊最危險。他們的職責是阻擋敵軍追擊，為友軍爭取時間；換句話說，不會得到友軍支援，除非友軍已脫離險境後再派兵前來。其次，殿後的目的在於讓友軍安全脫險，所以必定會暴露在危險中最久，也常受到敵軍最凶猛的攻擊；即便終將失敗，也要盡量拖延時間。其三，敗象已露、彈盡糧絕又身陷敵境，殿後部隊很容易出現逃兵。之長正是在這種情形下兵敗被捕。

他的長子長秀已先他而去；次子長光、三子長則和他一起受縛，父子三人同時遭斬。之長死時六十三歲，只留下四子康長（號笑岩）、么子長逸（日後的「三好三人眾」之首）以及長孫元長（別號海雲）。另一種說法是康長為長秀之子，長逸是長光之子，元長則是之長么子——如果此說成立，那元長之子千熊丸長慶就不是之長的曾孫，而是孫子了。

澄元雖然僥倖逃出，但已病重的他也沒能多活，六月逝於三好氏的發源地阿波，遺有年僅七歲的獨子六郎（元服後改名晴元），由分家阿波守護家撫育。勝利的高國雖然沒有流放待宰的義稙，但兩人已貌合神離，翌年三月，義稙很識相地離開京都，他能去的地方依然只有阿波。

❖「落跑將軍」跑到人生終點線

說起來義稙真是一生勞碌。當上將軍後三次「跑路」，每次都在九死一生中度過，其倒楣程度不輸日後的十五代將軍義昭。沒有子嗣的義稙，晚年流亡到阿波後認養曾和他爭執大位的義澄的庶子義冬，看來似乎有意讓他成為下一代將軍。阿波的細川氏和三好氏為討好他，

十代將軍足利義植輾轉路線圖

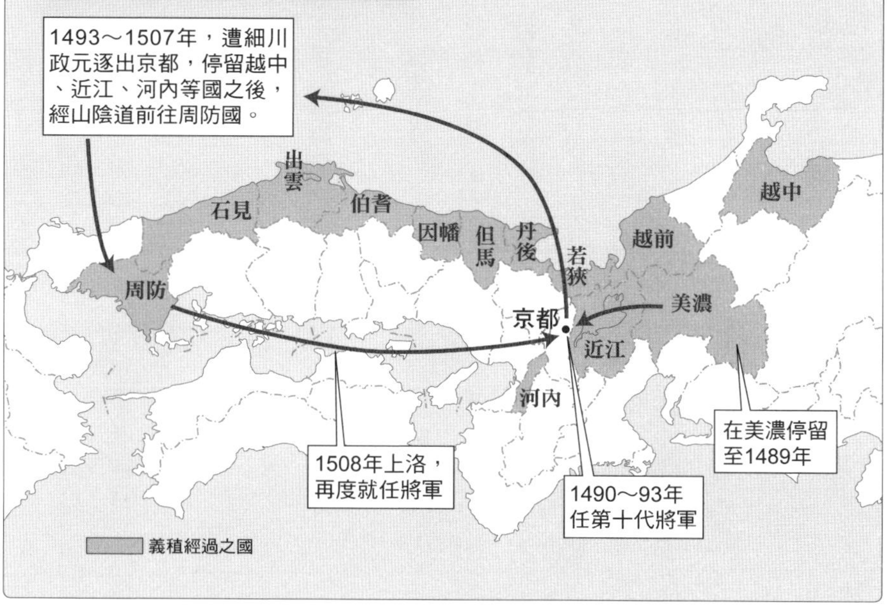

在阿波西南方的那波郡平島莊蓋了居館，住在這裡的義冬因而被稱為「阿波公方」或「平島公方」。

義冬的長子義榮後來成為第十四代將軍，家業則傳給次子義助；之後的長宗我部元親和秀吉都給予平島公方獨立的財政和自治權。江戶時代，阿波成為蜂須賀氏的領地，蜂須賀氏只給義助的後人約一百石俸祿，取消形同獨立的待遇，等於將其納為家臣。義助的後人認為這是侮辱，主動放棄，回京都定居。明治維新後，義助的後人準備向新政府申請爵位，他們認為自己雖不爭氣，但畢竟系出名門（比德川氏更具備河內源氏的血統），至少伯爵的爵位跑不掉；然而明治政府認為是他們主動放棄領地俸祿，因此只給予士族資格，反而給足利氏的旁系、古河公方的後人（改姓為喜連川氏）子爵之爵位。

義植前三次逃出京都都還有返回之時，這一

次他老了，跑不動了，長年顛沛流離且又困頓的生活啃噬健康，一五二三年四月九日，義稙在擁護的權臣翻弄下走完一生。他在日本最後的駐足地是阿波的撫養城（德島縣鳴門市撫養町），享年五十八歲。

❖高國喜獲新將軍人選

對於義稙的出走，管領高國並無任何不捨，這是為什麼呢？因為他手中已有另一張王牌。據說在船岡山之役開戰前，播磨的守護大名赤松義村曾前往近江探望即將斃命的義澄，接受他託孤，將嫡子龜王丸帶回播磨撫養。十年後義村帶這位「奇貨」來到京都，想藉著龜王丸雞犬升天。義稙出走後正愁沒有繼任人選的高國當然喜出望外，然而他只履行了一半承諾：搶了龜王丸後，就讓義村「升天」了。

為免夜長夢多，高國在一五二一年七月就讓龜王丸敘從五位下的官位（只有官位沒有官職，等於「無官大夫」），同年十一月廿四日強迫十一歲的龜王丸元服。同一天改名義晴；隔天任命為左馬頭。這個官職對足利氏來說意義非凡，高國這樣安排，當然是有立義晴為第

左馬頭

左馬頭是律令制下「左馬寮」的長官，官位從五位下。馬寮，顧名思義是飼養、訓練各國進貢給朝廷的馬，唐名稱為「典廄」，到平安末期幾乎都由武士出任。

一三四四年，足利尊氏為剛元服的十五歲長子千壽王命名為義詮，同時並任命左馬頭，從此以後，從五位（包含上和下）和左馬頭成為足利家將軍繼承人的指標。必先有從五位官位的敍任（若敍位時年紀尚幼，則先給予官位），俟元服後先從左馬頭任職起。整個室町幕府共十五代足利將軍之中，只有第一代的尊氏不是循此模式晉昇。

十二代足利將軍的打算。

果然，一個月後，義晴成為「室町第」（足利將軍居所，又稱「花之御所」）的新主人，也就是室町幕府的第十二代將軍。這位年僅十二歲的稚子當然無法收拾亂局，甚至他們這代人也都做不到。

義晴成為將軍不久，一五二二年新春，本篇的主角也降臨人間了。二月十三日，三好家家督元長喜獲麟兒，前年一連喪失幾名家族成員的陰霾一掃而空。男孩名為千熊丸，元服後改名孫次郎利長，一五四八年上洛前夕改名筑前守長慶，是大梟雄松永久秀的頂頭上司。不過這對「君臣」的會面還需等待十七、八年後。

❖適逢厄年，退隱又復出

細川高國自從和大內義興攜手擁護義植重返京都、因功獲任命為管領，到一五二五年四月卸任為止，霸占管領之職長達十八年，任期在整個室町幕府時代可排第三位。高國卸任時已四十二歲，這在「人間五十年」的戰國時代算是步入人生的暮年。十八年來高國屢次擊退強敵，可幕府的聲望一點也沒有振興，全國依然處在分裂鬥爭的局面，這多少讓他有點心灰意冷，但讓他決定卸任的主因是一五二五年迎來的「厄年」。

所謂的「厄年」，意指人到某個歲數會頻頻遇上不可抗拒的災難。日本古代對於災禍降臨多歸因於天時運行和個人運數不協調，此說是受中國戰國以降至西漢盛行的陰陽五行、讖緯之學，以及佛教的影響。佛教於西漢末年傳入中國後和儒、道結合，進而在六世紀中葉傳入日本，此後日本的佛教更融合源自中國陰陽五行學說的陰陽道（平安時代有名的陰陽師安倍晴明，便任職於講授「陰陽學」的陰陽寮），於是孕育出厄年這種類似讖緯的學說。

男女精、氣、神不盡相同，對自然界各種現象反應自是有異。當時普遍相信女性在十九、三十三、三十七歲會遇上凶災，男性則是廿五、四十二、六十一歲，這便是男女的厄年。其中女性的三十三歲（音同さんさん，即「散去」之意）和男性的四十二歲（音同しに，即「死去」之意）尤為「大厄」。

高國一五二五年將家督之位讓給長子稙國，但是稙國同年就病逝，因此雖然恰逢厄年，他只好再任家督。

或許真是衰運當頭，翌年七月高國聽信親族讒言，殺死重臣香西元盛。香西氏和其本家丹波的波多野氏、三好氏向來是細川管領家的家臣；三好家的年輕家督元長又簇擁著細川管領家的另一嫡系晴元，在四國的阿波伺機而動。因此高國殺了香西元盛，不只是失去一名得力助手，更一口氣樹敵不少。

承

權力轉移再下一層：管領衰，家臣興

❖將軍人選鬧雙包

一五二六年，香西元盛的本家波多野在丹波舉兵，聲討高國。人在四國的細川晴元也在家老三好元長鼓動下，擁立第十一代將軍義澄的庶子義維（就是前面提到的義冬，第十四代將軍義榮之父）上洛。一五二七年二月十一日，晴元率領的三好軍（以三好勝長、政長兄弟為主）和波多野軍於大山崎會合，十三日在今日京都市右京區桂川一帶的川勝寺會戰。晴元陣營除三好家族，還有波多野稙通、柳本賢治（兩人皆為香西的同母兄）；高國陣營只有若狹守護武田元光（若狹武田氏第六代家督）。

三好陣營兵力三千，高國方面兩千四，推想這應該只是先鋒部隊，而非全部兵力。

雖然三好陣營折損勝長，但是依舊擊潰高國的先鋒部隊。三好軍一鼓作氣進攻高國位在東寺（又稱「教王護國寺」）的本陣，結果高國潰敗，簇擁將軍義晴倉皇往東逃到近江琵琶湖南岸的坂本（滋賀縣大津市）。此後的高國退出政治舞台核心，暫時蟄伏以尋求東山再起的機會；武田元光此後雖得義晴的信任，可是領地若狹卻從此不在自己的控制範圍。由於細川高國已經潰不成軍，落魄的將軍義晴在近江朽木谷（滋賀縣高島市）得國人眾朽木稙綱和近江守護、管領代六角定賴幫助，在此待了將近三年，義晴因而被稱為「近江公方」。

獲勝的細川晴元、三好元長，並不急著將足利義維送入京都，因為他們在京都的羽翼還不夠豐實，貿然前往只怕位子也坐不久。因此兩人三月廿二日才登陸本州，在靠海的堺另起爐灶。萬一義晴得到有力的守護大名支援而打過來，他們隨時可以上船返回四國，就算沒有再打回京都的實力和條件，至少不會因此一蹶不振。

於是一五二七年二月，在管領及守護大名各擁其主的情況下，足利將軍家分裂為二：正統的第十二代將軍義晴避居近江朽木谷，靠山是六角定賴，即為「近江公方」；至於旁系的將軍家成員義維，在細川晴元、三好元長的幫助下立足於堺，同年六月十七日向朝廷獻上太刀、馬匹，表達被任命為從五位下左馬頭的期望。前面已提及，這官位對足利將軍家具有無比重要的意義，到手表示將軍之位也不遠了。七月十三日義維如願以償獲得敘任，人稱「堺公方」。

國人眾

亦稱「國人」，即地方豪族。平安時代為皇室、貴族、寺社的莊園或公領管理人，聽命於地方國守；進入武家政權時代後，聽命守護（大名）或地頭。優勢在於熟悉地方勢力，不常到任地就職的守護大名，會挑選較友善的國人眾擔任「守護代」。

應仁之亂爆發後，守護大名或因參戰而無暇顧及領地，或因戰敗而勢力衰微，國人眾有些成功取而代之，成為新的割據勢力，如毛利氏、龍造寺氏、長宗我部氏等；如果守護大名依舊強大，國人眾或者與之對抗，或成為家臣，前者如村上氏，後者如真田氏。

❖若無三好與足利，管領細川不成事

許多合作，往往只是為了打倒共同的敵人。

當共同敵人已不存在或不再構成威脅，甚至新敵人已經成形，合作便告終結。對幕府管領細川晴元來說，擊潰細川高國之後，大他三歲的十二代將軍足利義晴並不足以成為新的敵人，心腹大敵乃是「蕭牆之內」的家老——三好元長。

出身清和源氏的三好氏，出自阿波的小笠原氏，是信濃守護小笠原氏的分支。該族在南北朝時期（一三三六～九二）屬南朝勢力，足利家第三代將軍義滿完成一統後，成為管領細川氏的分家阿波守護家的家臣。雖然主從原先分屬敵對陣營，但因為小笠原氏的發源地在阿波北部三好郡（德島縣三好郡），對當地頗有影響力，阿波守護家不得不加以重用。到了十五世紀末義長這一代，小笠原氏已兼任三好、美馬、板野的代官，三郡的面積占了阿波國三分之一大，實力在國內僅次於主君細川氏了。或許是為了與過去切割，義長斷然改採發源地三好為姓，他便是三好氏的第一代。戰國時代威震畿內、本文的主角三好長慶，正是他的五代孫。

應仁之亂開啟「下剋上」的局勢，守護大名無法維持領地秩序、而遭家臣「挾持」的情況屢見不鮮，阿波國也出現同樣狀況，把持細川家政務的正是家臣三好氏。由於管領細川晴元之父澄元出自於阿波守護家，因此從他開始，不僅上洛和細川高國爭奪畿內霸權必須仰仗首席家老三好氏，就連維持管領權威，也非得有其襄助；澄元如此，其子晴元亦然。

澄元父子可能忘了一件事：他們之所以能夠上洛打倒管領家內部的敵人，並非因為他們擁有管領這個虛名，而是因為有家老三好氏以武力為後盾。細川澄元因為內有三好之長支持，外加足利將軍這塊招牌，才得以於一五一八年以眾多兵力逼使本家細川高國出走；晴元也因為三好之長的孫子元長的兵力，方有能力護送足利義維上洛擊潰高國，並在堺港與落敗的足利義晴、高國對峙，伺機而動。

一五二七年的桂川之戰獲勝後，晴元與之長照理說可在京都落腳，等京都內外局勢安定，便可大舉進攻於近江朽木谷苟延殘喘的足利義晴，早早結束分裂的局面。特別是一五三一年細川高國發兵進攻堺，卻反遭三好元長突襲，被元長和細川晴元困在天王寺；六月八日，突圍無望的細川高國切腹，享年四十八歲（稱為「大物崩れ」）。

❖元長功高震主，內鬨將他清除

細川高國的死無疑給近江方面一記重擊。任誰來看，都會覺得近江政權猶如十四世紀末的吉野政權，被統一只是早晚的事。然而，堺公方不僅無法合併近江公方，而且不到五年就告瓦解，反倒是實力不被看好的近江公方存活得更久。這是為什麼呢？主要是因為堺公方的首席戰將三好元長自盡而亡。

三好元長功高震主，而且在率軍上洛的過程中愈來愈有主見，政事也日趨主導，元長和晴元在堺政權的地位即將翻轉，後者對此當然不能容忍。元長的越俎代庖不僅引來晴元猜忌，也招致同族旁系三好政長嫉妒。政長是元長的祖父之長的姪子，按輩份算是元長的叔父，卻要聽從三好家督元長的號令，於是心有不服，再轉為嫉妒；最後與晴元攜手將之除去，也就不令人意外了。

就在此時，元長又因為堺政權的問題和三管領之一河內畠山氏家臣、河內守護代木澤長政交惡。木澤長政當然和三好政長結盟，矛頭指向元長。手中無兵權的細川晴元選擇沉默，悄悄離開是非紛擾的堺，不出面為內鬨的部屬做任何調解。加上山科本願寺在鼓動之下也加入反元長陣營，一五三二年六月十五日，沒有退路的元長只得率軍迎戰以飯盛山城（大阪府四條畷市）為居城的木澤長政。

元長兵力居劣勢，又遇上本願寺門徒襲擊，從四國上洛的主力盡失。木澤軍知道勝負已分遂解除籠城，出兵追擊。被包圍在顯本寺（大阪府堺市堺區）的元長，六月十九日遣人將長子千熊丸送回阿波，翌日於該地切腹，年僅三十二歲。

三好元長的死不僅讓原本實力大過近江的堺政權意外地提早瓦解，也讓足利義維心願破滅，成為足利家唯一得到從五位下左馬頭的官位卻沒當上將軍的人。黯然回到阿波後，他以「阿波公方」或「平島公方」之名於四十一年後（一五七三）病逝阿波，享壽六十五歲。在足利家族成員中，他算是罕見的長壽了。

如此局面讓人在近江的足利義晴鬆了口氣。按理說，對立政權垮台應該會讓義晴對於自身政權的合法性更具信心，可是他卻回不了京都，因為沒有直屬自己的兵力。他的靠山六角定賴這時正響應細川晴元的邀集，率軍進入京都結合官軍（細川軍）、地方軍（越前大名朝倉孝景）與民兵（日蓮宗的法華一揆），一起對付共同的敵人——位在山科的淨土真宗本願寺。

❖天文法華之亂，三大宗派打成一團

【信長之野望】的玩家想必會感到奇怪，本願寺不是在石山嗎？怎麼又在山科呢？

淨土真宗一四九六年在石山就建有大坂坊舍（這是史上最早出現「大坂」的稱呼），做為本願寺八世座主蓮如上人（一四一五～九九）的隱居處所。在蓮如以前，淨土真宗本願寺的根據地位在越前的吉崎御坊，應仁之亂後，越前守護畠山氏因為內鬥，被守護代朝倉敏景（戰國時代朝倉家初代，有「天下第一惡人」

將軍家・管領家（細川京兆家）及旗下家臣之關係表

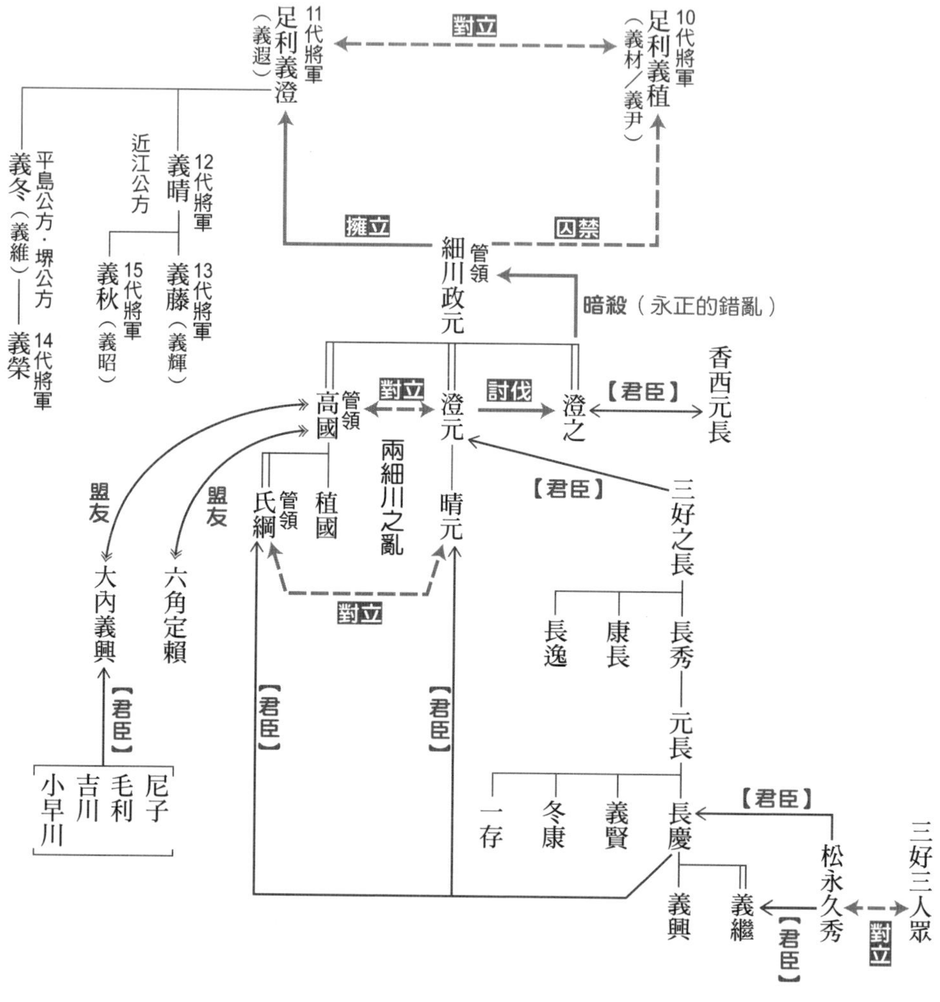

之稱）取代。成為越前新主人的敏景並不認同淨土真宗，任由吉崎御坊隨著動亂毀於兵火。眼見在北陸難以生存的蓮如，率眾於一四七八年到京都山科（京都市山科區）開始興建本願寺，做為淨土真宗的大本營。山科本願寺先後興建御影堂、寢殿、阿彌陀堂，一四八三年八月竣工。此後歷經蓮如、實如、證如三代，山科本願寺在約五十年的時間裡成為淨土真宗的總本山。

因為淨土真宗在畿內以武力抗爭，獲取大片領地，守護大名失去了可獲得收入的莊園，於是在三好元長自盡兩個月後，細川晴元聯合越前的朝倉孝景、南近江的六角定賴以及日本佛教中排外性最強的日蓮宗（又稱法華宗）一起對抗淨土真宗，三萬多的聯軍團團包圍山科本願寺，一五三二年八月廿三日開始攻擊。淨土真宗的兵力不詳，但想必差距甚多，才會抵抗一日就被擊潰，山科本願寺也因而付於祝融。

此後，本願寺十世座主證如上人出走大坂，於石山另起爐灶，遂以之前的大坂坊舍發展成寺內町。直到一五八〇年八月，正親町天皇出面調停為期十年的「石山本願寺之戰」，信長以本願寺第十一世座主顯如法王退出石山為和解條件，然後一把火將【信長之野望】玩家最熟悉的「信長包圍網」大本營付之一炬。

山科本願寺遭焚燬後，京都最大的佛教勢力是日蓮宗。以日蓮宗的「前科」來看，當然不能期待與統治者和睦相處。由於在驅逐淨土真宗的過程中立下戰功，日蓮宗接收了淨土真宗在山科、畿內一帶的領地與特權。這麼一來，對畿內的守護大名而言，日蓮宗好比另一個淨土真宗，簡直可以說是送走豺狼迎來虎豹；另一方面，長期以來在畿內接受朝廷賜予領地的比叡山延曆寺不希望其他宗派來分一杯羹，天台宗和日蓮宗的對立也是無可避免。

一五三六年二月衝突爆發，檯面上的原因是

對於佛教義理見解不同。衝突最後交由幕府仲裁，幕府援引前例，判決日蓮宗獲勝，激起天台宗不滿。同年七月，天台宗山門派的僧兵集團下了比叡山，得到南近江大名六角定賴以及其他南都僧兵支援，共約六萬兵力，追剿被天台宗稱為「法華一揆」的日蓮宗。

【信長之野望】的玩家應該都清楚「一揆」所指為何，天台宗將日蓮宗稱為「一揆」，無非要強調自己「正義」的立場。戰役從七月廿三日開始，日蓮宗雖也是個武裝教派，但論及戰鬥力，畢竟還是比有數百年抗爭歷史的比叡山以及南都佛教的武裝僧兵團遜色許多，七月廿七日就徹底潰敗了。翌日，日蓮宗在京都的最後據點本能寺（京都市山科區，是位在甲斐的久遠寺之下日蓮宗第二重要的佛寺）被延曆寺等宗派的僧兵集團焚燬。鎌倉時代起由日蓮上人及徒子徒孫在京都建立的勢力，在這場「天文法華之亂」中共有廿一座寺院遭到焚燬——包括四十多年後織田信長自刃之地的本能寺。日蓮宗勢力被逐出京都；六年後的十一月，才在朝廷敕許下回來。然而京都此次受到的破壞尤甚於六十餘年前的應仁之亂。

堺公方政權落敗後，其實細川晴元應該趁機休養生息，不要捲入淨土真宗、法華宗與天台宗的紛爭，他卻放棄跟將軍義晴（他名字裡的「晴」字還是由將軍所賜呢）和好的良機，反而帶頭進行這種即便打贏了也很難提振聲望、卻會招致信徒怨恨的戰爭。晴元應該不知道有人在海的另一端養精蓄銳，準備捲土重來。

轉　三好長慶竄起，建立畿內霸權

三好元長於顯本寺自盡時，長子千熊丸才十一歲，么子又四郎（日後的「鬼十河」十河一存）還在襁褓。千熊丸必須接下家督之位，在形勢比人強的情況下，翌年元服，改名孫次郎利長（本文一律以長慶稱之）。即便在戰國時代，像千熊丸十二歲就元服的例子也很罕見。元服儀式中，阿波守護家細川持隆擔任烏帽子親（為元服者加冠的人，由男性長輩擔任）；之後長慶就在持隆底下出仕。

❖初次上洛求職，看清主君實力

一五三七年，細川晴元、將軍義晴雙方和解，將軍從近江回到京都。為感謝晴元出兵，義晴奏請朝廷賜予從四位下右京大夫一職。這是京兆細川家擔任管領的官位，細川家的勝元、政元、高國都受封過，此舉意味著承認晴元為室町幕府管領。前任管領高國已逝十年，晴元才得到這個早應屬於他的官職。長慶在晴元獲任命為右京大夫和管領後上書祝賀，此舉無異於稱臣。對長慶而言，即使父親等於是被晴元逼死的，但他依附的不是個人，而是「幕府管領」，能有靠山才是最重要的。

一五三九年一月，十八歲的三好長慶首次率軍上洛，領兵二千五百。無論和十年後的「正式」上洛，或是和之後幾次知名的上洛如今川義元、織田信長、武田信玄等人相比，二千五百的兵力怎麼看都過於單薄，顯然意涵並不相同。長慶此次率兵上洛，是希望幕府能承認長慶有權繼承亡父元長生前在河內十七箇所（大阪府守口市）代官職。據說下文主角松永彈正忠久秀也在隨行行列中，但是並不清楚在長慶麾下擔任何種角色。

管領晴元不清楚長慶是否願意聽命，因此不願將代官職交付予他，反倒想交給同屬三好一族的政長；然而將軍義晴希望藉由此次施恩，換取長慶的效忠，因此積極支持。但是義晴卻必須透過近江守護六角定賴的斡旋，才讓管領晴元同意長慶的要求。協調守護大名或大名和家臣間的領地紛爭，原本就是足利將軍的職責，晴元

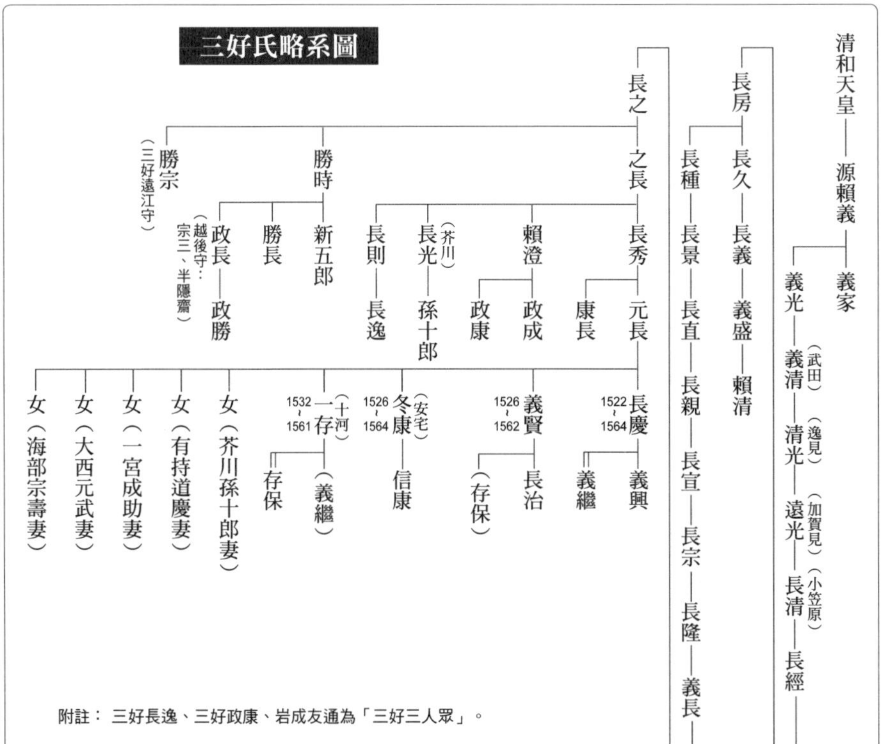

附註：三好長逸、三好政康、岩成友通為「三好三人眾」。

卻是看在近江守護而非將軍的面子上答應，而且延宕好幾個月才讓長慶如願，這不僅讓長慶看不起父祖以來的上司京兆細川家，連朝廷敕封為征夷大將軍的足利家都讓他嗤之以鼻。他後來對管領、乃至將軍都想取而代之，一五三九年上洛的經驗應該有關鍵性的影響。

接下來兩年，長慶取得很大的成果，包括被任命為攝津守護代、成為越水城（兵庫縣西宮市）城主。長慶以此為居城，不需再經海路，從越水城出兵，兩天之內即可上洛！

另外，下文主角松永久秀，一五四〇年正式在長慶麾下擔任相當於秘書的「右筆」。他是在何種情形下成為長慶的家臣，恐怕不容易交代清楚。江戶時代以前，武士的識字率不高，需要有人專職處理公私文書，僧侶當然是不錯的人選，卻不見得適合武家的需求，於是在鎌倉時代出現專門處理文書的職務右筆。「右筆」或寫成「祐筆」，在江戶時代以前並不是實質的官銜，江戶時代後，成為由若年寄管轄的實質官銜，負責老中、若年寄的機密文書者稱為「奧右筆」，負責一般政務的則稱為「表右筆」。松永久秀能擔任此職，可見文筆及學問有一定程度，並受長慶倚重。

一五四一年，三好長慶改名範長，自稱「伊賀守」。同年年底，娶丹波守護、室町幕府的評定眾波多野稙通之女為妻，這一年長慶才廿歲。翌年，長子孫次郎誕生，即是後來比長慶早死的義興。

❖復仇對象第一號：木澤長政

這次上洛後，畿內從此與長慶的命運息息相關。四國阿波的大名身分不再能滿足他，而他的實力也讓上司細川晴元印象深刻。之後長慶數度為晴元平定畿內叛亂，但諷刺的是他後來也成為「叛亂份子」，驅逐主君、壓迫將軍，

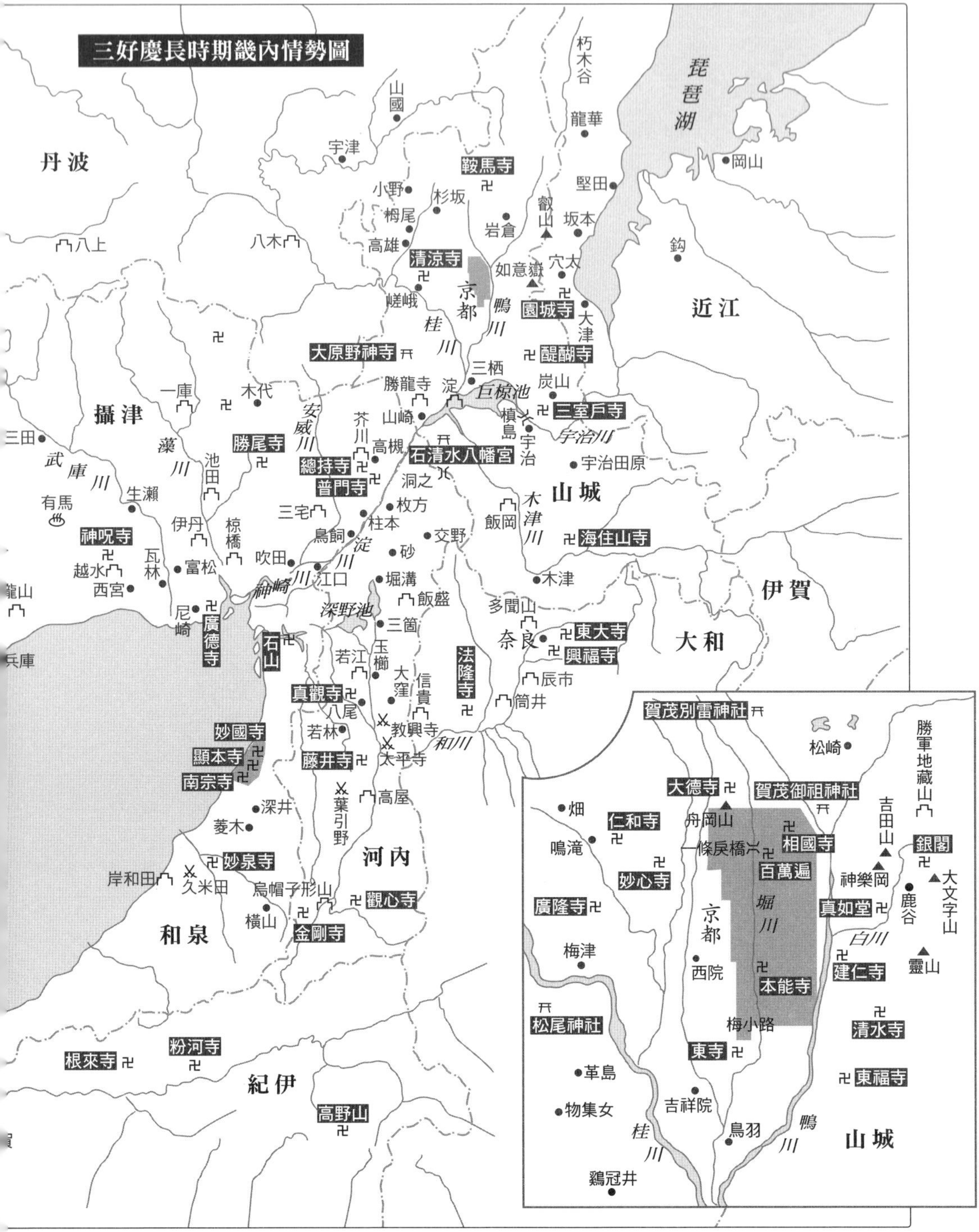

三好慶長時期畿內情勢圖

成為畿內的霸者。長慶的家臣松永久秀也在這幾年內有樣學樣，而且後來還叛得更徹底，簡直是青出於藍。

對長慶來說，管領細川晴元既是直屬上司，也是殺父仇人。但長慶也知道目前還不能正面衝突，必須等支持晴元的地方勢力去除得差不多，才是最後攤牌的時候。在這一刻來臨之前，長慶依舊聽命晴元，代為平定畿內叛亂，當然也順便培植自己的勢力。

長慶最先討伐的對象是河內飯盛山城城主木澤長政。此人也是反覆無常、善用權謀，一五三二年的飯盛山城之戰，為除去已對自己造成威脅的三好元長，木澤長政選擇屈從晴元。元長切腹，威脅解除，木澤長政便又恢復半獨立

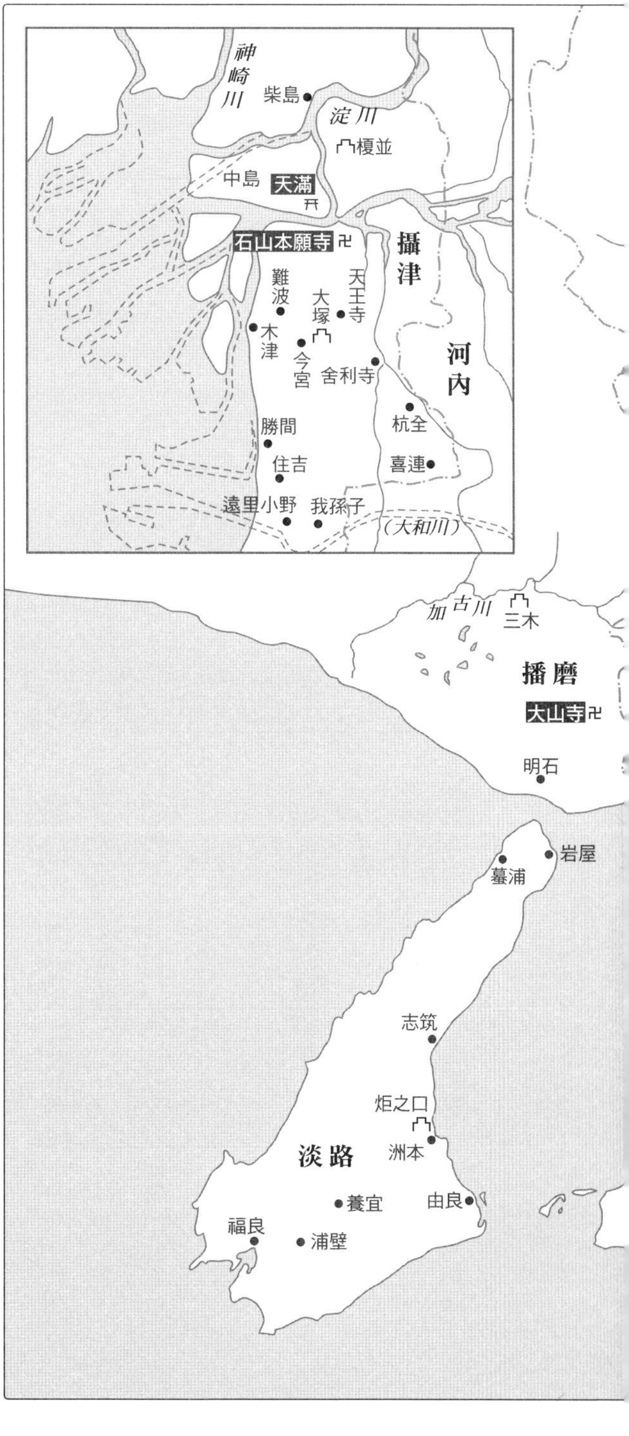

狀態。對長慶來說，木澤不僅是潛在敵人，更是殺父仇人之一，光這理由就足以出兵了。長慶遂以管領晴元的名義征討木澤長政，當然，晴元只是個空殼子，能給的實際幫助有限。

當時的木澤長政已成功竊取了主君三管領之一畠山家的實權，將身兼河內、紀伊、越中守護大名的畠山稙長放逐到紀伊，河內則納入自己的版圖。長慶看準稙長的部屬一定有人對長政的崛起不滿，還真找到了聯手的對象：河內守護代遊佐長教。

一五四二年三月十七日，勢力擴張至大和境內的木澤長政，從信貴山城（奈良縣生駒郡平群町）率領七千餘兵力返回河內，直逼高屋城（大阪府羽曳野市）。遊佐長教已經從紀伊迎回名存實亡的畠山家家督稙長，並聯合三好政長、長慶，兵力共八千餘，以三管領中的兩位細川晴元、畠山稙長的名義向木澤長政宣戰。雙方陣兵於河內的太平寺（大阪府柏原市），甫一交戰木澤軍先鋒便被擊潰，隨即兵敗如山倒，長政於混亂中陣亡，這場「太平寺之戰」意外地不到一天就結束。

自從細川高國戰死，木澤長政十五年內成為京都西邊的最大威脅，但經此一役痛遭剷平。遭驅逐的畠山稙長回到河內，也重新被任命為河內守護，但是實力並沒有因此恢復，依舊是個被架空的守護大名。細川晴元表面上除去心腹之患，但身為管領的聲望完全沒有提升，表面上聽命於他的部下仍蠢蠢欲動，一有變故隨時會起來造反。獲益最大的自然是長慶，戰功居首的他獲賜芥川山城（大阪府高槻市），比起越水城，他離京都更近了。

❖「憑什麼是你當管領！」

太平寺之戰並沒有重振細川晴元和畠山稙長的威風，反倒讓兩人各自的屬下三好長慶和遊佐長教氣燄日盛——而且長慶與長教不久後即兵戎相見。

細川晴元貴為管領，地位是室町幕府將軍之下、眾武士之上，但實權已被三好長慶等家臣滴水穿石地篡奪了。如果僅止於此，晴元雖不甘願倒還能忍受，畢竟喪失的「只是」實權，虛名還在。然而細川氏綱出面搶奪管領之位，連將軍義晴都支持他，這下子晴元真的是連面子都掛不住了。

氏綱是已故前管領細川高國的養子。他和晴元同宗又同歲（都是一五一四年出生），除了對管領之位自認也有權競逐外，多少也有較勁的心理吧。

一五四二年十二月十三日，氏綱在亡父舊部擁戴下，在和泉起兵討伐晴元。他先是得到紀伊根來眾（日後畿內最強的鐵砲傭兵隊。在三次石山戰爭中讓信長部隊吃足苦頭，不過此刻鐵砲尚未傳入日本）的支持；畠山稙長之弟政國、太平寺之戰另一功臣遊佐長教、大和豪族筒井順昭（順慶之父）也都倒向氏綱，甚至連十二代將軍足利義晴都加以支持，聲勢已經壓過晴元了。

一五四三年七月廿五日，氏綱進攻堺港。日後葡萄牙傳教士佛洛伊斯（Luis Frois，一五三二～九七）稱為「東方威尼斯」的港口，在室町時代是細川管領家獨占日、明貿易（勘合貿易）的據點。然而聲勢浩大的細川氏綱卻未能攻下堺港，士氣不免深受影響。氏綱向本願寺第十世座主證如上人請求供應米糧、金錢也遭拒絕，缺乏戰備物資，士氣更是日益低落。八月十六日，長慶輕易擊退這支斷糧的殘軍。支持氏綱的將軍義晴立場不免尷尬，於是逃往近江坂本。

自應仁之亂後，足利將軍只是一種形式上的存在，對畿內以外的地方勢力或許還存有「天下武士首領」的威嚴，但是對畿內各方勢力而言，影響力還比不上割據山頭的小豪族。如同前述，當對立的堺政權垮台後，義晴還得仰賴六角定賴派兵護送方能回到京都，在講實力的時代，這樣的將軍怎會得到畿內勢力的尊敬？

所以儘管將軍義晴遠遁近江坂本，管領晴元和其他守護大名照樣過日子，沒人認為少了足利將軍的幕府就無法維持秩序；晴元和長慶也沒有對將軍「做出處分」，雙方表面維持兩年多的和平。

「靜極思動」的義晴，一五四六年夏天又和氏綱暗中策劃「管領換人作」的政變。筒井順昭、遊佐長教等人包圍晴元的勢力範圍——堺港，駐守的長慶兵力微薄，祇得在同年八月撤出，但他也沒放細川勢力進入，而是讓堺港的豪商組織起來，出面談判。細川方面雖然渴望得到富裕的堺港，但也不願強行占領而激起豪商反感，因此同意維持堺港的自治權。此例一開，往後堺港皆能以強大的經濟實力，迫使覬覦該地的大名不得不同意維持自治的條件。

堺港的富裕也發揮了其他方面的影響力。例如豪商累積大筆財富後，開始附庸風雅，從事文化活動，讓自己變得有品味，茶道的發展與此也有相關，同時兼具豪商和茶人身分的人比比皆是。對大名來說，他們需要豪商的資金支持，也需要茶人在京都、堺港的社交圈為己宣傳，乃至收集、流通情報，代為「處理」檯面下的事情，因此即便不甘願，也得同意這些商人兼茶人的要求，二十多年後上洛「天下布武」的織田信長也不例外。

❖「劍豪將軍」稚齡登上歷史舞台

細川氏綱總算「打贏」一場戰爭，讓押寶在他身上的將軍義晴終於能夠風光重返京都。義晴一回京都便住進叔公八代將軍義政卸任後的居所——東山的銀閣慈照寺。至於管領晴元，少了三好長慶庇護，拔腿逃往丹波。義晴以為從此高枕無憂，然而將軍的危機才要開始呢！

在畿內孤立無援的長慶開始從根據地四國調兵過來。先是命令位在淡路的三弟安宅冬康率領瀨戶內海東岸的水軍上洛，接著又要二弟三好義賢率領阿波的三好軍以及四弟十河一存的讚岐軍共兩萬兵馬浩浩蕩蕩前來。

十一月這兩批水陸援軍抵達，讓三好長慶在畿內擁有壓倒性優勢，成為將軍和管領都不敢忽視的力量。義晴判斷這一次應無勝算，不希望被追究責任，因此不但再度逃往近江，還帶著十一歲的長子菊幢丸。十二月十九日在日吉大社的祠官和六角定賴見證下，年僅十一歲的菊幢丸提前元服，改名義藤，而且隔天就登上第十三代將軍的大位，即日後有「劍豪將軍」美稱的足利義輝。如果要單挑，歷任征夷大將軍可能都打不過他；但可悲的是，身處亂世，即便武藝高強、貴為將軍也沒用。

征夷大將軍的位置不能私相授受，需要透過天皇任命，才會為天下武士認同。但天皇的任命可不是隨便就能到手的。首先要有「將軍宣下」（「宣下」即天皇聖旨），想取得必須上繳一筆錢；此外，如前所述，將軍在就任前都會先受封從五位左馬頭的官職，這也需要錢。這兩筆錢對朝廷來說是重要收入，不能加起來湊成一筆，更不可能打折。沒錢也沒權的將軍家最後只支付三分之一，然而朝廷比將軍家更窮，能得到這樣的數目已經是額手稱慶了。

武家政權建立後，朝廷因為喪失大量莊園，日益貧困，應仁之亂後的京都殘破不堪，生計更難維持，慘狀不斷。例如見證室町幕府由盛轉衰的第一〇三代後土御門天皇（在位一四六五～一五〇〇）「崩御」後，朝廷無力張羅後事，遺體安置在禁裡御所達四十餘日才下葬。又如他的皇子勝仁親王，雖然父親崩御後即踐祚，登基典禮卻遲至一五二一年才進行。正因為朝廷如此貧困，才會極度渴望能藉由新將軍即位來改善生活，只是沒想到將軍家也同樣困窘，不得不對足利義藤的任官和即將軍之位的金額「打折」。

足利義藤，苦命的第十三代足利將軍，在身心皆尚未發育完全的情況下，就被命運推上歷史舞台。擺在他面前有無數道難題，首先要面對的是不聽話的管領細川晴元，以及同樣不聽話的管領家臣三好長慶。

❖一戰成名！畿內新強權誕生

一五四七年七月廿一日，長慶和二弟義賢、三弟安宅冬康，以及大他十四歲的叔公三好政長及其子政勝（即民間流傳的「真田十勇士」中的三好伊三入道，不過這應該只是杜撰的）屯兵舍利寺（大阪市生野區），與細川氏綱的盟友畠山政國及其部下遊佐長教交戰。這場被稱為「鐵砲傳入後畿內最大規模戰役」的「舍利寺之戰」，推測雙方兵力各有一萬餘人。之前已發生四場攻城戰，雙方各勝兩場，鬥志和士氣大抵相當。

畠山軍一開戰就處於明顯劣勢，三好軍節節逼進，結果此役竟一天就結束，推想起來傷亡應該有限，《足利季世記》記載雙方各有兩千人戰死恐怕過於誇張。畠山方死傷或許超過千人，但長慶方可能只有記載的十分之一陣亡也說不定。

該役之後，長慶派兵包圍遊佐長教的居城高屋城，圍攻八個月後，透過六角定賴斡旋，雙方握手言和，條件是長慶納長教之女為側室並結為同盟，這是一五四八年的事。

自從一五〇七年管領細川政元遭到暗殺，細川澄元、高國對立的「兩細川之亂」（一五〇七～二〇）以來，畿內的政局始終以細川京兆家為中心。儘管也有三好元長、木澤長政這種勢壓主君的家臣，畢竟沒有取代主家的作為。三好長慶到舍利寺之戰為止也還未實際取代細川京兆家，但是他漸漸讓自己成為畿內的中心，以實際行動屢屢和主君細川晴元、甚至和將軍義晴作對。京都的局勢原為足利將軍家、管領細川京兆家和管領重臣三好家互相牽制，現在逐漸由三好家獨霸了。

聽到舍利寺之戰的戰果，前任將軍義晴停留近江不敢動彈，直到該年閏七月一日，管領細川晴元和近江守護六角定賴握手和解後，義晴和義藤父子才敢在他們的護衛下回到京都。

舍利寺之戰令長慶揚名畿內，此時他也將名字從孫次郎範長改為筑前守長慶。底下有個政治超新星，晴元日益不安，有意以三好政長取而代之。先前雖曾並肩打贏舍利寺之戰，其實長慶對這位叔公恨之入骨，因為他正是不服前任家督元長領導、進而導致元長含恨切腹的最大元凶。既然主君有意以「吃裡扒外」的殺父仇人取代自己，長慶遂正式翻臉。其實以長慶的實力來說，這一天早該到來。

❖長慶翻臉投敵，爆發江口之戰

長慶一五四八年要求晴元「除掉三好政長、政勝父子」，理由是整頓家族裡的壞份子。晴元怎麼可能接受？於是長慶二話不說，倒戈到新丈人的主子細川氏綱陣營。晴元當然無法忍受，下令動員諸部將，準備和氏綱決戰。至於細川氏綱，屢次擊敗自己的死對頭竟然前來歸附，喜悅之情溢於言表，更覺得自己一定可以打倒同宗，取回屬於自己的名分地位。

雙方都積極備戰。長慶要求丈人遊佐長教出兵；細川晴元也向岳父——近江的六角定賴求援，還向和泉守護細川元常（出身上守護家，幽齋藤孝之父）以及紀伊的根來眾要求派兵。一五四九年一月，長慶領軍出居城越水城，二月時包圍了東北邊聽命於細川的伊丹城（兵庫縣伊丹市，也叫有岡城），長慶進攻半個月後放棄，朝南邊的尼崎而去。三月初，長慶揮兵進入今日大阪市區，同時進攻隸屬於三好政長的柴島城（大阪府大阪市東淀川區）、榎並城（大阪府大阪市城東區），但是攻勢在此受挫，因為長慶動員的兵力不夠。

四月底，與丈人六角定賴的兵力會合後，晴元信心大增，決定阻斷越水城和前線三好軍的補給，同時馳援正遭長慶軍隊猛攻、由三好政勝駐守的榎並城。五月二日，晴元命令部下香西元成（三宅城城主，大阪府茨木市）和六角定賴的部隊會合，準備奪回先前被長慶攻下的芥川山城（也稱芥川城，大阪府高槻市），但是香西元成在會合前被長慶的叔父三好長逸於總持寺附近擊潰。六角定賴不知香西已經潰敗仍在等待，這為長慶的動員爭取不少時間，或許就是整場戰役的關鍵吧！

六月十一日，三好政長離開江口城（大阪府大阪市東淀川區），改在附近佈陣，因為江口城地當淀川和神崎川交界，佈陣於此對守方有利。政長打算等待六角定賴援軍到來，兩方兵力彙整後一舉擊潰三好長慶。但是政長並不知道他在等待的是一支永遠也不會到來的援軍，並且因此貽誤最佳的攻擊時機；反倒是安宅冬康和十河一存在這天和長慶會合，雙方兵力一舉此消彼長。

翌日，應該不知敵方已經增援的政長，雖然始終不見援軍，還是決定出擊，結果當然是出師不利，政長只好繼續籠城。六角定賴獲報，派長子義賢率軍馳援。六月廿四日，義賢從山崎出兵，如無意外當天晚上前就可抵達，隔天三好政長便能反守為攻；可是長慶及十河一存夜裡便發動急襲，殲滅敵方全體約八百人。政長是和十河一存交戰時陣亡，得年四十二歲。

政長生前持有的名刀「宗三左文字」（宗三

是三好政長的號）後來輾轉為「東海道第一射手」今川義元所得，義元在桶狹間遭信長突襲斃命後，又成為信長的戰利品。八年後信長帶著它上洛天下布武，看來冥冥之中自有天意。

❖江口之戰終結細川專政

江口城敗戰的消息一傳回京都，細川晴元頓時洩了氣，連忙帶著義晴、義藤父子逃往老地方近江，因為他深知長慶不一定會放過自己，兩名人質在手上或許還有活命的機會。

江口之戰終結了自細川政元以來細川京兆家長達五十七年（一四九三～一五四九）的專政局面。其崩壞之因可以說是禍起蕭牆。政元死後的四十二年間，家族內無一日沒有對立。內鬥需要幫手，為了徹底鬥垮對手而給予幫手極大權力，結果是對手沒垮、幫手反而成為新敵人，細川京兆家正是在這種惡性循環下自取滅亡。

三好長慶經此一役，放眼畿內再也沒有可以與之為敵的勢力，展開他的輝煌時代。長慶就此成為歷史舞台上的主角，三個弟弟及首席家老松永久秀則為配角。

也在一五四九這年，松永久秀成為三好家的冢宰，長慶還向朝廷討了「彈正忠」一職給久秀，官位相當於正六位。不只如此，長慶還將女兒許配給他。此女之母姓波多野或遊佐並不清楚，但可以確定的是年紀比長慶的長子孫次郎義興還小，換言之還不到八歲。但此刻的松永久秀已近四十歲，合理的推測為此時只是訂下婚約，實際完婚應該是在幾年之後。

長慶雖在江口之戰獲勝，為父報仇，但晴元和六角在京都依舊擁有反抗兵力，長慶欲入主京都還有仗要打。七月，長慶和細川氏綱正式進京，進京後的晴元忙著恢復秩序、招降京都內外豪族勢力，無暇顧及逃亡近江的前任與現任將軍。義晴有意奪回京都，於是和晴元、六角氏以及尚在觀望的勢力都有聯繫，但是一五五〇年三月卻病倒了，五月四日就病逝於近江坂本的穴太，享年四十。義晴當了廿六年的將軍（一五二一～四六）、外帶三年多的將軍監護人，這段時間卻都不得安泰。他本身未必和誰結了梁子，但是抬轎的人一旦打輸，坐轎的他就成為清算對象；即使卸下將軍職務，還是得帶著幼子一起「跑路」，落魄的程度比之父親義澄、伯父義植毫不遜色。應該說顛沛流離、窮途潦倒已成為九代義尚以降歷代足利將軍的共同點了。

❖反對勢力瓦解，長慶無人能敵

一五五二年一月二日，管領細川晴元的長期盟友、身兼近江守護與管領代的六角定賴病逝，享年五十八歲。此無異宣告以將軍義藤、管領晴元為主的反三好勢力就此瓦解。定賴的繼承人義賢能力遠不及父親，加上近江北邊崛起的新勢力淺井氏對六角非常不友善，義賢光是維護領地內的秩序就夠忙了，要像父親定賴那樣為將軍和管領奔走斡旋是力有未逮。

長慶抓住義賢左支右絀的機會，主動釋出善意。他當然不是想和六角氏和解，而是以此名目堂而皇之把將軍義藤迎回京都，其真正用意在於孤立晴元。

長慶的策略可說是十分成功。沒有將軍「加持」，管領的軍隊士氣低落，駐紮在京都洛北的等持寺、相國寺一帶的兵力為松永久秀、長賴兄弟所敗，晴元被迫剃髮遁入佛門，在京都無處可去，遂出亡至若狹。一五五二年一月廿六日，細川氏綱成為已故前管領細川高國的繼承人，這表示他也有資格成為管領了。二月廿六日，長慶被任命為幕府的「御供眾」，直屬將軍。他之前只是管領家的家臣，目前地位雖還比不上管領，但至少隸屬同個層級，不用再聽命於管領了。

三月十一日，細川氏綱獲任命為從五位下右京大夫。細川京兆家家督必須取得此一官位，等同於當上管領。果然不到幾天，氏綱成為室町幕府最後一任管領，卻完全沒有實權。因為長慶已經建立起自己的政權，無論天皇、將軍或管領，都只不過是這個政權的陪襯。

往後的十五年內（一五四九～六四），長慶迅速將領地擴張到山城、攝津、河內、和泉、大和、阿波、淡路、讚岐、丹波、部分的若狹、播磨以及伊予，合計將近十國。當時的毛利元就不過擁有安藝、長門、周防、石見；日後即將上洛的今川義元此刻只有駿河、遠江、三河；關東的後北條氏此時只有相模、伊豆、武藏；人稱「甲斐之虎」的武田信玄此時只有甲斐、信濃。由此可見長慶聲勢之隆，只有十幾年前叱吒山陰的尼子經久可以相比，財力勢力已遠遠超過當時任何大名，這一年他也才廿八歲。

合　手足同心，霸業奠基：三好四兄弟

長慶打贏江口之役後，迎接管領細川氏綱進入京都，但他本人的居城依舊設在芥川山城。儘管長慶已經建立政權，但京都內外還有太多勢力有待拉攏或弭平，分身乏術的他需要幹練的弟弟協助。加上他們對於這階段的時勢也有舉足輕重的影響力，有必要略作介紹。

先扯個題外話。筆者瀏覽日本戰國史網站時曾看過一個有趣話題：「哪家兄弟檔最強？」一戰國迷或【信長之野望】系列玩家應該都有很明確的答案。該站網友公認是九州南端的島津四兄弟：義久、義弘、歲久、家久；第二名則是以「三矢之訓」聞名的毛利家：毛利隆元、吉川元春、小早川隆景。筆者對於前兩名並無特別意見，只是覺得本文將提到的三好四兄弟——三好長慶、三好義賢、安宅冬康、十河一存，可能被大多數人忽略了。

❖三好義賢

一五二七年（亦有一說是二六年），三好元長的第二個兒子千滿丸誕生。他的生日和生母都無法確認；不只如此，元長有幾個側室、側室出自哪些大名家等等，現存史料不足，無法能有答案。

一五三二年六月廿日元長在顯本寺切腹時，千滿丸才六歲。兄長長慶上洛成為管領細川晴元的家臣後，千滿丸留在阿波勝瑞城（德島縣板野郡藍住町）成為阿波守護細川持隆的家臣。他元服時（元服年齡不詳）亦由細川持隆擔任烏帽子親，改名義賢，稱豐前守。一五三九年細川持隆奉主家家督晴元之命進攻伊予，三好義賢從軍作戰，根據目前的史料來看，應該是他的初陣。之後又奉命進攻讚岐當地豪族安富氏，不過這兩場戰役他的戰功應該都很有限。義賢真正立功的是一五四九年率領阿波軍上洛援助兄長的江口之戰，該役長慶如果沒有得到三個弟弟接應，只憑他在越水城的兵力，想打贏是非常困難的。

細川持隆的父親之持是晴元父親澄元的同母哥哥，雖然澄元成為細川京兆家的養子，兩兄弟感情依舊很好。之持是澄元對抗高國的重要助手，持隆也成為堂弟晴元的得力助手。當三好長慶和晴元反目成仇後，也連帶影響細川持隆和義賢這對君臣的情感，特別是晴元出亡至若狹後，與將軍義藤取得聯繫，頗有重回京都的意思，阿波的軍隊便成為晴元能否如願的關鍵了。阿波的兵力控制在持隆和義賢這這對君臣手上，如果兩人意見一致，他們認同的那個人就能打倒另一人；可惜情況並非如此。為了讓自己支持的一方獲勝，除了讓對方永遠消失，再也沒有其他方法。

一五五三年六月，三好義賢和四弟十河一存在阿波的見性寺（三好家的菩提寺）殺害從小拉拔他長大的恩人細川持隆，以其子細川真之（十六歲）繼任為阿波守護，實權當然握在義賢自己手中。傀儡真之讓義賢降服阿波家大半家臣，不聽命者當年也就遭到討伐了，義賢便成為勝瑞城、整個阿波國，以及故主遺孀小少將的新主人。

小少將是當地武士之女，和阿波守護家地位相差甚遠，原本只是持隆的側室，但因為生下唯一的繼承人真之，地位大為提升。三好義賢納小少將為正室，應該不全是垂涎她的美色，更多是出於政治考量。因為如此一來，義賢就成為細川真之名義上的繼父，接管阿波的正當性就更為提高了。小少將為義賢生下二子：長治、存保，後者在叔叔十河一存死後出養，成為新的繼承人。

長慶上洛後，三好家在四國的領地全交由義賢看管（名義上義賢領有阿波，安宅冬康領有淡路，十河一存領有讚岐，然而四國的總統領為義賢）。後方人員、糧秣和武器的補給，以及領地內國人眾勢力的和諧，這些艱難的工作長慶全交由這個年紀小他四到五歲的親弟弟，可見對其能力及器量頗有信心。義賢在三好家擔任的角色，應該與大和大納言豐臣秀長在豐臣家頗為類似吧。

三好義賢除了能夠整頓後方，更是一名優秀武將。一五六〇年，義賢應長慶之邀，率領四國兵力來到畿內對抗河內守護畠山高政及河內守護代安見直政，一舉扭轉先前不利的戰局。同年十一月，三好軍擊退畠山、安見聯軍，奪回高屋城，至此河內完全落入長慶的控制。長慶遂將河內賞賜給義賢，隔年閏三月，將軍義輝封義賢為「御相伴眾」。

義賢也是造詣精湛的茶人，和叔公三好政長、大哥的左右手松永久秀同為武野紹鷗的高徒，後來諡號「物外軒實休」的他常受邀參加今井宗久、津田宗及、千利休等堺港豪商茶人舉辦的茶會，據說千利休曾以天下無雙的茶壺「三日月」相贈，其名氣之高由此可見。

一五六二年三月五日，義賢為總大將，下轄安宅冬康、三好長逸、三好康長、三好政康、松永久秀的淡路、阿波、大和共七千餘兵力，從高屋城出發，來到岸和田城（大阪府岸和田市）附近的久米田寺，和捲土重來的畠山高政、安見直政及紀伊的根來眾交戰。畠山、安見聯軍有根來眾提供的新式武器——鐵砲，不知威力的義賢一馬當先，結果中彈而亡，得年三十六歲（或三十七歲），痛失大將的三好軍於是潰敗。

義賢死後，遺孀小少將嫁給臣下篠原自遁，生下長秀、右近。一五八二年八月中富川之戰，阿波被土佐的長宗我部元親攻下，篠原自遁逃亡，年紀應該超過五十的小少將又成為新主的側室，據說生下元親的五子右近大夫（此為官名，姓名不詳）。小少將雖已徐娘半老，仍能得到土佐雄主的青睞，可見應該很有吸引男性的魅力。

三好兄弟中只有義賢的死與松永久秀無關。相較於其他三位兄弟，應該可算是另一種意義的「壽終正寢」吧！

❖安宅冬康

一五二八年，元長的三子神太郎出生。長慶成為家督後，下令神太郎成為淡路島知名水軍家族安宅氏的養子，因此元服後神太郎改名安宅冬康，官位為攝津守。

淡路島是東四國讚岐和阿波前進畿內的前哨站，地處樞紐。活躍於紀淡海峽的淡路水軍，和熊野灘的熊野水軍、播磨灘鹽飽諸島的鹽飽水軍同為瀨戶內海東邊的知名水軍。長慶一定是了解強大水軍是日後進出畿內的靠山，才會要神太郎成為安宅氏的養子，以便日後可因地緣關係予以掌控。

一五四七年的舍利寺之戰是目前史料中冬康最早的參戰記錄，但應該不是初陣。冬康在此役領兵和兄長義賢會師，合攻高屋城。兩年後的江口之戰，冬康率領的淡路水軍搭載弟弟十河一存的讚岐軍，左右了該役戰局，長慶正因為有這兩支援軍加入，才敢毅然夜襲，在六角氏援軍到來前硬是讓三好政長含恨戰死，往畿內霸者的目標更前進一步。

四兄弟中，冬康的個性最仁慈、溫和，即便已經出養，在三好家中依舊擁有很高的人望，安宅水軍眾也都樂於接近他。冬康還被稱為「能書歌人」（擅書法的歌人）「毫無隱藏的歌人」「即便在陣中也與歌書形影不離」。戰國時代雖然不乏會漢詩的武將，日本傳統文學中的「和歌」則多只有公卿貴族才能掌握，因此冬康與其說是武將，毋寧說更像文人雅士。但是這樣溫文儒雅的冬康面對兄長長慶的高壓統治絲毫不退讓，據說曾發生這樣一段故事：有人送鈴蟲給冬康，他細心照料這夏天的蟲使之活到冬天。冬康對兄長說：「即便是鈴蟲，只要用心飼育也能長生。」藉此諷刺兄長長慶的嗜殺。

三好義賢在久米田之戰輕敵戰死後，長慶的弟弟只剩冬康，他必須幫助因兩個弟弟之死而喪志的長兄，還要輔助剛剛元服年輕氣盛的姪子筑前守義興。五月，捲土重來的三好軍在教興寺一役重創畠山高政，冬康成為岸和田城主。

隔年八月廿五日，長慶的長子筑前守義興暴卒於芥川城。關於他的死，一直以來都有為松永久秀毒殺的說法。義興的死讓長慶崩潰，四十二歲的長慶癡呆衰老猶如八十老翁，此時的他能信任的只有同胞手足安宅冬康和女婿松永久秀了。

對主君之位虎視眈眈的久秀，先對公卿放出謠言，讓當時的從三位權中納言山科言繼在日記《言繼卿記》中寫道「冬康有『逆心惡行』」。久秀見謠言見效，鼓足全力在痴呆主君面前進讒言，說冬康「有逆臣之聞」。失去判斷力的長慶，於一五六四年五月九日在晚年的居城飯盛山城殺害親弟弟。此舉是否單純受松永久秀的蠱惑可能還需確認，從文獻中很難確切得知當時長慶的精神狀態與心理背景。或許他不希望看到冬康成為養子義繼（義興死後成為長慶的繼承人）即位後的阻礙而假裝聽信讒言趁機除去也未可知。

三十七歲的冬康死後，長子信康接掌職位，包含淡路水軍。第一次信長包圍網成立時（一五七二年五月），信康和石山本願寺攜手對抗信長，失敗後成為信長的家臣，一五七七年在木津川口和以能島、因島、來島的村上水軍為主體的毛利軍作戰。

❖十河一存

一五三二年，元長的四子又四郎在阿波勝瑞城出生，同年元長便在顯本寺切腹了。又四郎從小就被大哥長慶過繼給十河城（香川縣高松市）城主、阿波北邊的讚岐豪族十河景滋，其官位為左衛門尉、民部大輔、讚岐守。當時的讚岐名義上是細川京兆家的領地，實則山頭林立，曾經臣屬管領的各地豪族眼見細川氏式微，紛紛想成為讚岐的新主人，十河氏當然也不例外。

長慶之所以讓四弟成為十河家養子，目的在於把讚岐納入領下，因此上洛前就和當地豪族作戰，幾年下來，讚岐境內的安富、香西、寒川、由佐等豪族都成為三好的家臣，承認十河一存為讚岐的主人。

一五四八年長慶尚未稱霸畿內，但善於觀察時勢的公卿已看好他的未來，打算攀親帶故。當時的長慶和冬康均已成家，義賢遠在阿波，最重要的是義賢有思慕的對象小少將，京都公卿「覬覦」的對象只剩老么十河一存。一存尚未經歷重大戰爭，能力如何不得而知；但是對這些投機的公卿來說，能力不重要，只要他是三好筑前守長慶的親弟弟就足矣！

前關白九條稙通（任期一五三三年二月到三四年十一月）將女兒嫁給一存為正室夫人。室町時代武家嫁娶的對象多半也是武家，位居三管領的細川氏、斯波氏、畠山氏也很難和公卿締親，即使是足利將軍，多半也只娶藤原北家的庶流日野家為正室，只有兩個例外是十二代將軍義晴和十三代將軍義輝，他們的正室出自藤原北家的嫡系近衛家。以三好家家世來看，能和五攝家（藤原北家）攀親帶戚，想必長慶高興都來不及了，這門親事就此敲定。翌年，九條稙通的女兒為一存生下熊王丸（元服後改名義繼，最後成為長慶的繼承人）。

同樣是一五四九年，十八歲的十河一存證明了自己的實力。江口之戰是三好四兄弟最合作無間的一場戰役，長兄長慶擔任總大將，老二義賢當先鋒，老三冬康負責運輸四國的三好軍隊，老四一存則為伏兵，奇襲敵軍。十河一存痛擊管領細川晴元，終使四兄弟的殺父仇人三好政長戰死。一存此役的英勇表現使他獲得「鬼十河」的稱號，雖非初陣，卻也使他揚名立萬。

一五六〇年，一存和義賢聯手擊退河內守護畠山高政及守護代安見直政，使河內、和泉完全納入長慶的版圖。長慶將之分賜兩個弟弟，獲得和泉的一存遂以岸和田城做為居城。

四兄弟中以一存的戰功最彪炳，個性也最剛直，武將與文官格格不入的命運在一存身上完全顯現出來：他與兄長麾下的首席文官松永彈正久秀交惡，在三好軍中早已人盡皆知，甚至還有傳說久秀和一存的死脫不了干係。

長年作戰的一存身上不少傷疤，常讓他痛苦不已。一五六一年四月廿三日（另有一說是三月十八日），一存來到「日本三古湯」之一、位在攝津的有馬溫泉（兵庫縣神戶市北區。另兩座為愛媛縣道後溫泉、和歌山縣白濱溫泉）療養。等到狀況比較恢復後，打算前去參拜有馬權現（編註：日本神道教與佛教融合衍生出「本地垂跡說」，認為日本原有的八百萬神明即是各佛陀、菩薩、天人的化身，在日本當地以「權現」的形貌出現）。前來探望的松永久秀看到一存騎著毛色駁雜的馬，神色詭異地說：「有馬權現厭惡雜毛馬，必定會降下懲罰，請不要騎牠。」對松永原本就厭惡至極的一存當然不理會這「忠告」，孰料不久便墜馬而死，得年三十。

另種說法是一存一五五九年患上「瘡」疾，此病在日文裡有「かさ」「くさ」兩種讀音，如果是前者，可能是指梅毒；若是後者，則可能指濕疹。如果一存是因瘡而逝，那和松永久秀就沒關係了。或許此說較貼近事實，許多戰國迷卻難以接受。

關於「鬼十河」稱號的來源，據傳一存在讚岐進攻當地豪族寒川氏時，不慎被寒川氏家臣傷及左手，一存斬殺該武將後，直接在傷口上灑鹽，以藤蔓包紮後就再回戰場，其勇猛令敵人聞之喪膽。身處打打殺殺的戰國時代，如此行為是可能發生，但傳聞的時間讓人質疑其真實性，畢竟一五三二年他才出生，豈可能有此英勇事蹟？

一存的勇猛形象讓他的髮型也為麾下武將競相模仿，稱「十河額」。這種把「月代」（武士前額剃掉頭髮的部分）剃成四角型的髮型也在整個三好家流行，甚至到江戶幕府三代將軍德川家光在位時（一六二三～五一），小普請組（編註：旗本中俸祿三千石以下，因老幼、疾病等因素而免於職務者之組織）成員中，「十河額」都還很流行。

一存死時長子義繼十三歲（本名重存），改由大伯父長慶養育。理應繼承十河家的他，兩年後因長慶長子義興早死，義繼成為現成的繼承人。翌年長慶在失意中死去，伯叔父都已不在的義繼遂成為松永久秀和三好三人眾操弄的傀儡。由於義繼繼承了三好本家，十河家遂向三好義賢的遺孀小少將要了她和義賢的次子存保來繼承十河家。

外一章 「劍豪將軍」足利義輝

一五五三年八月，與長慶和解不到一年半，足利將軍義藤（即日後的義輝，本文統一以此稱呼）就暗中聯繫前任管領細川晴元，結果兩人合作卻仍被長慶擊退，義輝隨後避居近江朽木谷，住了五年之久。同月，攝津的芥川城再度被長慶攻下，此後直到一五六〇十一月，芥川城做為長慶的新居城，以此為根據地的七年間是長慶的全盛期。

❖天份過人的刀客

義輝雖以沖齡即將軍之位，但企圖心比起前幾任都來得大，矢志恢復足利將軍的聲望、室町幕府在三代將軍義滿時的統治秩序，然而要恢復聲望必須從自己做起。或許是自小就見慣父親屢遭臣下操控，義輝幼年就對刀術興趣濃厚，據說在常陸大名鼎鼎的刀客——開創鹿島新當流的塚原卜傳進行諸國修行時，在畿內遇上義輝，見他資質甚佳便予以指導，推測大概是他十四歲的時候（一五四九）。

義輝雖未向塚原卜傳正式拜師，但他卻得到連入門弟子也不見得能取得的鹿島新當流奧義「一之太刀」。卜傳眾徒中得到奧義的只有鹿島神宮的大祝松岡則方、伊勢國司北畠具教等數人，可見義輝在刀術上確有過人天份，如果不是出身將軍家，應該有機會自成一派。

先扯個後話，根據推測，義輝死前一年（一五六四）曾於二條御所接見劍豪——集三大流派——念流、陰流、神道流於大成，自創新陰流的上泉伊勢守信綱，同行的還有伊勢守的高徒丸目藏人佐長惠。伊勢守和藏人佐在義輝面前表演新陰流奧義，義輝欣賞完精采的演練感動之餘，發給兩人感謝狀：

上泉兵法，古今無與倫比，可謂天下第一。此外丸目的打太刀亦堪稱天下重寶。

三月十日　義輝（花押）
上泉伊勢守殿
丸目藏人佐殿

❖調解糾紛，聲望大增

然而武術修練終究只能強化自己，對於改變政局於事無補。義輝決定廣施善恩，主動結交各地有力的守護大名，以對抗三好長慶，這是沒有實力的足利將軍唯一可行之道。

將軍的招牌在畿內雖已搖搖欲墜，但是對地方守護大名還是有號召力，因此調停大名的紛爭有助於提高聲望。義輝當上將軍後，一五四八年調停了幾乎捲入所有東北地方大名、發生在伊達稙宗和嫡子晴宗間的「天文之亂」（不是前述的「天文法華之亂」），使他對自己平定紛爭的能力信心大增。義輝在位期間，武田晴信和長尾景虎（第三次川中島之戰）、毛利元就和尼子晴久、毛利元就和大友義鎮等大名間的糾紛，都在他出面的情況下解決，自應仁之亂後沒有足利將軍取得這般成就，義輝在地方上的聲望自是大大提振。

一五五三年九月第一次川中島之戰甫結束，當事者之一長尾景虎為答謝前一年四月被朝廷冊封為從五位下彈正少弼，動身上洛。景虎上洛最主要目的是謁見後奈良天皇，帶著佐渡所產的黃金獻給朝廷及將軍。朝廷和幕府除對其富裕感到羨慕，更對大金主景虎主動效忠感動不已。後奈良天皇賜以天杯和御劍，但是花之御所室町第的主人此刻卻避居近江。義輝和景虎應該是在近江碰了面，兩人意氣相投；而且目睹足利將軍如此落魄，年長六歲的景虎加深了為天皇、將軍效命，恢復舊秩序的決心，這也是六年後他再度上洛的主因。

一五五四年二月，名字由義藤改為義輝，之後的毛利輝元、伊達輝宗以及關東管領上杉輝虎（即長尾景虎，日後的軍神上杉謙信）都得到他所賜予的偏諱「輝」字。

義輝增加聲望的方式還包括適時授予職位。例如介入一五五七年八月武田晴信和長尾景虎的第三次川中島之戰，晴信答應的停戰條件之一為將軍必須承認由武田家遞補信濃守護。另外幾次調停中，大友義鎮得到筑前、豐前守護之職，毛利元就之子隆元被任命為安藝守護。雖然這些守護大名地處偏僻，畿內有變時不見得能立即率軍救駕，但至少義輝的政策讓地方感覺將軍的威望猶在，其政治手腕被評為「頗有治理天下的器量」。

❖信長、景虎相繼上洛

一五五八年六月，義輝和法名「心月一清」的前管領細川晴元在近江、山城交界的如意嶽遭長慶的部下三好長逸、松永久秀擊敗。雖然義輝又戰敗了，但是始終不願背負弒君（包括義輝和晴元）罪名的長慶，這次竟一反常態地迎接義輝回到暌違五年的京都，這應該和某項傳言不無相關：來年春天將有地方守護大名上洛支援將軍。

一五五九年二月二日，「尾張的傻蛋」織田上總介信長率領八十名部眾上洛謁見將軍。根據太田牛一《信長公記》卷首記載，信長突然起念上洛，行程從京都延伸到奈良、堺港。在京都拜謁義輝後，信長向隨從說道：「此行目的是為了家族名譽。」類似記載也見諸山科言繼的日記《言繼卿記》等同時代書籍。信長此時上洛應是確有其事，在京都待了一個月才回到尾張，但是他到底目的為何？在京都及周邊又看到什麼？信長所說的「為了家族名譽」指的又是什麼呢？或許和即將到來的今川義元不無關係吧！

至於長尾景虎，四月再度上洛，廿日抵達近江坂本，此行目的是慶賀正親町天皇繼位。前次上洛時在位的後奈良天皇已於一五五七年九月駕崩，但是四十一歲的嫡長子方仁親王因為窮困無法立即登基，在日後被維新志士歌頌為「尊王先驅」的毛利元就及第十一世本願寺座主顯如上人的捐獻下，才得以紓困，是為正親町天皇（【信長之野望】系列中出現的多半是這位天皇），但是天皇的即位大典還要再過幾個月才舉行。

據說這次景虎率領五千人上洛，在京都停留七個月，開銷當然十分驚人。如果此說為真，長慶應該很慶幸他先將義輝迎回京都。長慶想必很清楚景虎的實力，在他抵達坂本前就已安排了盛大儀式要討好景虎，包括在相國寺（京都市上京區）設宴款待，觀賞宮中的能劇（內容和地方能劇不甚相同），並且以天皇、將軍之名賜給景虎禮物。然而景虎對這番殷勤並不領情，他曾揚言：「在京都真正的和平到來、天皇和將軍得到應有的尊敬之前，我都會留在京都。」如果景虎真這麼做，人在信濃的武田晴信應該會樂翻天，越後那些長了反骨的家臣也會以實際行動來「響應」主公缺席的局面。

❖軍神力挺效忠，接班關東管領

四月廿七日，景虎謁見義輝。對義輝而言，景虎是當世對天皇和將軍最忠誠的守護大名，因而此次會面承諾將賜予關東管領一職，但是景虎非常重視名分義理，並未立即答應。他知道長尾的姓氏不能擔任關東管領，必須先成為上杉憲政的養子才有資格。觀諸後來的發展，可以確信他聽進了義輝給予的承諾，於是在一五六一年閏三月十六日成為憲政的養子，改名上杉政虎，進而在第四次川中島開戰前夕帶著上杉憲政並率領少數部隊，開拔到鎌倉鶴岡八幡宮，在諸將見證下正式成為關東管領。景虎對關東的熱情不只如此，在第四次川中島之役後，數度進出關東，就只為履行關東管領看管關東的「義務」。

據說也是四月廿七日，義輝將自己的「輝」字賜給景虎。「輝虎」之名一五六二年後才正式使用，從他依循正理的個性來看，之所以不直接改稱，應該是認為中間要有「政虎」的階段才合理。在這次會面裡，景虎激動地對義輝說：「就算會失去整個越後，也要為將軍竭盡忠節！」

五月一日，景虎拜謁正親町天皇。由於官位只有正五位下，不能登殿（此前少有武士拜謁天皇的前例。正五位下官位的公卿已具備登殿資格，但景虎因身為武士則否），於是以參觀御花園的名義拜謁天皇，獲賜天杯和御劍。

五月四日是已故將軍義晴的忌辰，義輝、長慶和景虎到相國寺祭拜——義輝此舉或許有讓長慶愧疚的意思吧。五月十二日，長慶藉口要

登殿

禁裡的清涼殿在平安中期以後成為天皇接見朝臣之地。官位五位以上的公卿以及官位六位的藏人（令外官，負責天皇飲膳）可到此拜謁天皇，稱「殿上人」；可以上殿的公卿家截至江戶時代末期為止共有一百三十七家，稱為「堂上家」；五位以下不得上殿的公卿稱「地下人」。

對河內用兵，返回居城芥川城。據說八月廿七日景虎遊覽洛中時，在三條大橋附近偶遇松永久秀，這應該是軍神和梟雄唯一一次打照面。擅於觀人的久秀知道眼前這位絕非池中物，而且對義輝如此忠誠，日後必定會和自己為敵，於是想趁機挫其銳氣，便命令幾名手下對景虎動粗，但反為景虎殺害。由於是久秀方挑釁在先，遭到「正當防衛」也不便抗議，久秀的主君長慶只好當做沒這件事發生，然而此事卻讓景虎的英勇傳遍京都。

不久，信濃的情勢又陷於緊張，武田晴信再度試圖出兵北信濃，景虎不得不自打嘴巴，收回先前的豪語，率眾回到越後。臨行前義輝題了一首和歌相贈：

將僅有的天地收入心中，
呈現在眼前的是稀世罕見的初雪。

景虎該年五月才跟從義輝的丈人——前關白近衛稙家（任期一五二五年四月到三三年二月、三六年十一月到四二年二月）——學習歌道，也對義輝的和歌應答：

囊昔之時想必很快歸於天地，
將這稀世罕見的初雪納入胸懷。

十月廿六日，景虎回到領地越後，準備和宿敵武田晴信進行驚天動地的決戰。此次和義輝分手成為永別。此後景虎不曾踏上京都，當然也就無緣再和義輝會晤。

少了軍神當靠山，徒有名位的義輝即便心懷壯志，面對畿內的牛鬼蛇神也只能徒呼負負，甚至最後遭到「家臣的家臣的家臣」——松永久秀圍攻，以寡擊眾，浴血奮戰至死。

舉世無雙一梟雄

松永久秀

まつなが　ひさひで

【生卒年】一五一〇?～一五七七?

【根據地】大和信貴山城。

【性格特徵】反覆無常、毫無信用，腦後有反骨，不曾對任何人心悅誠服；另一方面又是身具教養的文化人、茶人。

【特殊事蹟】消滅了主家三好氏、殺害將軍光源院公、焚燬南都大佛殿，三次投降信長，然而又三次反叛，集天下眾惡於一身。對繳不出年貢的農民使其穿上蓑衣並在上面淋油點火，欣賞「蓑蟲之舞」。

【最大領地】河內、大和北部。

【最後結局】與兒子久通攜帶「平蜘蛛茶釜」於信貴山城天守閣點燃火藥引爆而死。

【家族命運】據說江戶時代的俳諧宗師松永貞德是久秀的孫子，以俳諧之名享譽後世。

【梟雄度】破表！

起　刀劍茶歌樣樣精通

瞭解松永久秀的重要關鍵是十六世紀初葉的畿內政治狀況。正如前一章所述，以京都為據點的足利將軍家和管領細川家的嫡流京兆家起了紛爭，細川家的家臣三好長慶才有機會趁勢竄起；久秀再踩著主子長慶的背脊，站到政壇中央。

對日本戰國歷史稍有了解的人，想必聽過以下這段軼事。織田信長招待家康到京都遊歷，介紹一名老者給家康時，當面說道：「這廝就是松永彈正。別看他年長，對他可大意不得。他曾幹了三件當世人做不出的事。一為消滅主家三好氏，二為殺害光源院公（將軍義輝死後的法號），三為焚燬南都大佛殿（奈良東大寺供奉盧舍那大佛之殿）。」

老者即為本文主人翁松永久秀。他是戰國時代「下剋上」三大代表之一，少了他的戰國時代猶如萬古長夜，史冊讀來將索然無味。這樣一位極富特色的梟雄當然必須好好介紹才行。

❖早年經歷是個謎

松永久秀據說和齋藤道三一樣，也是山城國乙訓郡西岡出身。但這點並非定論，還有攝津、加賀、筑前、阿波、豐後、近江等說法。久秀一生中足以在歷史上留名的「輝煌」事蹟幾乎都在擁有大和領地後才發生，而且也在此步下歷史舞台。

和許多戰國時代突然竄起的梟雄一樣，松永

久秀的早年也充滿層層謎團。依照江戶時代編修的史書《陰德太平記》，他幼名多聞丸，出身攝津高槻城（大阪府高槻市）城主入江氏一族，早年和弟弟甚介（據正史記載，其弟名為長賴、左門，但是否同一人仍有疑問）在高槻城附近的神峰山進行修驗道的試煉。

有關久秀的童年、修驗的具體內容，礙於正史記載付之闕如，無法進一步詳談，但根據野史，久秀曾經得到果心居士傳授幻術。會有這種說法，或許是看到久秀日後將主君三好長慶玩弄於股掌之上，讓長慶動手除掉親弟弟，留下養子孤獨死去，等於替久秀干政鋪路。對於這種難以理解的事實，說書者編造一種解釋：久秀以習得的幻術控制主君，讓三好長慶對周遭的人都產生懷疑，並除去他們的性命。至於長慶始終深信不疑的久秀，最後不必耗費多大力氣，便能占有三好氏在畿內的領地。如果這種說法可以成立，那久秀顯然青出於藍：果心居士據說曾在信長、光秀、秀吉面前表演過幻術，不過很可惜，他沒能控制這三人。

相對於不確定的出生地，大和國對於松永久秀的生涯來說更是重要，有必要進一步介紹。

❖佛教勢力興盛的大和國

日語讀做「やまとのくに」，即今日奈良縣全境，位於紀伊半島的內陸。文武天皇於西元七〇一年制定了法典《大寶律令》，包括律六卷、令十一卷，奠定了日本做為一個中央集權國家的法治基礎。《大寶律令》明載，大和為「五畿」之一，也就是京畿區域內的五國，又稱「畿內」或「五畿內」。古代日本對「畿內」一詞的認識、定義及劃分，很大部分是仿效中國而來。中國最早的「畿」出現於西周，原意是天子居住的城池，後來引申為以天子居住的王城為中心之行政區域。

修驗道

據說創始人是飛鳥時代（推古女帝到奈良時代前，六三〇～七一〇年）的役小角。此人然雖名列日本正史，但刊載事蹟未必真實可信。據說他居住在葛城山（奈良縣御所市與大阪府交界），擅長咒術，能驅使鬼神，但也因為這項才能被安上叛國罪名，最終流放伊豆大島（三浦半島南方，伊豆半島正東），但是否死在流放地，不得而知。

「役小角居住葛城山期間曾施展咒術」的說法，經過好幾手渲染，變成「役小角在深山修行，得到仙人的授指點，學會咒術」。因此後世許多有志學習咒術者便萌生到深山修行的念頭，繼而出現帶有山岳信仰色彩的修驗道，役小角成為這「新興宗教」的始祖也就不難理解了。

曾為修驗道眾青睞的「名山」主要有：

奧羽地方：月山、羽黑山、湯殿山。三座都在今日山形縣境內，合稱「出羽三山」。另外還有位在青森縣下北半島的恐山。

北陸地方：白山、立山。

畿內地方：熊野三山（包含熊野本宮大社、熊野速玉大社、熊野那智大社）、吉野山、布引瀑布瀧勝寺（神戶市中央區，據說是役小角創立）、高野山（真言宗的總本山）、大峰山。

四國地方：劍山、石鎚山（位於愛媛縣，四國第一高峰）。

山陰地方：伯耆大山。

由於修驗道行事詭奇，給外界神秘的印象，很容易和密宗聯想在一起。密宗為大乘佛教一支，修行方法有許多不得公開的傳授；相對於此，南都六宗屬於顯宗。日本佛教宗派裡，屬於密宗的有天台（最澄所創）、真言（空海所創）。後來修驗道徒眾許多也都信奉密宗，尤其是真言宗。在許多以戰國野史為背景的電影或電視劇，施展咒術的「法師」經常作真言宗信徒打扮，一手持法杖（或名金剛杖、伏魔杖），一手拿佛珠，口中喃喃唸著「臨、兵、鬥、者、開（皆）、陣、列、在、前」九字伏魔真言。

大和能夠躋身五畿，當然並非出於偶然。根據記紀傳說（《古事記》和《日本書紀》有關神代的記載），大和是首位天皇——神武天皇出了高天原、完成東征後的定都地。據推古女帝（五九二～六二八）的攝政聖德太子推論，神武天皇於西元前六六〇年二月十一日於橿原宮（奈良縣橿原市久米町橿原神宮）即位，登基詔書中有這麼一句：「兼六合以開都，掩八紘而為宇。」

神武天皇的子孫繼續成為這塊土地的領袖，不過當時日本並沒有定都的概念，通常是新天皇即位就換都城，換來換去多在大和境內，偶爾會換到鄰近的河內，甚至是攝津的南部（都在大阪府），因此神武天皇及其後裔建立的政權也稱為「大和政權」或「大和朝廷」。除了東北、北海道，日本列島的主要區域都納入其統治之下。

大和國全境三分之二以上屬於山地，以南邊的吉野山地占地最廣也最高，平均約一千公尺，東南邊的八劍山一九一五公尺，是畿內第一高峰。西北和東北部的山地偏低，平均只有五百～六百公尺，正北方則是凹陷的丘陵，稱為「大和盆地」，正是今日的奈良市。

奈良時代的精華都在此處，如比京都歷史更悠久的平城京，還有與法隆寺（生駒郡）合稱「南都七大寺」的興福寺、東大寺、西大寺、藥師寺、元興寺、大安寺；此外像是第九次遣唐使成員阿倍仲麻呂（漢名晁衡），在思鄉和歌「翹首望東天，神馳奈良邊；三笠山頂上，想又皎月圓」提過的三笠山（也叫作若草山）就在東大寺的正東方。

六世紀末，佛教經由朝鮮半島傳入日本，奈良時代（七一〇～七九四）就成為鎮護日本的最主要力量了。奈良時代始於元明天皇遷都至平城京（奈良），終於桓武天皇遷都至平安京（京都）。在這七十多年裡，先後出現了「南都六宗」：高麗僧慧灌傳來的三論宗；道昭、玄昉等人的法相宗；唐朝大和上鑑真六次渡海、終於登陸日本所帶來的律宗；唐朝高僧道璿帶來的華嚴宗，以及三論宗的支派成實宗和法相宗的支派俱舍宗。今日奈良縣內依舊寺院林立，不難想像當年的佛教盛況。

篤信佛教的朝廷把大和境內為數不多的精華區幾乎都捐給寺社了，領受的面積尤以興福寺（法相宗）和東大寺（華嚴宗）為最。因此武家政權興起後，大和的豪族只能以偏遠山林做為根據地，比方鎌倉、室町時代的越智氏、十市氏、箸尾氏、秋山氏，戰國時代的筒井氏、柳生氏。這些豪族多半盤據吉野山地，即今日的吉野郡，面積占大和國一半以上，卻只能養活今日奈良縣二十分之一弱的人口。吉野郡南部的十津川村是日本面積最大的村落，位於奈良縣、和歌山縣、三重縣交界，得名自境內的十津川（流出奈良縣後稱為熊野川）。環境貧瘠容易產生動亂因子，十津川村自古以來便以多浪人、野和尚而聞名。例如村內眾鄉士曾於一八六三年響應公卿中山忠光（明治天皇的生母中山慶子的異母弟）、土佐浪人吉村寅太郎的號召，襲擊大和的五條代官，即為「天誅組之變」。在這場動亂中，代表攘夷的民間勢力遭到重大毀滅，導致殘存的攘夷派長州藩翌年也不得不放棄此一路線。

❖長慶佈局護京都，決定先往丹波攻

一五五二年長慶上洛後，京都並不安全，東邊的近江、西北邊的丹波以及南邊的大和都不在長慶的控制下。京都原本就是四戰之地，無險可守，長慶為自己的政權著想，一定要想辦法鞏固京都，而最好辦法是向外拓張領地，不使京都成為戰場。

當時實力還很強大的六角氏，代代領有琵琶

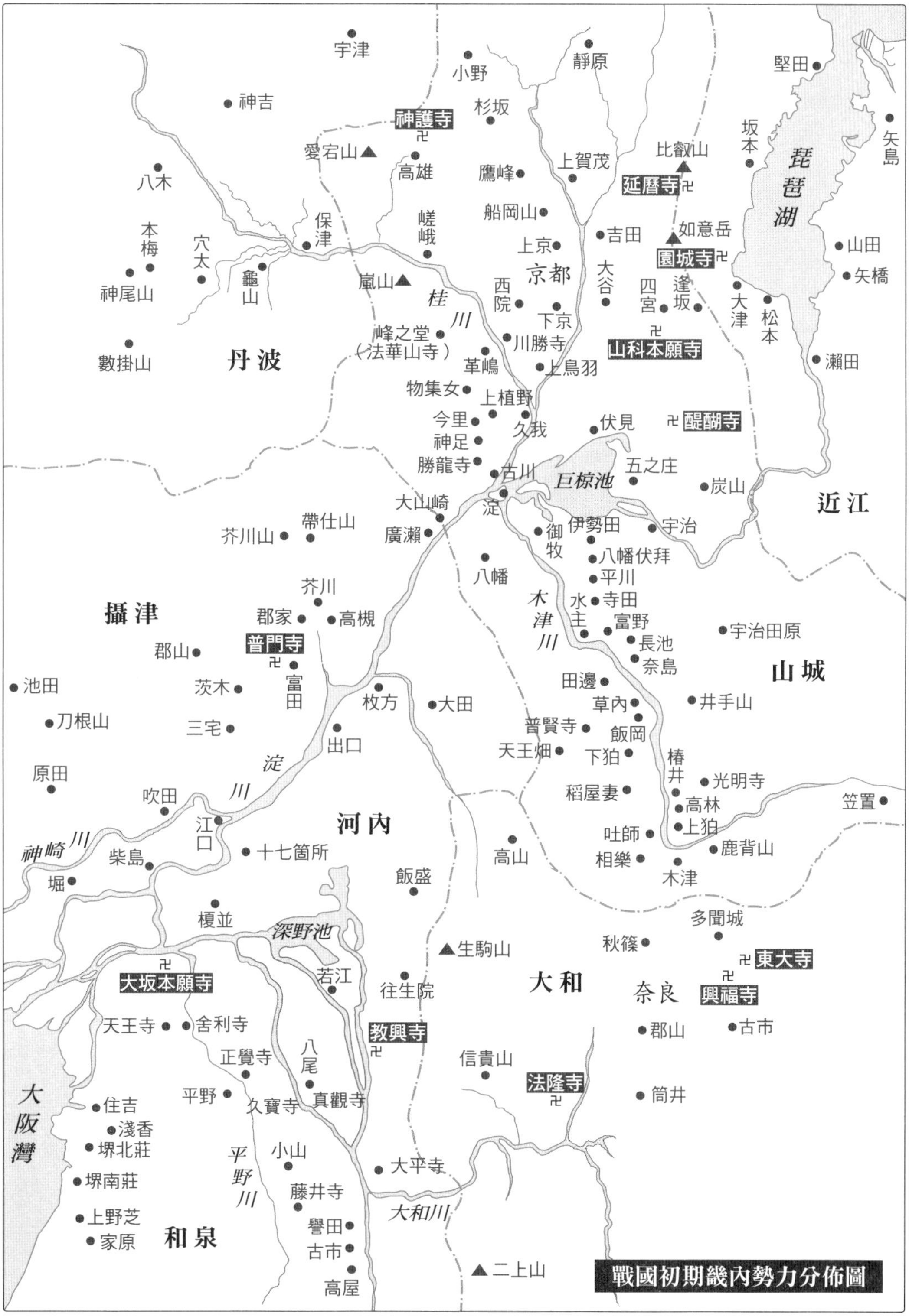

戰國初期畿內勢力分佈圖

湖南岸的近江六郡，屬佐佐木氏嫡系。鎌倉時代末期追隨足利尊氏推翻鎌倉幕府、反對建武新政，因「無視身分秩序、輕蔑公家及天皇權威，追求華麗服飾與奢侈舉止」而被稱為「婆娑羅大名」的佐佐木高氏（法號道譽）是這家族最有名氣的人物。當時的六角氏當主義賢，雖沒有父親定賴的聲望，但能夠庇護出走的將軍義輝，表示還有一定實力。長慶先前曾和六角交過幾次手，戰果並不豐碩，因此暫時不考慮往東推進。

南邊的大和長久以來是佛教南都六派的勢力範圍。鎌倉、室町時代以來只有大和不設守護一職，而是由興福寺擔任實際的守護，佛教勢力在此有多龐大，就可窺見一斑。平安時代中期以降，佛寺動輒抬神輿進入京都「強訴」；會這樣硬逼朝廷聽取訴求的主要是「北嶺」比叡山延曆寺和「南都」興福寺。以興福寺、東大寺為首的南都佛教，不僅莊園廣大、財力雄厚，更可怕的是擁有僧兵集團和源源不絕的後備兵力，實力完全不輸地方守護大名，貿然與之作戰難有勝算。

唯一可以用兵的只剩西北的丹波。當時丹波境內是守護代內藤氏、赤井氏以及豪族波多野氏三強鼎立，然而實力均不足以抵擋長慶。長慶在三個弟弟必須鎮守阿波、淡路、讚岐的情形下，在剛擁護細川氏綱進入京都的一五五二年四月，和松永久秀及其弟長賴出征丹波。長慶雖在名義上統帥此軍，然而他在丹波的時間並不多，久秀才是實際上的領軍者，這應該也是久秀首度擔綱主帥。當時已被任命為長慶在京都代官的久秀，率兵包圍長慶已故丈人（波多野稙通於一五四五年病逝）的居城八上城（兵庫縣篠山市）。廿五年後織田信長麾下的明智光秀進攻此城都耗費一年三個月了，久秀又豈有辦法一時之間便攻下呢？

一五五三年九月，久秀只取得丹波守護代內

藤氏的居城八木城（京都府南丹市）。城主內藤國貞和隸屬於細川晴元的三好政勝（政長之子）戰死，和內藤氏交情不錯的久秀之弟長賴率軍進入八木城抵禦進攻，而為了安定城內人心，長賴娶內藤國貞之女，並改名內藤宗勝，意味他是內藤國貞的繼承人，如此一來，為長慶進攻丹波提供一個可攻可守的據點。

松永長賴因為退敵有功，雖然擅自做主，長慶也只能認賬，事實上如果撤掉長賴的位子，八木城也就跟著沒了。長慶連帶將攝津瀧山城（兵庫縣神戶市中央區）賜給哥哥松永久秀。這是時年四十四歲的他首次當上城主。

一五五五年，久秀及長賴繼續包圍八上城，大概在五七到五九年之間，波多野氏的家督秀治開城投降，大半個丹波至此納入長慶的版圖，還能維持獨立的只剩下西邊以黑井城（兵庫縣丹波市）為據點的守護代赤井氏。被迫降伏的波多野秀治在長慶死後、久秀和「三好三人眾」於畿內火併時，悄悄奪回八上城，維持大約十一年的獨立。之後，上洛的織田信長命令明智光秀進攻丹波，光秀率領的兵力應該比久秀多，戰略戰術應該也更高明，卻花了比他更多時間才攻下八上城。

一五五八下半年長慶的勢力範圍大抵如下：

居城：芥川城，三好長慶

山城：淀城（京都市伏見區），細川氏綱

三好三人眾

三好長慶的三名家臣：山城飯岡城主（京都府京田邊市）三好日向守長逸、山城木津城主（京都府木津川市）三好下野守政康、山城勝龍寺城主（京都府長岡京市）岩成主稅助友通。前兩人是三好家族成員；後者的來歷則不清楚，岩成可能並非本姓。依《細川兩家記》記載，「三好三人眾」的稱呼最早是一五六五年開始使用。

攝津：瀧山城，松永久秀
丹波：八木城，松永長賴
和泉：岸和田城，不明（後為十河一存）
淡路：炬口城（兵庫縣洲本市），安宅冬康
阿波：勝瑞城，三好義賢
讚岐：十河城，十河一存

❖打完丹波，再攻大和

攻下大半個丹波，確保京都北邊、西北的防衛後，有鑑於大和豪族與河內守護畠山高政關係親密，長慶決定先對大和用兵。大和的難攻之處在於以興福寺為首的僧兵集團；但換個角度來看，如果能先確保興福寺、東大寺僧兵眾中立，要攻下大和就沒那麼困難。

一五五九年八月，久秀發兵。當時的大和除僧兵集團外，最主要有四股勢力：筒井氏、越智氏、十市氏、箸尾氏，其中以南北朝時代屬北朝陣營、地處最北的筒井氏實力最強。久秀先從筒井氏居城筒井城（奈良縣大和郡山市）下手。

一五四二年的太平寺之戰後，筒井氏的家督順昭趁著木澤長政敗死，掃蕩大和境內與之結盟的勢力如越智氏，幾年下來幾乎統一大和。可惜順昭一五五〇年廿八歲便英年早逝，長子藤勝（後改名順慶）不過才兩歲。如果不是境內的僧兵集團勢力過於強大，大和應該是各路大名「進補」的對象。

順昭死前知道往後家族難以抵擋外敵，於是找來與自己容貌酷似的奈良盲僧木阿彌當自己的「影武者」，要兩個弟弟順政與順國對外隱瞞死訊，並且輔佐幼子藤勝。就這樣，有幾年的時間筒井家上下都稱呼這名盲僧為主公。順慶成人後公開父親死訊，而「利用完畢」的木阿彌又回到原來的生活，日文裡以「元の木阿弥」形容「一度好轉，後來又打回原狀」的處

境，正是來自這個典故。

筒井城不過三天就被久秀攻下，十一歲的藤勝往東逃到椿尾上城（奈良縣奈良市），順政與順國獻出城池，筒井氏等於向長慶稱臣。為了怕大和豪族反抗，久秀不進駐筒井城，而以二十多年前控有部分大和的木澤長政居住過的信貴山城（奈良縣生駒郡平群町）為居城，進行二元統治。信貴山城位於大和與河內交界，戰略位置重要，但長政已死去近二十年，城池嚴重荒廢。就和丹波一樣，久秀也未能攻下整個大和。

為了有效控制全域，久秀決定修繕信貴山城做為統治大和的據點。現在稱為「天守」的五層建築結構，首見於信長的安土城（一五七九年落成），當時寫作「天主」。一五六一年八月完工的信貴山城擁有四層櫓，若以城池的象徵性建築來看，也有人視為是日本最早有天守的城。翌年，久秀在大和的另一座居城多聞山城（奈良縣奈良市）也告竣工，推斷也有同樣結構。這兩座城今日皆不復存，是否具有可視為天守的結構無法得知，但有一點可以確定，本丸周圍或重要城門附近、可發射弓箭和鐵砲的防禦型建築「多聞櫓」首見於多聞山城，名稱也由此而來。多聞山城堪稱是近代日本城的基本型。此外，久秀恐怕也是第一個在本丸裡建有茶室的武將。

❖文武雙全，名聞京畿

久秀雖以反覆無常的梟雄形象留名後世，但他和長慶的二弟義賢一樣，都是名聞京都和堺港的文化人。從堺港豪商天王寺屋的津田宗達、宗及父子所撰的《天王寺屋會記》可看出久秀是豪商茶會的常客。一五五四（或五五）年，武野紹鷗舉辦茶會，座上賓有紹鷗的高徒千利休、堺港豪商納屋的今井宗久，天王寺屋的津田宗達、宗及父子和久秀。能和日後被稱為「天下三宗匠」的三位大師同席，久秀的茶道造詣想必絕非泛泛。

當時欲出席茶會，持有名器是必備條件，久秀也不例外，他的收藏中最珍貴的當屬「平蜘蛛茶釜」，許多人都耳聞久秀擁有這件不世出的茶具，然而直到一五五八年九月他才首度在茶會上展示。平蜘蛛茶釜如何落到久秀手中並不清楚，想必背後應有一段曲折離奇的經過。他另一件名器「九十九髮茄子」，據說是三代將軍義滿向明朝稱臣、得以進行貿易後從中國輸入的，為足利將軍家珍藏。引起應仁之亂的八代將軍義政將這件傳家之寶送給和他有曖昧關係的山名政豐（應仁之亂西軍統帥山名宗全之子），政豐又轉贈給義政的茶道師父村田珠光（武野紹鷗即是村田的弟子）。之後九十九髮茄子的去向不甚清楚，但久秀有辦法取得表示他的確很有手段。後來織田信長護送足利義昭上洛，不得不對之臣服的久秀，在信長的強烈要求下，將九十九髮茄子送給有收集茶器癖好的信長。

從本篇所提種種，可以看出久秀深具文化、美學素養，會作連歌、精通茶道，能夠帶兵作戰，幫主君出謀劃策、治理領地，擁有築城能力，堪稱文武雙全，是個不可多得的人才，只是他給人「下剋上」的印象實在太過深刻。

之後的久秀以信貴山、多聞山為居城，對大和的進攻基本上到多聞山城落成就停止了，因此只擁有北部。進攻丹波、大和可說是久秀最主要的戰功，只可惜並未占有全域，也因而給了被迫臣服的波多野、筒井兩氏日後反攻的機會。

蠶食鯨吞滅主家，心狠手辣殺將軍

❖三好長慶最輝煌的一刻

一五六〇年一月十五日，三好長慶和十九歲嫡子前往將軍所在的御所祝賀。長慶此次雖未能封官，官位仍不如主君管領細川氏綱，但那也只是在禁裡御所排列的順序而已。更大的收穫是其子這天獲得將軍賜予偏諱，改名義興，獲任命為御相伴眾。

將軍在花之御所設宴，或到其他大名家拜訪時，所率領的隨從稱為御相伴眾，雖只是個頭銜而沒有實權，但是仍有資格限定，必須出身於三管領或有力守護大名的家族，在室町幕府裡和世襲的四職（山名、赤松、一色、京極）地位約略相當。以公卿來比較的話，則相當於日野、廣橋、烏丸、三條、飛鳥井等羽林家的公卿。

廿一日，長慶被任命為修理大夫，官位從四位下。原先的職位筑前守由義興繼承，官位是正五位下。長慶一生最輝煌的時刻也在這個月到來：在一月廿七日正親町天皇登基大典中負責警護任務。四十一歲的正親町天皇在位已兩年四個多月，雖然皇位取得公正，也沒有競爭者，但因皇室窮困，畿內大名又忙於內鬥，因此在獲得毛利元就、本願寺第十一世座主顯如、織田信長、長尾景虎等人捐獻之前，一直沒辦法舉行登基儀典。這天的即位式開放民眾參觀，據說圍觀者多達萬人以上，不僅天皇，連擔任警護的三好長慶也度過風光的一天。

二月一日，朝廷批准三好義興及松永久秀成為御相伴眾；四日，任命久秀為彈正少弼。此官位的唐名為「霜台」，為正五位下。

❖信長奇襲桶狹間，長慶亦獲漁翁利

之後長慶火速離開京都，返回河內，召二弟義賢的四國軍渡海，與長年的敵人畠山高政、安見直政作戰。久秀因征討大和境內其他勢力而缺席，只有長慶和手足以及叔父康長（法號笑岩）攜手。四月底就已集結將近四萬兵力的三好軍，卻遲遲不對畠山高政所在的高屋城和安見直政所在的飯盛山城開戰，因為長慶知道東邊有股強大的上洛勢力即將來臨，若該股勢力與畠山高政、安見直政呼應，自己鐵定陷入不利的局面，因此一動不如一靜，先觀望再說。

這股上洛勢力就是擁有駿河、遠江、三河的今川治部大輔義元。義元深感足利氏的時代已經過去，既然將軍家無力統治天下，與足利家有血緣關係的自己當可取而代之，這或許是他上洛的動機之一。誰能料到率領兩萬五千大軍、人稱「東海道第一射手」的今川義元，竟然出發第八天後，就在尾張高根山附近的桶狹間（愛知縣名古屋市綠區與豐明市之間）栽了大跟斗，被只擁有半個尾張、兵力不到三千的織田信長取走性命。如果今川義元順利上洛，志在開創新局的他，想必會成為長慶、乃至松永久秀的敵手吧！而長慶確定今川家在桶狹間的慘敗，已是該年七月底。

十月十五日，從紀伊北上的根來眾為十河一存所敗；之後幾天，安見直政的飯盛山城和畠山高政的高屋城先後開城投降，逃往紀伊，同時松永久秀也結束在大和的用兵。長慶在幾個月內能有如此豐碩的戰果，難道不是因為今川義元沒能上洛的緣故嗎？

十一月，長慶把駐在七年之久的居城芥川山城讓給長子義興，改遷往剛打下的飯盛山城。如果人和城之間也有相應與否的風水考量，芥川山城顯然才最適合長慶——在這七年中，他從初上洛的管領家臣壯大到成為「天下人」，聲望勢力無人可及，應仁之亂以來近百年間，除「陰陽第一太守」尼子經久外，就算是有「半將軍」之稱的細川政元也無如此實力。至於毛利元就，則要等到滅亡尼子氏後才有能與之匹敵的實力。毛利雖擁有山陰、山陽，但對朝廷、幕府、諸大名的影響和衝擊，遠遠比不上同樣擁有十國但位在畿內的三好長慶。

❖聲勢攀頂，意味著下坡來臨

居城遷徙至飯盛山城後，長慶面前展開的是大起大落的人生。

一五六一年一月廿八日，三好義興、三好日向守長逸、松永久秀連袂到京都立賣町的長慶宅邸拜年，義興和久秀的官位也升到從四位下。前文曾提過，長慶的官位也是從四位下，意味著長慶與秀久這對君臣、翁婿的官位竟然相同。二月一日，長慶、義興、久秀三人得到將軍義輝釋出的莫大善意，准許使用桐紋與塗輿。桐紋在鎌倉末期屬於皇室御紋之一，建武新政（一三三六）時，後醍醐天皇將這個皇室御紋以及自己名中的「尊」字贈給建武中興的第一功臣足利高氏，從此足利家家紋除傳統沿用的「二引兩紋」外，還有「五七桐紋」。

五七桐紋

二引兩紋

至於塗輿，亦是恩賞的一種。室町幕府給予一門眾、實力強大的地方守護以及各地守護代幾種權力賞賜中，有一項是在座轎上塗漆，此即「塗輿」。義輝給予聲勢如日中天的長慶及其繼承人義興此等待遇不難理解，但是同時受賞的也包括松永久秀而非三好義賢、安宅冬康或十河一存，這點頗令人玩味。義輝是否意圖拉抬久秀，給予恩情使之成為心腹，藉此抵制三好家？如果這種臆測屬實，只能說義輝真的沒有識人之明，他最適當的職業應該就是劍術師範，玩弄權謀的段數不僅比不上久秀，甚至遜於人在奈良一乘院出家的同母弟——法名覺慶、還俗後改名義秋的足利義昭。

三月三十日，四十歲的長慶在京都立賣町自宅接待將軍義輝。歷代足利將軍最常到三管的府邸當座上客，頂多到四職的府邸，像義輝這樣紆尊降貴到管領的家臣宅邸接受招待是未曾有過之舉。義輝就任將軍以來，和長慶對決三次，都敗在長慶壓倒性的兵力之下，但是長慶每次都主動和解，甚至還到義輝父子每次戰敗的避難處近江朽木谷迎接。長慶不只對義輝如此，對主君細川晴元也頗為寬大，雖然他背叛主君，但只是將之流放，可見長慶還是擁有濃厚的君臣觀念，也在意自己的歷史定位，不願被冠上「弒君」惡名。

當天置身長慶府邸的人，包括他本人，都不知道此日便是長慶江山衰微的開始。這一晚義輝留宿長慶府宅邸，他應該沒想到，剛剛在席間招待他的三好家成員，半數以上將於三年內離世；他也不會料到自己將淪為剩下那些人的鬥爭工具，其中之一甚至是四年後殺害自己的兇手。

如前文所述，四月廿三日，長慶的四弟十河一存於有馬溫泉療養時猝死；隔年三月五日，長慶的二弟物外軒實休三好義賢與長年敵人畠山高政、安見直政作戰時，不慎被新傳入的武器鐵砲擊中，當場斃命。

一五六三年三月一日，長慶的前主君，也就是前管領、細川京兆家前任家督晴元，遠離政治核心後，在攝津的普門寺（大阪府高槻市）孤寂地嚥下最後一口氣，享年五十。晴元的死象徵室町幕府建立以來，尊貴僅次於足利家的嚴武家之沒落。但是細川家撐過了戰國時代的嚴苛考驗，在江戶時代享有五十四萬石的高額俸祿，於明治中期受封為侯爵，二十世紀甚至還出了一位內閣總理大臣細川護熙，但他出身於四家細川氏中地位最低的上守護家。本家京兆家在江戶時代只是奧羽五萬石的三春藩（福島縣田村郡三春町）的家老。

八月廿二日，長慶的繼承人義興突然病倒居城芥川山城，三日即離世，得年廿二歲。死因雖診斷為黃疸，然而外界盛傳是久秀在膳食中下毒。即便義興可能遭到毒殺，但幕後主使是否即為久秀，也還需要更多佐證。

❖長慶逼死三弟，久秀獨攬大權

至親在兩年間不斷死去，讓長慶宛如老了幾十歲，此時他的手足只剩三弟安宅冬康。冬康對長慶的忠誠無需懷疑，這點長慶也很清楚，但是這對兄弟之間還有新繼承人義繼的存在。長慶之子義興死後，十河一存的長子重存改名義繼，年僅十五歲就將成為長慶龐大領地的繼承人。一方面，義繼的血緣關係較遠；再者，無論從親近度或一起打天下的功績來說，冬康應該更有資格接班（當時的日本，弟弟成為兄長的養子十分常見）。或許冬康本人並不那麼在意，可是他身邊的人未必這麼豁達。

發現這層關係的久秀，不停對長慶灌輸「冬康有意除掉義繼，以取得他自認為應有的繼承權」。此時的長慶恐怕已神經衰弱到無法獨立思考，他沒辦法接受連續失去繼承人的萬一，於是命冬康前來飯盛山城，一五六四年五月九日下令僅剩的親弟弟切腹。

從這一刻起，久秀成為三好家最具權勢的人物。臥病在床的長慶來日無多；會妨礙他接手長慶霸業的應該是「三好三人眾」。當然，將軍義輝也有可能成為絆腳石。

七月四日，儘管有「醫聖」曲直瀨道三為其看診，已經沒有生存意志的從四位下修理大夫三好長慶於飯盛山城回天乏術，享年四十三。臨終遺言為保密死訊兩年，埋骨於今日京都市北區的聚光院，目前僅存的三好長慶畫像便珍藏於此。嚴格說來，三好家四兄弟以及長慶之子義興，無人是由久秀結束性命，但除了老二義賢外，每個人的死都和他有關。三好家之所以覆滅，久秀絕對脫不了干係。

長慶之死，使不好容易露出和平曙光的畿內再掀波瀾。這一次久秀不再置身事外，也不藏身幕後只為主君謀劃，而是直接躍上舞台成為主角，開啟他反覆無常、毫無信用、機關算盡的後半生。

尚未步上軌道的政權，一旦開創者猝逝，就會馬上面臨分裂的危機。將近二十年後的信長政權尚且如此，相較之下，長慶的政權更顯雜亂無章，情形愈為嚴重。松永久秀和三好三人眾與信長的後繼者秀吉相比，格局更小、更熱中爭權奪利，不難想像畿內政局會如何混亂。

❖先是操弄幼君，接著鏟除將軍

長慶死後，十六歲的義繼成為三好家家督，同時繼承了從四位下左京大夫的官位及官職、室町幕府管領代兼御相伴眾等職務。他比長慶接任家督時還年長近四歲，但長慶年幼時有細川持隆擔任監護人；義繼雖然也有三好三人眾和松永久秀，他們卻是把他當成奪權工具，其搶手度甚至連將軍義輝也瞠乎其後。

而室町幕府末代管領細川氏綱一五六三年十二月廿日病逝山城淀城，享年五十歲。十幾年來，管領一職已被早他六個多月過世的長慶徹底矮化，除頭銜好聽外再也無法吸引覬覦競逐者，這也和細川京兆家的凋零有絕對關係。

義興離奇死亡那年年底，久秀把家督之位讓給兒子久通，並受官從五位下右衛門佐。久通的生年不詳，但總該有二十歲左右，所以久通的母親很可能不是長慶的女兒，若是如此，他就沒有三好家的血緣了。

久秀雖讓出家督，但仍然牢牢握住權力。共同輔佐義繼的三好三人眾和久秀皆是惡名昭彰之徒，也是競爭者，卻維持了大約一年四個月的合作關係，因為雙方有共同的敵人：「劍豪將軍」足利義輝。

為什麼呢？個性強悍的義輝積極親政，藉調停地方大名的衝突提昇威望，從景虎、信長等人的上洛證實這些作為已發揮明顯效果。義輝不像三好義繼或細川晴元、氏綱那麼容易或甘心受擺佈，已多次與久秀和三好三人眾意見衝突。面對這麼「不聽話」的將軍，三人眾和久秀都有意讓他下台，但在此之前一定得先有人選，三人眾和久秀中意的是平島公方足利義維之子義榮。

然而要扶植旁系的義榮，前提是要除掉現任將軍義輝和他兩個已出家的弟弟——奈良一乘院的覺慶、金閣寺的座主周嵩——以及他們的後嗣。依照足利將軍家的慣例，沒有機會繼將軍的兒子都會送入佛門，成為有勢力佛寺的住持，一來避免繼承人紛爭，再者可引入佛教勢力做為將軍家的後盾。如果將軍本人不幸早逝或沒有子息，再從這些出家的弟弟當中擇一做為養子。

三人眾和久秀想必對這個「下剋上」的計畫演練過許多次，而且也做足了關係，對朝廷進貢不少奇珍異寶，目的是希望事成之後可以杜絕來自朝廷的責難。萬事具備後，一五六五年五月十九日正午時分，三人眾和久秀父子總共約兩萬七千兵力進攻今日中京區二條通堀川的義輝居城二條御所（花之御所室町第在應仁之亂有部分遭到破壞，但是幕府窮困未能修繕，因此一五五九年義輝在舊的斯波家宅邸址上另建二條御所。日後信長上洛後所建的二條御所或江戶時代的二條城與義輝此邸無關）。

義輝身邊三百多名衛士很快就被來襲大軍吞噬，義輝覺悟今日將死於這批賊人手中，便把所有藏刀置於身邊殺敵，砍鈍了再拿一把，直到所有刀都鈍了。儘管義輝是新陰流高手，盡得劍聖上泉伊勢守信綱真傳，然而面對戰場上的殘酷殺戮和兩萬多名敵軍，孤身斬殺的義輝無異於飛蛾撲火，任憑劍術再高強總也有氣力放盡、油盡燈枯的時候。奮戰到最後，渾身浴血、宛如阿修羅的足利義輝留下這樣的辭世之句：

五月之雨，如露又似淚，不如歸去。
我的名字將會扶搖直上，直至雲端。

這位從三位參議左近衛權中將兼征夷大將軍切腹而死，年僅三十歲。生母慶壽院（足利義晴的正室，前關白近衛稙家之妹）殉死，享年五十二歲，這場亂事被稱為「永祿之變」。

眼見將軍已死，三人眾和久秀不以此滿足，繼續斬草除根，來到金閣寺追殺義輝的幼弟周嵩。生年不詳、推測年紀當在十五到廿八歲之間的周嵩和身旁的小姓逃離金閣寺時，為小姓所殺。和義輝有血緣關係的只剩一乘院座主覺慶。儘管覺慶人在奈良興福寺，久秀依舊率軍殺到。久秀當然想一勞永逸，但一乘院是興福寺的別當（統轄寺務的僧官），殺害覺慶即代表要與興福寺的僧兵集團為敵。即使一時間可將之擊敗，但興福寺就在秀久的領地大和境內，逞一時之快卻造成芒刺在背，實在不妥，因此久秀決定暫時將覺慶囚禁於興福寺。然而久秀再也沒機會殺害覺慶，他和三好三人眾很快就因利益起衝突，顧不上覺慶的死活，覺慶因此而倖存。然而比起此刻死去的義輝和周嵩，覺慶日後遭受的苦難多上許多！

義輝不是第一個遭逆臣下毒手的足利將軍。六代將軍義教一四四一年就被四職之一的赤松滿祐所弒（「嘉吉之亂」），然而此事件與義教本身強悍刻薄的個性有關。但「永祿之變」卻出於三人眾和久秀的私慾，這四名完全無視君臣倫理的「惡人」從此擺脫不掉陰險狡詐、毫無信用等評價。

封建社會原本就不允許以下犯上，加上義輝調停地方大名紛爭，長年來多有作為，頗受好評，因此消息一傳出，各地方守護無不憤慨，特別是與義輝交情深厚的長尾景虎（此時已改名為上杉輝虎）。

❖四大惡人爆內鬨，神佛殿堂成戰場

足利義輝死後，三好家的年輕家督義繼決定委由三好三人眾擔任京都所在的山城國奉行。三人眾的居城都在山城境內，這項決定可說十分適當，卻惹惱了久秀，四名惡人的合作關係宣告破裂。三好家遂分裂為以義繼、笑岩、三好三人眾以及松永久秀、內藤宗勝（久秀之弟長賴）、松永久通兩個陣營。雙方也知道下一次見面不再是共同商議要除掉誰，而是要除去彼此，因此都積極備戰。

雙方對拘禁在興福寺的覺慶因而放鬆戒備，七月廿八日，義輝的家臣細川藤孝（幽齋玄旨）、三淵藤英（藤孝之兄）、一色藤長等人將之救出。無法在京都立足的覺慶等人先是被近江南部的大名六角義賢安置在以忍者而聞名的甲賀郡，居處稱為「矢島御所」，覺慶在此還俗，改名義秋，即日後室町幕府末代將軍足利義昭。義秋積極聯絡畠山高政和上杉輝虎，可惜都鞭長莫及，反而引來三人眾攻擊，他遂聽從越前朝倉家家臣明智十兵衛光秀的意見，往北方的越前而去。

丹波最先出現亂事。丹波原本就沒有全部納入長慶的版圖，而久秀為準備與三人眾的作戰抽調不少兵力，只留八木城的內藤宗勝，因此幾年前被松永軍所敗的當地豪族「丹波的赤鬼」赤井直正率軍反攻，宗勝八月二日出城作戰反遭赤井突襲陣亡。翌年，波多野氏奪回八上城，從此三好家的勢力退出丹波。和久秀入侵前的局面相比，差別在於原本是內藤、赤井、波多野三家鼎立，現在因內藤宗勝戰死，變成兩家共治丹波。日後信長上洛也允許他們保有自己的領地（日文稱「本領安堵」），丹波從此安定下來，直到一五七六年初，波多野氏加入信長包圍網後才被信長派兵平定。

義輝死後不到三個月，久秀就接連失策。首先是覺慶脫逃，久秀少了箝制興福寺的工具；而且如果越前的朝倉義景打出「護送將軍回京」的旗號（雖然義景並不是這樣的人物），一路上不曉得可以撈到多少好處。殺害將軍一事已讓秀久臭名遠揚，只要覺慶打算為兄長復仇，想幫他抬轎的人絕對多到數不完。另一失策是內藤宗勝戰死，導致失去丹波。平安時代以來朝廷在京都四周設立了「七口」，連接京都和丹波就有三口，失去丹波意味著三人眾只要把兵力灌注在伏見口即可。

同年十一月十五日，三好三人眾、三好笑岩、安宅冬康之子信康，奉三好義繼為主帥，襲擊久秀勢力範圍的河內飯盛城。不過才六個月前，雙方還一同策劃除去將軍，如今就兵戎相見，衝突正式浮上檯面。此後一年多，三人眾與久秀於大和、攝津、河內、山城間爭鬥不休，使得原本在長慶時期領地位居全國第一的三好家因內門而萎縮，反而被毛利家、大友家、後北條家後來居上。

三人眾與久秀的爭鬥互有勝負，卻誰也消滅不了誰。孰料一五六七年四月六日，三人眾陣營主帥義繼竟前往信貴山城投靠久秀！三人眾陣營立場盡失，無論如何也要將主子搶回來，於是調集篠原長房（讚岐、阿波）、池田勝正（攝津）、別所長治（播磨）、筒井順慶（大和）進攻，兵力依《多聞院日記》記載有一萬多人，依《東大寺雜集錄》記載則超過兩萬（這數字比較可信）。反觀另一陣營只有久秀父子及三好義繼、畠山高政、攝津國人眾以及紀伊根來眾，兵力不明，不過顯然應該較少。

四月十一日，久秀和義繼移到防禦更堅固的多聞山城。五月，南下的三人眾與筒井軍佈陣興福寺一帶，久秀、義繼則佈陣在南邊的東大寺戒壇院。《多聞院日記》悲痛寫道：「大火沖天，吶喊之聲猶如地動。可悲啊！可悲啊！遇上如此令人哀慟之事！」此後六個月，興福寺、春日大社、東大寺，這三座今日已列入世界文化遺產的相鄰寺社，遂成為梟雄私鬥的戰場，久秀更將本陣遷至東大寺大佛殿。雙方在神佛殿堂前照樣開戰，東大寺受受損程度尤其嚴重，寺境內的戒壇院、二月堂、三月堂（亦稱法華堂）、正倉院、鐘樓、轉害門、念佛堂以及南大門等都在戰火中燒失。

七口

其實有九口，但通常說成七口。這七道關口從北到南依順時針方向為長坂口（又稱清藏口，通往丹波）、鞍馬口（通往鞍馬山，越過即是丹波）、大原口（通往若狹）、三條口（連接東海道和中山道，也叫做粟田口）、五條口（也稱伏見口，通往奈良）、東寺口（又名鳥羽口，是京都通往大坂最重要的關口）、丹波口（前往山陰）。

戰國初期奈良周邊社寺分佈圖
多聞城跡
般若寺
北御門
今在家
正倉院
轉害門
一條大路
北法蓮
佐保川
若草山
念佛堂
大佛殿
二月堂
三月堂
戒壇院
宿院城跡
手向山八幡宮
二條大路
油留木
芝辻
東京極大路
東南院
大豆山
一乘院
興福寺
南大門
符坂
高天市
冰室山
漢國寺
南圓堂
東金堂
五重堂
三條大路
子守社
多聞院
成身院
春日社
猿澤池
中市
鬼薗山
天滿山
天滿寺
大乘院
極樂坊
發心院
千手院
高御門
上高畠
元興寺
下高畠
鳴川
新藥師寺
井上
紀寺
能登川
京終
中辻子
白毫寺

兵力及後援皆居於劣勢的久秀軍漸感不支，同年十月，三人眾再度發動攻勢，襲擊東大寺的久秀本陣，自知不敵的久秀於十一日半夜燒燬大佛殿（路易士・佛洛伊斯的《日本史》稱是三人眾陣營的基督徒放火，此說有誤），這場熊熊大火讓三人眾損失三百多兵力，暫時將其逼退，但盧舍那大佛頭部卻受到嚴重損壞。

七四五年落成的東大寺曾遇上兩次浩劫。一一八〇年，入道相國平清盛的五子平重衡奉命征討反抗平家政權的興福寺、東大寺。根據《平家物語》描述，僧兵佈陣在大佛殿和正倉院北邊的般若寺，占有優勢的平家趁夜縱火，將大佛殿付之一炬。五年後平家衰敗時，放了這把火的平重衡被憤怒的南都僧眾從鎌倉強行帶到奈良，在五年前的戰場般若寺前梟首。第二次便是久秀的這把火。

至於大和方面，久秀看似勝利，其實已元氣大傷。東大寺之役結束不過十來天，河內的飯盛山城被三人眾之首長逸所克，久秀的多聞山城陷入西（飯盛山城）、南（筒井城）受敵的局面。眼看著久秀面臨生死關頭，恰好某人從東邊進入，使久秀得以解套，原本可能於此時結束的生命也延長了十年，相信每位讀者都認識這位不世出的人物——織田上總介信長。

轉　信長出手，久秀龜縮

滅主家、殺將軍、焚佛殿——一五六四年起不過四年時間，久秀就犯下大多數人一輩子也幹不了一件的三大惡事。連續下來他的名聲掉至谷底，留給當代及後人反覆無常、毫無信用的惡劣印象，多才多藝、文化修養深厚的優點反被抹煞。

因為三人眾與久秀之間不停作戰，室町將軍的大位有將近三年空缺。雖說只是有名無實的空殼子，但空缺太久天下還是會亂的，三人眾和久秀雖熱中鬥爭，也還懂這個道理，因此發動「永祿之變」前已先物色了繼任人選。當時整個足利氏的人選有：義秋（還俗後的覺慶，廿九歲）、義氏（古河公方，廿五歲）、賴純（小弓公方，三十四歲）、義榮（平島公方義維的長子，廿六歲）、義助（義維的次子，廿五歲）。乍看之下雖然不少，其實久秀等人可以選擇的只有義榮和義助，最後雀屏中選的是前者。

❖信長上洛，逼走在位時間最短的將軍

義維本人曾幾次被列為將軍人選，然而最後都失之交臂，或許是這樣讓他看不清楚局勢，否則他應該極力反對兒子繼任才是。永祿之變後，義榮雖已確定是下一任將軍，但還沒上報朝廷，拱他的三好三人眾和久秀就打了起來，也忘了提供敘任從五位下左馬頭需要的資金。貧窮的平島公方家自然不會有錢買官位，因此

義榮被迎到攝津越水城後，等到三人眾和久秀的東大寺之戰結束，移居普門寺（大阪府高槻市，前管領細川晴元晚年隱居與逝世處），該年年底才被朝廷封為從五位下左馬頭。一五六八年二月八日，正親町天皇派出敕使到普門寺任命義榮為室町幕府第十四代征夷大將軍，准許昇殿。足利義輝離世後，經過兩年九個月才出現新將軍。

由於三好三人眾以及久秀這幾年在畿內的作為令人髮指，連帶他們擁立的將軍也不為各地方大名承認。每位足利將軍、乃至之後的德川將軍都是，上任後總會賜名臣下以示恩澤（通常不是家族名諱的通字），但是義榮當上將軍後並沒有出現這種盛況。一方面是義榮擔任將軍的時間太短了，再者，各地守護大名一想到這位將軍是為亂臣賊子擁立，印象就大打折扣了，不想與之有所關聯。

義榮雖當上將軍，比起之前的義晴和義輝，不過是一名徹底的傀儡，毫無主動作為，而且一直安居在普門寺，也是唯一不曾到過京都根據地的足利將軍。縱觀日本歷史，只有他和幕末的德川慶喜任內不曾待在幕府所在地（慶喜於大坂城就任將軍，之後往返大坂、京都，大政奉還解職後才回江戶，隱居上野寬永寺）。

但早在義榮任將軍前，「血統更純正」的義秋已由細川藤孝代為奔走，一五六六年四月取得從五位下左馬頭的官位，因此任誰來看，義秋當將軍都更名正言順，只要有守護大名基於正義感「率軍勤王」，打敗三人眾和久秀，將軍的位子就要換人坐了。

一五六八年四月，義秋正式改名義昭。九月七日，擁有尾張、美濃、北伊勢的織田信長簇擁義昭上洛。連同盟友德川家康的援軍，依《信長公記》記載，共有四到六萬（小說家海音寺潮五郎推定為五萬），從岐阜城出發。近江北部的淺井長政七月才娶了信長之妹阿市，

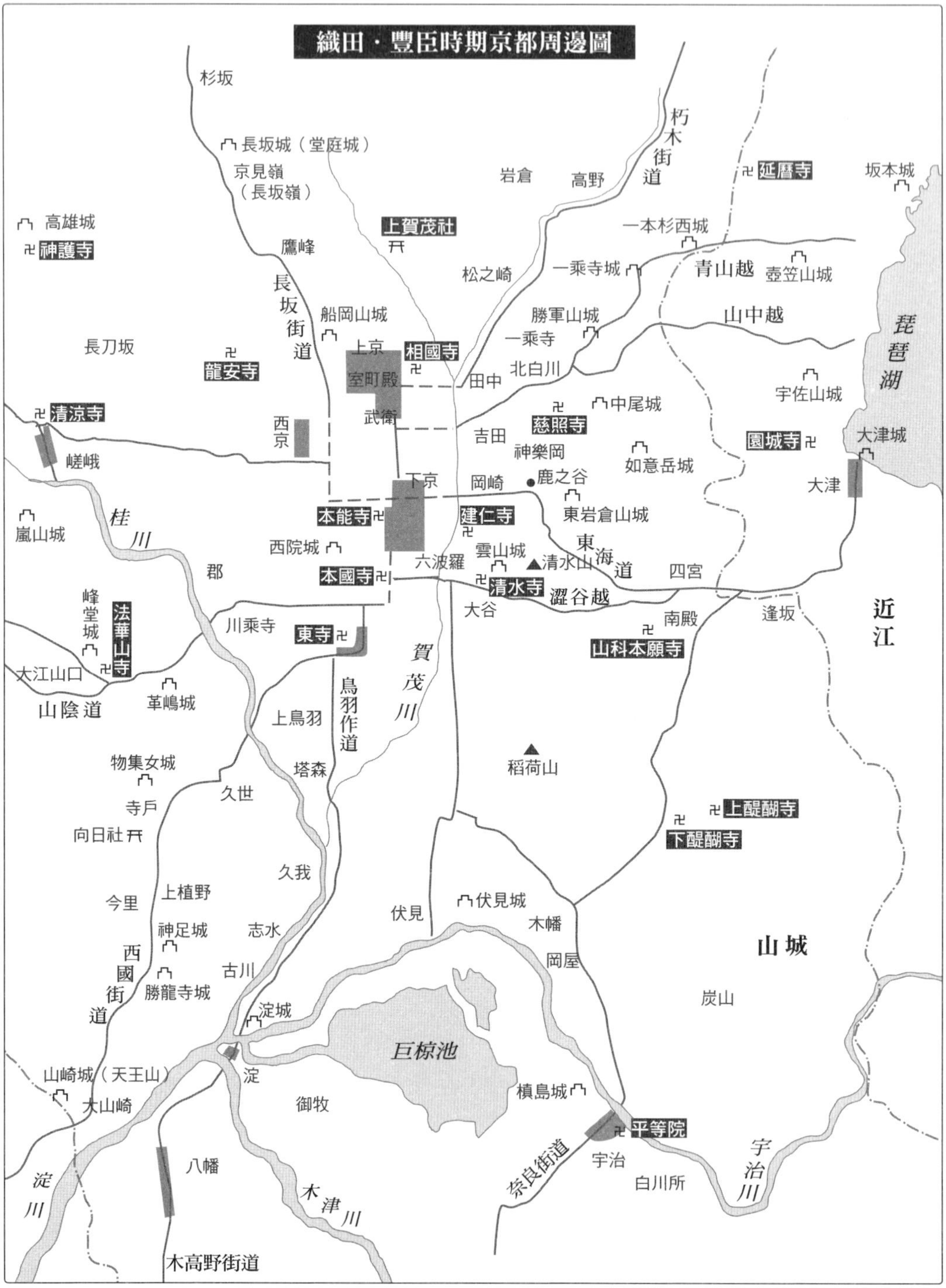

織田・豐臣時期京都周邊圖

信長得以快速通過妹婿的勢力範圍；近江南部的六角氏卻擺出抗拒的姿態，但在信長大軍壓境之下，六角氏的抵抗猶如螳臂擋車。九月十三日，六角氏居城觀音寺城（滋賀縣近江八幡市）被攻下，六角氏所屬之城無不望風而降。九月廿四日渡過琵琶湖，來到三井寺。九月廿六日，信長一行進入京都，義昭以東山的清水寺為居所（十月十四日移到山科區本圀寺），信長則駐紮在附近的東福寺。九月廿八日，信長方攻下三人眾的岩成友通之居城勝龍寺城，鞏固清水寺和東福寺的安全。

信長以迅雷不及掩耳之勢上洛，內鬥四年的三好家無力抵抗，三人眾紛紛往攝津撤退，使得原本居劣勢的松永久秀有機會苟延殘喘。攝津不是久秀的勢力範圍，逃往那邊只會被三人眾矮化，不如投降信長。至於被推上將軍位子將近八個月的義榮，當初拱他出來的人現在全都只顧著逃命；盱衡全局，義昭有勢如破竹的信長當靠山，自己應不可能東山再起了，與其盲目跟著逃往攝津，不如回到原來居所。同年十月，這位在歷史上鐵定不會被大書特書的將軍病逝阿波，得年廿九歲。不算源賴朝之前、因蝦夷族入侵才由天皇授命的「臨時性」征夷大將軍，義榮是在位期間最短的幕府將軍。

❖九十九髮茄子換一命

三人眾聽到信長上洛拔腿逃往攝津，久秀卻反其道而行。一方面攝津並非他的勢力範圍，去那邊占不到便宜；與其如此，不如帶著惡名昭彰的過去死皮賴臉向信長乞降。他知道信長初來京都，京都民眾為之驚恐，以為又來了個「旭將軍」木曾義仲（源賴朝的堂弟，奉以仁王令旨從木曾谷舉兵經北陸上洛，上洛後軍紀不振反被京都人民唾棄，最後敗於源義經）。為收攬人心，信長除嚴格約束部下，還必須有額外開恩以收攬人心，那最適合的對象除松永久秀外，不會再有其他人。

如果連久秀這種極惡之徒都能獲赦，惶恐的京都民心必能安定。深諳此道的久秀相信自己不但不會被殺害，還很可能保全在三好政權下的既有一切。於是久秀攜同義繼，在信長上洛後第三天（廿八日）親往東福寺拜會。不出所料，信長接受他稱臣，但是附帶一個要求：獻上名茶器「九十九髮茄子」以示誠意！

久秀應該沒想到信長會來這麼一著。要求茶人獻出名貴茶器，簡直像要割掉一塊心頭肉。信長之所以提出這要求，無非耳聞久秀個性反覆無常，想藉此舉杜絕他叛變的念頭。久秀雖然毫無信用可言，但畢竟是個茶人，被當時尚不諳茶道的「尾張傻蛋」以幾近要脅的語氣強取珍貴僅次於「平蜘蛛茶釜」的茶器，內心必然極度不滿。信長在引入嶄新的戰略戰術、規劃政治制度等方面擁有天才般的敏銳度，可是他對人性的理解過於淺薄，始終以為只要給予好處就能控制人心，而忽略了人情義理的重要性，這即是他經常遭受部下背叛的主因之一。淺井長政如此，松永久秀如此，荒木村重和明智光秀何嘗不也如此呢？

在別無選擇的情形下，久秀只得割愛，而根據小瀨甫庵的《太閤記》，同時還獻上了「天下無雙的吉光短刀」。不過據說足利義昭對信長接受久秀的投降相當震怒，甚至因此造成這對君臣往後的貌合神離。十月四日，信長承認久秀對大和的支配權，甚至派兵幫久秀迅速征服筒井順慶、井戶氏等大和豪族。

信長自九月廿八日上洛，招降三好義繼、松永久秀的同時，也對三好家的領地用兵。不到一個月，五畿內——山城、攝津、河內、和泉、大和——都為信長平定，雖然只是表面上而已。十月十八日，義昭正式成為征夷大將軍，官位也晉升為從四位下參議兼左近衛權中將，來年四月久秀被加封為山城守（《言繼卿記》）。在武家政權下，朝廷授予的律令制官位只有裝飾功用，九世紀末起，因為莊園制發達而失掉實質作用，雖還保留朝廷授予的官位，權限盡被幕府移轉到守護一職上，大部分的情況是某某國守根本不曾到過該國，另外也有不少武將沒有朝廷冊封也自稱某某國守。朝廷此時授予久秀山城守的官職，目的絕對不是要久秀治理京都，而是給予虛名。

就這樣，原本是足利義晴／義輝、三好長慶／松永久秀的臣屬關係，現在進入足利義昭／織田信長／松永久秀的階段。相信對大部分的讀者而言，對後者比較熟悉，事實上後者也比前者來得有趣。

❖將軍義昭與「御父」信長關係急凍

信長這次上洛，不到一個月便護送義昭重返

律令制下的政府組織

奈良、平安時代仿隋唐制定律令格式。中央官制分「二官八省」。二官為神祇官（管理祭祀）及太政官（管理一般政務），後者由太政大臣、左大臣、右大臣、大納言等官員行合議制，管轄八個機關：

中務省：服侍天皇、編寫詔敕、宣旨等宮中事務，以及位記、戶籍等事務。

式部省：管理文官之人事、朝儀、學校等。亦曾改名文部省。

治部省：掌管各姓氏、族姓葬禮和佛寺、雅樂、外交事務。

民部省：掌管租稅、戶籍、田佃、財政等民政事務。

兵部省：武官之人事與軍事事務。

刑部省：司法事務。

大藏省：財寶、出納、物價、度量衡等事務。

宮內省：掌管宮中食衣住行等諸般雜事。

地方行政組織則為「國郡里制」，以公地、公民為原則，官僚有支配土地、人民的權力。人民則分為良民、賤民兩大類別，根據「頒田收授法」給予耕地，同時收取租庸調、雜徭做為中央和地方財源。

京都當上征夷大將軍，平定五畿內，擊退三好三人眾，降伏亂黨三好義繼、松永久秀。一五六八年信長三十五歲，義昭三十二歲，滿懷義昭的感激竟得不顧年齡差距之微，在感謝狀上稱呼「御父織田彈正忠殿」，更想讓信長擔任管領，甚至副將軍。信長對此一概回絕，他知道這些空洞的頭銜只會給自己招致不必要的非議——更何況，只要實力強大，那些擁有高官頭銜的人還不是要在自己面前低頭？又何必在羽翼未豐時就去追逐與實力不相襯的官職呢？

信長和義昭的「蜜月期」只持續到一五六九年一月十四日。這一天，信長向義昭呈上〈殿中御掟〉，信長在九條條文中明確限制將軍的權力，定下應該遵守的規範，包括隨從人數比照先前、幕臣未經信長許可不得進入御所、訴訟不得越過信長指派的家臣直接送抵幕府或朝廷、禁止直接向將軍訴訟、訴訟規定比照以往，以及石山本願寺的僧官、比叡山延曆寺的僧兵、醫師、陰陽師不得妄自入殿。

扯個題外話，日本史上出現過不少勢凌主家的權臣，如飛鳥時代的蘇我馬子、入鹿父子，奈良時代的弓削道鏡、惠美押勝，平安時代的藤原基經、藤原道隆、藤原道長、平清盛，鎌倉時代的源賴朝，室町時代的足利尊氏、足利義滿等人。他們握有的權勢多半勝過此時的信長，但也不曾以條文規範他們的主君（都是天皇）。信長的盟友德川家康倒是把這招學到家了：四十六年後，家康滅掉昔日主公豐臣秀吉的命脈後，立刻頒佈比〈殿中御掟〉嚴苛十倍的〈禁中並公家諸法度〉打壓天皇及朝廷，規定天皇閱讀的書籍、朝臣的座位席次、攝政關白的任免、更改年號、朝臣的服色等等，讓朝廷必須仰德川將軍家鼻息。縱觀日本古今，曾經將全國地位最崇高的天皇及朝廷踐踏在腳下的就只有德川家康及其子孫了，連最狂妄的信長都不至於此。

義昭和信長此前雖有若干誤會，但一直沒有決裂。到信長丟出〈殿中御掟〉後，兩人已差不多要翻臉了。義昭開始相信信長拱他上洛從頭到尾只是把他當傀儡，沒有實力但又不甘被架空的他，決定利用將軍的招牌號召各地大名結成同盟反抗信長，這是義昭反抗信長的一貫方式，只是信長的動作比他快上許多。

信長對於保守、腐敗、傳統的人事物，不僅不屑一顧，甚且不能容忍其存在，因此成為守舊勢力的摧毀者，特別是根深蒂固且有組織的佛教僧兵眾。這些霸占既有利益已久的集團在信長上洛前也是爭吵不休，但就如同三好三人眾與松永久秀可以為除掉足利義輝而暫時合作一樣，畿內眾家勢力面對「佛敵」信長時也展現了前所未有的團結。從信長一五七〇年四月假借於近江常樂寺觀賞相撲之名，北上進攻越前的朝倉義景起，一個對信長反撲的大同盟也正悄悄成形。

❖多方圍攻信長，尚未分出勝負

信長進攻越前可說是失算了，因為他太小看朝倉和淺井長達三代的友好關係。他以為讓淺井家的年輕家督長政娶了有「戰國第一美女」之稱的妹妹阿市，便能使妹婿斬斷和朝倉家的同盟、在信長和朝倉作戰時保持中立。但是，淺井和信長同盟的前提在於信長不能染指朝倉家，如果前提破壞，淺井和信長的同盟也無法維持了。

於是當信長貿然出兵越過近江北部進攻越前時，淺井長政毫不留戀地與之斷交，並且在信長大軍深入越前時，從近江北部阻斷信長的歸路、斷其糧秣補給，迫使信長不得不取消進軍朝倉居城一乘谷城的計畫，在糧秣斷絕前讓羽柴秀吉斷後，於四月廿八日開始狼狽的「金崎大撤退」。

信長的性格當然不容許失敗，於是結束金崎大撤退後便積極整軍備戰，打算一舉洗刷這次的恥辱，此即同年六月廿八日的「姉川之戰」（有關此役請參閱拙作《日本戰國風雲錄・天下大勢》）。

信長獲勝後，在義昭調停下立即退出近江，同時決定趁反信長同盟還未成形，先剿滅畿內亂源三好三人眾。八月廿日，信長從天下布武的根據地岐阜城發兵三萬餘，目標為三人眾勢力範圍下的福島、野田二城（都在大阪府大阪市福島區）。八月廿八日，信長以兩城東南約五公里的天王寺（大阪府大阪市天王寺區）為本陣。信長快速的行動讓尚未和他撕破臉的義昭不得不擔任平亂的統帥，三好義繼和松永久秀也只得棲身信長陣營，而且擔任先鋒——以降將做先鋒是戰國時代的通例，同時也說明信長對這兩人仍不信任。

兩城的兵力加起來估計不超過一萬，以信長派出的兵力來看，或許會遭到頑強抵抗，但最終應該可以拿下。然而九月十三日，石山本願寺突然有不尋常的動作：本願寺第十一世座主顯如與三好三人眾結盟，加入戰局。分析信長和顯如的個性即可發現，兩人遲早會對立——即便沒有足利義昭、松永久秀這些搧風點火的陰謀家。

增加這個新敵人，局面已非信長原先估計的那麼樂觀，更何況還有擅用鐵砲的雜賀眾和根來眾，據說鐵砲達人雜賀孫市曾參與此役。十四日信長和顯如的一揆軍在兩城的東北方天滿森附近激戰，互有傷亡。顯如的加入也鼓舞了姉川之戰的敗方朝倉義景、淺井長政，使他們在京都東邊對信長再度宣戰。

儘管信長在西線戰事取得優勢，但是近江只有一千守軍的宇佐山城（滋賀縣大津市）卻面臨朝倉、淺井、六角義賢近三萬兵力進攻，為了東邊的戰線，信長不得不於十六日和顯如達成某種程度的妥協，自福島、野田二城撤兵。嚴格說來信長這場戰役以失敗作收，但最大的收穫是與顯如和解，戰下去死傷會擴大，能夠免於兩線作戰可說是最善之策。

九月廿三日，留下柴田勝家、和田惟政等部分兵力，信長、義昭率主力往東急行軍，廿四日便抵達近江。南下的淺井・朝倉軍以坂本為本陣，信長則包圍整座比叡山。自始雙方就有默契地不開戰、只對峙，偶爾夾雜零星衝突，十一月廿五日在坂本東北方的堅田之戰算是這段期間最大的衝突，但規模也不過約兩千人，結果信長的將領坂井政尚戰死。

這場被稱為「志賀之陣」的對峙持續近三個月，最後由信長敦請將軍義昭、關白二條晴良傳達天皇旨意，雙方於十二月十四日和解。其實如果繼續對峙，信長未必會輸，但是他卻不得不立刻結束戰爭，因為伊勢北部以長圓寺、願證寺為主的長島一向一揆愈來愈坐大，信長的大將瀧川一益三番兩次告急，信長必然是評估畿內局勢後才決定和解。淺井・朝倉於和解翌日便領軍返回領地，信長則於十七日回到岐阜，準備下一階段的戰爭。

❖筒井城四年三度易幟

自一五五九年八月筒井城被久秀攻下後，年輕一代的家督筒井順慶（原名藤政）前後投靠與久秀對立的勢力，無非是為了取回這座城。由於筒井城位地處貴山城和多聞山城中間，扼往來聯繫之要，因此筒井順慶和松永久秀為了此城在四年內交手三次。雙方的總體戰力並不算頂尖，卻可以為此大打出手，不難看出筒井城的戰略地位有多麼重要。

將軍義輝死後三好三人眾即和久秀決裂，筒井順慶二話不說立即投靠前者，然後舉兵進占久秀在河內的領地。不甘失敗的久秀於同年十一月領軍奇襲筒井城，一天就拿下，第一回合久秀獲得勝利。

翌年四月，筒井順慶和三好三人眾窩裡反，為了爭奪堺港，雙方殺紅了眼失去理智，堺港的自治組織「會合眾」趕緊出面要求撤兵。爭奪堺港無非出於覬覦財富，毀了堺港就沒好處可撈，於是雙方接受撤兵的要求。既然無法在堺港開戰，目標便又轉移到筒井城，順慶與久秀激戰近半個月終於拿下筒井城。

第三次筒井城之戰，發生在信長上洛後的十月六日。久秀之所以在信長上洛後迅速降伏，原因之一或許在於想藉由信長支援，奪回筒井城。有信長兩萬多兵力加持，不少歸於順慶的豪族信心動搖，紛紛倒戈，久秀這次只花兩天便讓筒井城易幟，有了信長這靠山，大部分的大和又回到久秀的統治下。

如果久秀從此安分守己，筒井順慶應該再也沒有翻身機會；然而事態的發展卻出乎意料。

❖上演叛變鬧劇，勢力只餘二城

當信長傾全力進攻伊勢北部的長島一向一揆時，一五七一年五月十七日，畿內的久秀與武田信玄結盟，悄悄揭起反旗。信玄雖已接受義昭上洛的邀請，但是和北條家的同盟還未恢復，以他「叩石橋而渡」的謹慎個性設想，不可能在此時上洛。久秀卻只看到信玄在三河境內以小部隊騷擾家康，就以為他將有動作，認為此刻揭起反旗信長必然無暇他顧，更可讓畿內眾多勢力隨之起舞。出乎久秀預料的是，信長迅速回到京都，快到除三好義繼外，其餘畿內勢力都來不及響應，久秀只好再降信長。

久秀這次叛得毫無道理——對信長和信玄的動向全然不知，也沒先連絡畿內其他勢力，甚至連糧餉都無著落，沒有計劃就起而叛亂，看在信長眼裡只是一齣鬧劇。信長雖不處置久秀，卻也沒放過他，而下了一著妙棋：允許久秀的宿敵筒井順慶來歸，以收牽制久秀之效，至少這兩人不會一塊兒窩裡反。此後的筒井順慶可說是畿內最讓信長安心的勢力，始終不曾加入信長包圍網；這位十年後在山崎之戰留下「洞ヶ峠」（按兵不動、觀望之意）軼話而聞名的戰國大名，在信長的支持下，充分牽制住戰國最會叛變的梟雄。

平定久秀的鬧劇，信長又回到伊勢長島繼續和一向一揆作戰。而久秀則忙於應付信長丟給他的好對手順慶。若是十年前，擁有大和一國的久秀怎麼會把地方豪族的順慶放在眼裡？然而久秀因為有叛變的前科，信長把大和多交給順慶，只讓久秀保有信貴山城和多聞山城，這樣即便久秀再起亂心，規模也不至於太大。

在第二、三次筒井城之戰期間，順慶正式改名「筒井陽舜房順慶」，十九歲的他成為興福寺僧眾。順慶覺得從筒井城發兵太遠，便在多聞山城附近另築辰市城（奈良市），欲在此地與久秀決戰。此城一五七一年八月二日落成，兩天後就引發大戰，果然如順慶的計劃。

八月四日久秀夥同三好義繼領兵一萬來犯。順慶也非省油的燈，調動椿尾上城、郡山城的兵力迎戰。依《和州諸將軍傳》記載，此役雙方似乎都用了鐵砲，可見鐵砲傳入日本近三十年後，至少在畿內已慢慢普及。各路兵力從辰市城不同方向而來，層層包圍，使得久秀的主力開始崩潰；依《和州諸將軍傳》記載，表現最佳的武將是順慶的先鋒，有筒井家「左近右近」之稱的島左近清興、松倉右近重信。

久秀軍在辰市城之戰中損失約十分之一，筒井城被順慶奪回，久秀往西逃回信貴山城。他終其一生再也不曾拿下筒井城，此外還失去高田城（奈良縣大和高田市），其勢力僅止於多聞山和信貴山二城。往後他在歷史舞台上只剩下反覆叛變的戲份，再也無法有任何作為了。

合 梟雄人生爆炸性的最後一幕

受近幾代【信長之野望】影響，不少玩家和讀者都知道「天下布武」過程中的空前危機「信長包圍網」。從上洛到本能寺之變為止，信長大部分時間都和這些難纏敵手對抗。包圍網前後期成員不盡然相同，因此可再細分為兩次。

❖同時與最多人為敵的日本紀錄

信長包圍網何時成形，說法不一，分別有人認為是一五七〇年姉川之戰前後、同年八月廿八日的福島、野田之戰，或是以九月十三日本願寺顯如投入對信長的戰爭、同年十一月長島一向一揆蜂起為起點。筆者認為，一五七一年五月久秀和武田信玄同盟後，信長包圍網才算從畿內擴大到日本全境，以此做為包圍網成形的起點或許比較適合。

對信長而言，一五七〇年後的焠煉比尾張時期更為嚴峻，他更堅定了打倒舊勢力的決心，當然也讓信長之敵結合得更緊密了，於是從一五七一年的三、四月起，將軍義昭為盟主、久秀為謀士，在兩人號召奔走之下，整個畿內「動」了起來，這是不曾有過的團結。三好長慶在世時始終未能納為家臣的安見直政，也在此時和義昭、久秀等人「盡釋前嫌」。此外還有三好義繼、三人眾、三好康長、三好長治、十河存保、六角義賢、本願寺第十一世座主顯如、比叡山延曆寺、奈良興福寺和東大寺、淺井長政、紀伊雜賀眾和根來眾。日本史上從來沒有哪個大名和畿內這麼多且龐大的勢力同時為敵，信長是唯一一人；不只如此，包圍網還向外擴散，東國的武田信玄、上杉謙信，西國的毛利輝元也加入第一次信長包圍網。

一五七一年年初，足利義昭向畿內之外的有力大名下達「御內書」（足利將軍以個人名義對武家大名下達的公文書，為求公信起見，必須有將軍本人的花押、署名和捺印），上杉謙信、武田信玄、毛利輝元、淺井長政、朝倉義景紛紛響應。上杉謙信雖對義昭沒有好感，但是可以為大義名分而和武田信玄在川中島鏖戰十二年的他，對於藐視朝廷、架空將軍的信長當然更不能容忍；武田信玄素有上洛心志，足利義昭的哀求是加快他上洛腳步的原因之一，不過上洛非同兒戲，必須和四境大名取得友好關係後才能進行。

畿內的六角義賢、本願寺的顯如也在打倒佛敵的號召下成為包圍網成員。另一方面，信長上洛後很快便投降的松永久秀，眼看包圍網即將成形，開始蠢蠢欲動。原本久秀就不甘於屈居人下，妥協和投降都是迫於時勢，只要外在因素轉為有利，他便會再度背叛。尤其這個一時走運的尾張傻蛋不僅逼得自己狼狽乞降，還二話不說強取自己看得比性命還重的茶具。昔日主公長慶那麼厚待自己都敢背叛了，面對這個刻薄寡恩的年輕人還需要講什麼情面嗎！

信長這一年與畿內各勢力交戰，相信一定有所感觸：比起入世的守護大名，出世的佛教宗主更難對付！雖然他們不像松永久秀那樣反覆無常，但是他們的兵源沒有階級限制，財源更來自於守護大名難以徵收的階級，因此就實力而言，與佛教宗派為敵才是信長難以揮去的夢魘！厭惡守舊勢力、尚且不信神佛的信長，面對勢力龐大的佛教宗派，必然想除之而後快，但與長島一向一揆的戰情陷入膠著，於是信長想挑一個戰鬥力較弱的對象來提振士氣，即這一年多以來暗助淺井、朝倉的比叡山。

西元七八八年傳教大師最澄於比叡山上建立一乘止觀院草堂（即現在的根本中堂），桓武天皇皈依後賜予整座比叡山。根據由陰陽五行發展出來的風水學觀點，東北屬艮，是鬼出沒的方位，稱為鬼門或表鬼門，與之正對的西南方屬坤，為裡鬼門，都城的這兩個方位最好有佛寺鎮護。比叡山正好位在京都東北方，這應該才是桓武天皇下賜比叡山的最主要原因，把東北方由原本不吉利的鬼門便成鎮護國家的道場！至於京都西南方，在下個世紀由石清水八幡宮入駐，表裡鬼門都鎮住了，照理來說應該高枕無憂，但是平安時代仍然紛擾不已。

❖六天魔王火燎比叡山

比叡山延曆寺在平安時代很快取代南都奈良成為全日本的佛教重鎮，沒有繼位資格的皇子有的就在延曆寺出家成為天台座主，因此雙方關係相當密切。在皇權依然強大的平安時代，朝廷給予比叡山很多特權，如大片莊園，甚且不用上繳租稅，使得比叡山極富經濟實力；此外鎌倉時代新興的佛教六宗派——淨土宗、淨土真宗、臨濟宗、曹洞宗、日蓮宗、時宗——開創者都和比叡山有關，比叡山等於是全日本佛教的聖地。要和這樣的勢力為敵，信長底下的將領也不免再三猶豫。

八百多年來比叡山在日本民眾心中擁有極崇高的地位，但是比叡山僧眾卻將之濫用，墮落腐化的程度令人咋舌，平安時代末期已把僧侶應守的清規戒律拋諸腦後，《信長公記》有如此記載：

山門、山下的僧眾雖鎮守王城，然行體行法都違背出家人作法，對天下的嘲弄也不視為恥辱，罔顧天道、大肆淫亂，食用魚鳥，收受金銀等賄賂……

如此墮落且享有特權的團體違背信長希望建立的新秩序，他當然不能容忍。一五七一年九月十二日清晨六時左右，信長率領明智光秀、羽柴秀吉、佐久間信盛、丹羽長秀、池田恒興及將近三萬兵力，從比叡山南邊的坂本往上進攻。看到信長軍殺上來的比叡山僧眾想以三百兩黃金化解浩劫，信長怎可能接受？依舊照原訂計劃展開一場毫無抵抗的大屠殺，比叡山上的東塔、西塔、横川全陷入火海，根本中堂、阿彌陀堂、釋迦堂及許多堂塔伽藍俱毀，整座比叡山頓時成為人間煉獄。

《信長公記》也提到該日比叡山上的慘狀：

九月十二日包圍叡山，從根本中堂、三王廿一社（此處記載有誤，應是「山王廿一社」，指位於坂本信仰山王權現的日吉大社，火燒比叡山時亦化為灰燼）到靈佛、靈社、僧坊、經卷盡皆不留，霎時如雲霞飛揚般化為青煙，極其可憐。山下男女老少不知何處可逃，不帶任何物品，赤手空拳逃往八王寺山，匿身寺內。諸兵從四方圍攻上來，一一砍下僧眾、稚子、智者、上人的頭顱，呈給信長過目。隱身山頭的高僧、貴僧、智僧，此外還有美女、幼童悉數被捕，送到信長面前。有人挺身而出說道，惡僧固然該殺，但不能及於其他無辜者，請求放過其命，但是終究不為信長赦免，無一能活，數千屍體雜陳地上，慘不忍睹。

就像桶狹間之戰，此役也讓信長一戰成名，成為日本佛教界不分宗派公認的「佛敵」。他這天在比叡山的作為足以和中國「三武一宗」法難相提並論，信長包圍網的成員也因此更加緊密結合。

❖無視久秀再反叛，信長收拾包圍網

信長火燒比叡山的隔月（十月三日），人稱「相模之獅」的北條氏康以五十七歲之齡病逝小田原城（神奈川縣小田原市），臨終前要後北條氏第四代當家氏政終止對自家並無實益的「越相同盟」，轉而延續因武田信玄出兵駿河而斷交的「甲相同盟」，氏康此舉無異支持信玄的上洛計劃。

同年十二月廿七日，新的「甲相同盟」訂立，信玄沒了後顧之憂，一五七二年便與連襟顯如約定，日後假使信玄上洛，顯如必須策動越中的一向一揆牽制上杉謙信，使他無暇入侵信濃。此外，畿內的信長包圍網成員因為信玄即將上洛而沸沸揚揚，松永久秀、三好義繼一五七二年五月率先發難，以六千多兵力進攻領有南河內半國領地的信長將領畠山昭高、細川昭元（前管領晴元之子，信長的妹婿）的高屋城，對方兵力不到三千，沒有抵抗很久就被攻下，這是松永久秀第二次對信長的叛變。

信玄於同年五月向義昭呈上上洛的誓文，因此天下大名都知道信玄要行動了！為了避免被甕中捉鱉，信長決定趁信玄還未正式上洛前先拿幾個包圍網成員開刀，選定的對象是朝倉義景和妹婿淺井長政。七月十九日，信長和剛元服的長子奇妙丸信忠率領柴田勝家、秀吉、丹羽長秀、蜂屋賴隆共五萬兵力佈陣於近江北部的虎御前山（滋賀縣長濱市）欲襲擊淺井氏，朝倉聞訊出動一萬五援軍助陣。以信長在姉川之戰的表現，要擊敗淺井、朝倉聯軍並不難，問題出在對方並不想和信長作戰。

淺井、朝倉意欲牽制信長，這樣可以讓即將上洛的信玄直接率軍到畿內和信長決戰，若能如此，對畿內的包圍網成員應該是最有力的強心劑。然而信玄因為罹患肺癆，至該年十月三日才真正出兵上洛——或許應該說因為患病而加速信玄上洛的腳步——此間經過筆者已在前作提及，不再贅述。三方原之役，信玄擊敗德川家康大獲全勝，即將上洛之說不脛而走，包圍網的成員都在等待信玄來臨。

包圍網的號召者義昭率先出擊，正式和信長撕破臉。信長三月廿五日從岐阜率兵上洛——他此時應該已經知道信玄因病不可能再西上，才敢抽調大軍離開岐阜。義昭雖貴為將軍，但本身沒什麼兵力，四月三、四日，不過兩天就被信長擊潰，四月七日信長接受天皇的調停與義昭和解，這時信玄正在撤回甲斐途中。

信玄一五七三年四月十二日病逝信州駒場（長野縣下伊那郡阿智村，另有其他說法）。信玄的死讓信長如釋重負。東邊暫時不會出現構成威脅的對象，他隨即對畿內的包圍網成員展開清算。足利義昭知道自己會是頭號目標，於是搶在七月三日於槙島城（京都府宇治市）再度發難，這一次信長行動更快速，七月十六日下令攻城，十八日就讓義昭交出幼子為人質出城投降。這次信長不再饒恕義昭，但也不想弒君成為松永久秀的同類，於是命令秀吉將義昭帶到河內若江城（大阪府東大阪市）同為信長包圍網成員的三好義繼之處，就在這一天，室町幕府成為歷史絕響。

八月八日信長率軍包圍近江淺井長政的居城小谷城（滋賀縣長濱市）。長政知道己方人數過少，因此籠城以待朝倉援軍到來。信長留下部分兵力包圍小谷城，其餘隨他進入越前。戰國初期的朝倉氏擁有問鼎天下的實力，但是第十一代家督義景繼任後，他沉迷歌道、和歌、連歌、猿樂、繪畫、茶道，當家的二十多年裡實力始終原地踏步，當信長率領三萬大軍來犯，義景竟然毫無還手能力。信長來襲沿途，朝倉家臣不斷倒戈投降，使信長很輕易就來到一乘谷城（福井縣福井市）下。八月十六日，義景放棄一乘谷城逃亡，廿日遭同宗的朝倉景鏡背叛，自殺而死，享年四十一歲。滅了朝倉後，信長火速將大軍移到小谷城，知道援軍不可能到來的長政，交出正室阿市及女兒茶茶、小初、阿江與（二〇一一年NHK大河連續劇主人公），九月一日毫無遺憾地切腹，得年廿九歲。

❖三好家幾乎全滅，久秀也只餘一城

信長並不因為這些敵人滅亡而鬆懈，隨即於十一月四日派遣佐久間信盛對河內若江城的三好義繼用兵。將近十年的內鬥使三好家已無多餘兵力，加上義繼家臣倒戈，十一月十六日若江城破，義繼切腹，年僅廿五歲，三好本家到此滅亡。三好三人眾的岩成友通已在先前的槇島城之戰陣亡，三好長逸和政康則在若江城之戰後去向不明，有可能在亂軍中死去。畿內的三好家只剩康長，其餘就是四國的領地了（一五八二年被「土佐的能人」長宗我部元親平定）。三好康長晚年成為秀吉的家臣，認秀吉之姊瑞龍院的長子治兵衛為養子，改名為三好孫七郎，即後來秀吉的養子「殺生關白」豐臣秀次。先前被信長放逐的足利義昭在若江城破後輾轉流浪到紀伊，一五七六年被毛利輝元迎接到備後的鞆（廣島縣福山市），那裡是第二次信長包圍網的起源地。

畿內世俗勢力一一被信長平定，除了還在熱戰中的長島一向一揆和石山本願寺的戰爭，只剩下最會叛變卻又總看不清時機的松永久秀。信長大軍開到多聞山城，久秀再也沒把戲了，十二月廿六日開城投降，這是久秀對信長三度稱臣。這次信長向久秀要兩名庶子當人質（事後證明人質對久秀根本沒有約束作用），同時逼他離開多聞山城，此後久秀只剩信貴山城，從幾乎是大和一國到最後只剩一座信貴山城，不難發現久秀根本在做賠本生意。

先前提過信長招待德川家康到京都遊歷時，指著久秀介紹他的「三大事蹟」，對還不太了解他的人來說，或許這是初步的印象。

該則軼聞最早見於十八世紀末岡山藩徂徠派學者湯淺常山的《常山紀談》，許多書籍都提到這則軼聞，可信度應該頗高。以信長的個性而言，很有可能在第三者面前羞辱久秀，也算是報復他屢次無預警又不識時務的背叛。

《常山紀談》並未提及這軼聞的確切時地。根據筆者看到的各項資料，除三名當事人確定外，時間地點則出入甚大。若軼聞為真，必然發生在久秀已有降叛無常的記錄、且又對信長稱臣之時，因此較可信的時間點應該是一五七一年六月到七二年五月十七日，或七四年到七七年八月十七日久秀最後一次叛變期間。筆者比較傾向於後者，即在兩次信長包圍網期間，七四年到七六年年初。

至於地點，咸認是信長招待家康上洛時特地引介他認識「天下惡人」，開開眼界；然而也有一說是信長往訪三河時刻意把久秀帶在身邊，後者可信度應該較低。

❖纏鬥四年，長島一向一揆慘烈終結

包圍網的盟主足利義昭已被驅逐，最強成員武田信玄也於上洛途中倒下，信長接下來幾年可以全力對付已經膠著三年多的伊勢長島一向一揆了。

長島一向一揆中心地願證寺位於現今三重縣桑名市，地當木曾川、揖斐川、長良川交界，這一帶有數十座寺院、道場，願證寺勢力最強大，也由於長島到處都是寺院、道場，而呈現不受世俗大名管轄的自治狀態。

信長對此當然無法坐視不理，遂於一五七〇年九月發兵征討，但信長同時與各方交戰，因此戰情膠著。一五七四年七月十三日，信長的長子信忠率領約八萬大軍，包含已降服信長的九鬼嘉隆的伊勢、志摩水軍，從海陸兩路包圍伊勢長島。雖然一向一揆人數超過織田軍，但扣除非戰鬥人員後兵力較遜，加上戰略戰術都不如織田軍，因此與外界的連絡、糧食的補給都遭到斷絕。八萬多人的每日糧食消耗量相當可觀，庫存再多也只能維持一時，伊勢長島很快就陷入飢饉。八月十二日，長島外圍的衛星城池陷落，裡面居民已有大半餓死。九月廿九日，伊勢長島再也撐不下去，向織田軍投降，但是信長不放過困住他四年之久的敵人，下令把僅存的兩萬名戰鬥及非戰鬥人員趕入事先備好的柵欄，放火活活燒死。

接下來，武田家自信玄以來栽培的名將在一五七五年五月廿一日的長篠之戰（請參見拙作《日本戰國風雲錄．群雄紛起》）中全數殲滅，此役也讓家康和信長解除來自東邊的長年威脅。八月又平定越前的一向一揆，整個畿內不歸信長的只剩下石山本願寺以及紀伊的根來眾、雜賀眾，和隨時都可能倒戈的松永久秀。

❖包圍網再啟動，久秀三掀反旗

一五七六年二月，稱霸中國地方的毛利輝元收容「流浪將軍」義昭，安置在備後的鞆，這時的義昭已非征夷大將軍（但他可沒有這樣的自覺），從三位權大納言的官位也在被逐出京都時一併追回。諷刺的是，前一年的十一月，信長接收義昭的官位，除了也是從三位權大納言，更兼任右近衛大將。

義昭在備後受到極優渥的待遇，足利幕府在這裡「重生」，又稱為「鞆幕府」，義昭在此重新當上征夷大將軍，然後廣發「御內書」給天下大名，再次組織信長包圍網。為何選在鞆這個地方呢？一三三六年，室町幕府的開創者

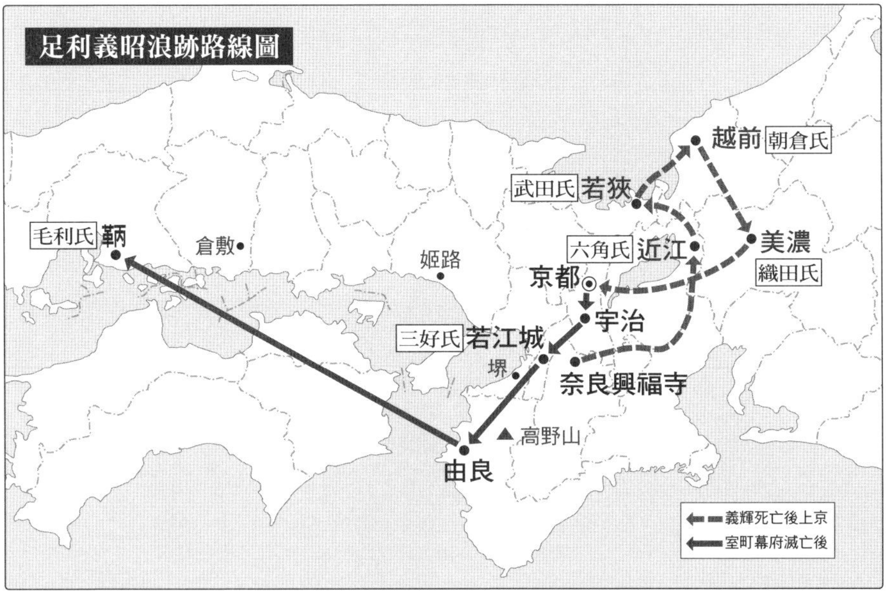

足利尊氏敗走九州，得到九州勢力如大友氏、少貳氏、島津氏、宗像氏等擁戴，從九州捲土重來朝京都逼近。來到鞆時，得到光嚴上皇（北朝系統的初代天皇，一九一一年決定南朝為正統，北朝的五代天皇不被列入正式皇統）頒布討伐效忠南朝的武將新田義貞的院宣。由於有這層淵源，因此鞆被選為復興室町幕府的最佳地點。

比起第一次信長包圍網，第二次有更多成員加入，計有上杉謙信、武田勝賴、顯如座主、波多野秀治、荒木村重、山名祐豐、別所長治、宇喜多直家、毛利輝元，以及習慣性叛變的松永久秀。然而除了上杉和毛利，這次成員的實力並不比前一次堅強，尤其松永久秀只剩一座信貴山城，他在畿內的作用顯然有限，光是筒井順慶出馬就能制伏他。

一五七七年七月，上杉謙信出兵能登。信玄死後，放眼整個日本，不畏神佛的信長怕的只有這位軍神。四十八歲的謙信晚年出兵能登，動機只為響應義昭的包圍網嗎？或是同幾十年來好對手信玄心裡所想的一樣？不管他的動機為何，信長畿內的兵力傾巢而出，開往北陸的加賀一帶，可見信長忌憚謙信的程度。

信長幾乎帶走畿內半數以上的兵力，久秀沒有辜負大家「期待」，同年八月十七日三度對信長掀起反旗，想必是受謙信出兵的鼓舞。就如信玄上洛那次，久秀都是選在他們進京途中叛變，但進京途中充滿變數，由此觀之，久秀未免操之過急，沒有耐性等待更好的時機。

❖日本史上首見引爆火藥自殺

久秀這次的叛變應該和前一年信長把大和守護的官職賜予筒井順慶有關。前文提過，武家政權裡大和不設守護，而由興福寺擔任類似大和守護的職務。不過極度厭惡佛教的信長當然不會循此慣例。久秀前科累累，任誰都不會把大和守護的職位給他；但對久秀來說，讓長年的仇家筒井順慶擔任大和守護是信長蔑視自己的表現，或許是嚥不下這口氣而決定叛變。當天的久秀人在石山本願寺，擔任佐久間信盛底下攻擊的將領之一，聞到有叛變的機會後喜不自勝，連忙和長子久通趕回唯一的根據地信貴山城籠城。

久秀叛變的消息迅速傳到信長耳裡，抽不出身的他派遣右筆、同時也是茶人的松井友閑，希望能以同為茶人的身分讓久秀打消念頭。久秀想必也知道「事不過三」，信長原諒他兩次已屬難得，不管先前原諒他是出於什麼原因，人的耐性總有限度，不可能一直縱容，久秀應該也知道這次是上賭桌的最後機會了。

依《和州諸將軍傳》所記，久秀這次兵力為「騎馬三百餘其勢八千餘人」，這樣就敢叛變，實在太過輕率。在北陸的戰線方面，謙信同年九月攻下能登七尾城（石川縣七尾市），進而快速行軍到加賀境內手取川附近的松任城（石川縣白川市），想趁織田軍渡河時偷襲。九月廿三日，先率領一萬八兵力渡河的柴田勝家遭謙信埋伏，一時間手取川邊成人間煉獄，柴田軍雖然只有千餘人陣亡，但有更多士兵在撤軍時溺死。這是信長與謙信唯一一次對決。

信長擔心己方士氣因手取川之役失敗而消沉，便命令人在畿內的長子從四位上秋田城介信忠強攻信貴山城。攻城前信長曾經放話，只要久秀交出平蜘蛛茶釜，即可既往不咎，但是遭到久秀拒絕。信忠出征每每軍容浩大，這次也不例外，據《信長公記》所記，這次隨同出兵的將領有永岡兵部大輔（細川藤孝）、惟任日向守（明智光秀）、筒井順慶以及山城國人眾。十月三日，信忠的軍隊再加上羽柴秀吉、惟住（丹羽長秀）兩支生力軍，總兵力推測已超過四萬人。

看到城下源源湧來的敵軍，久秀知道城破只是早晚之事。十月十日，久秀和長子久通帶著平蜘蛛茶釜和火藥，於信貴山城的天守點火引爆，這一炸，父子雙雙粉身碎骨，據說這是日本史上頭一次引爆火藥自殺，果然梟雄連結束生命的手法也不落俗套。十年前的這一天，東大寺大佛殿付之一炬，看來冥冥中自有天意！久秀享壽六十八歲，久通則生年不詳，因此不清楚幾歲離世。信長得知久秀的死訊，不禁長嘆，使他歎息的不只是痛失珍貴茶器，應該也感懷於舉世無雙的梟雄之死吧！

至於信貴山城的民眾則是額手稱慶，因為他們再也不用活在「蓑蟲之舞」的恐懼中。據說久秀對於繳不出年貢的農民有一套獨特的處罰方式：讓農民穿上蓑衣，然後淋油點火，久秀喜愛一邊飲酒一邊聽著農民哀號至死，視此為茶道之外的娛樂。久秀傳出死訊，當地民眾猶如慶典般地謝神飲酒。

❖相關軼事及子孫發展

據說久秀的名字來自另外兩位大人物：「陰陽第一太守」尼子經久，和據說是同鄉前輩的長井規秀——即信長的岳父齋藤道三。筆者並不是很認同這種說法，恐怕附會的成分居多。

前文提過，久秀曾招來在三好長慶和信長面前表演過幻術的果心居士。久秀說自己縱橫沙場那麼多年，從來不曾遇過恐怖的事，希望果心可以讓他體驗一下。果心先熄掉室內燈火，然後化身幽靈逼近久秀。此時戶外閃電大作、降下雷雨，久秀臉色蒼白、渾身顫抖說道：「夠了！停下來吧！」原來幻化出現的是他已逝的髮妻（不確定是否為三好長慶的女兒）。果心居士只出現在野史記載，因為他的生涯實在太過虛幻，據說曾在長慶、信長、久秀、秀吉、光秀等人面前表演幻術，結果長慶、久秀、光秀紛紛背叛他們的主君，因此有「心術不正者會遭果心居士幻術控制」的傳言，但這應該也是附會穿鑿之說。

雖然關於久秀的死法，大部份都記載為引爆火藥而亡，但以下則提供了另一種版本。據說久秀曾經中風，為防再犯，每天固定時刻在頭部針灸。當人生即將劃下句號時，他還要部下幫他準備針灸道具，部下笑道：「現在再談養生也沒用吧！」久秀竟不高興地說：「我是擔心切腹時中風發作，導致失敗，果真如此，迄今的名聲將毀於一旦了。」根據《多聞院日記》的記載，久秀父子是切腹自盡。如果此說屬實，針灸的軼聞就不單純是附會了。

久秀身為武將，還是有可敬之處。據說死後二十多年的關原之戰前夕，西軍軍師之一島左近，對於多數不表態、只觀望的西軍將領感到痛心，曾說道：「當今諸侯都欠缺明智光秀和松永久秀之流的英勇果斷。」

和父親一起灰飛煙滅的松永久通，有沒有留下繼承人不得而知。此外，久秀在第三次向信長稱臣時曾交出兩名庶子做為人質，久秀八月十七日叛變沒多久，憤怒的信長將兩人送往六條河原處斬，相信他們也沒有後嗣，如果有，應該同樣死於六條河原。

俳諧是江戶時代才有的文學體例，只有五、七、五共十七個音節，是世上形式最短的詩。江戶時代有兩個擅長俳諧的門派，一為西山宗因的談林派，西山的父親據說曾是加藤清正的家臣；另一派則是松永貞德的貞門派，貞德的父親永種據說是久秀養子（另一說是三子），生平不詳，只知幼年在東福寺出家，原本是連歌師，貞德為其次子。

松永貞德一五七一年生於京都，曾跟隨著名的連歌師里村紹巴學習，向前關白九條稙通、有「古今傳授」資格的細川藤孝學習和歌，廿歲成為秀吉的右筆。在俳諧的創作上，貞德主張用語自由，使用俗語，與主張典雅用語的連歌相反，似乎有挑戰的意味。貞德對俳諧投注大量心力，俳諧從此大盛，成為文人喜愛的文藝活動，影響至今不衰，有不少文藝青年拜在貞德門下，高足輩出，其中的北村季吟，正是數十年後「俳聖」松尾芭蕉的指導業師。

貞德之子昌三，號尺五，就學於藤原惺窩門下，學習儒學的程朱學派，與江戶幕府的大學頭林羅山同門。看來松永久秀雖為一代梟雄，子孫卻是賢良方正，不曉得九泉底下的久秀，知道子孫和自己完全不一樣，走上受後世稱頌的路線，內心作何感想？

西國第一智將

毛利元就

もうり　もとなり

【生卒年】一四九七～一五七一。

【根據地】安藝吉田郡山城。

【性格特徵】擅用計謀離間對方，假對方之手除去敵對的力量。

【特殊事蹟】以計謀削弱尼子氏的主戰力「新宮黨」，奇襲擊敗陶晴賢贏得嚴島之役。

【最大領地】長門、周防、石見、安藝、出雲、備後、隱岐、伯耆、備中以及部分的豐前。

【最後結局】罹患食道癌，病逝吉田郡山城。

【家族命運】繼承人毛利輝元於關原之役成為西軍名義上的統帥，坐鎮大坂城。毛利家的主力在元春之子廣家的控制下作壁上觀，戰役結束後，毛利家領地被削減到只剩周防、長門二國。明治維新後，以倒幕之功受封為公爵。

【梟雄度】★★★☆

起　身為次子無人看好：乞食若殿就任家督

❖始祖原為公卿，輔佐鎌倉幕府

一一九九年，武家政權創建者鎌倉殿源賴朝據說因落馬而死。他一手建立的政權後繼者二代將軍賴家過於年少，因而成立由十三名權臣組成的合議機構。

這十三名成員並非如後人所想的皆為武士，三善康信、二階堂行政，以及中原親能、大江廣元兄弟都是公卿出身。奈良時代以來的宮廷鬥爭使這四位公卿知道什麼叫明哲保身、急流勇退，因此不像其他幾位武士同僚遭到源賴朝正室娘家北條氏清算，都能告老還鄉，壽終正寢。

諷刺的是，這四位始終以公卿身分自得的股肱，子孫卻都成為武士。二階堂行政成為陸奧須賀川（福島縣須賀川市）二階堂氏的祖先，江戶幕府成立後不久滅亡。三善康行的子孫有駿河的飯尾氏、周防的椙杜氏、筑後的問註所氏，除椙杜氏在江戶時代成為長州藩支藩長府藩的家老外，其他兩氏似乎沒有傳下來。

中原親能後來收能直為養子，他的身世對後人而言充滿謎團，很多人相信能直是源賴朝的私生子。賴朝擔心公開他的身分會遭到北條家迫害，於是先過繼給中原親能，但還是不放心，最後索性送出鎌倉，讓他成為相模靠近駿河一處名叫大友鄉莊園的領主，能直從此改姓大友。再過幾年，大友能直來到九州豐前，正是大友氏之祖。

至於大江廣元，本姓中原，晚年才改姓，他一生為源賴朝出謀劃策，甚至在源賴朝死後為其政權面臨的最大挑戰出力——一二二一年的承久之亂，是日本史上首次公家和武家因意見分歧而爆發的戰爭。大江廣元不僅支持賴朝的未亡人「尼將軍」北條政子立即對朝廷開戰，還派出長子參戰。此役的緣起經過不在本文介紹範圍，但大江廣元的表態使戰況一面倒，是衝突能早早結束的主因。大江雖沒參戰，卻得到和立下戰功的功臣同等級賞賜，長子獲封出羽寒河江的莊園，子孫以此為姓，到室町末期成為該地勢力最上氏的家臣。廣元的次子和三子成為鎌倉幕府的官員，當幕府滅亡時可能隨之消逝，家系並未傳下來。

至於廣元的四子季光，則繼承父親受封在相模愛甲郡的領地毛利莊，遂開始以這地名做為新姓氏。季光後來受到鎌倉幕府重臣叛亂牽連而切腹，也失去發祥地毛利莊，但他的家系並未遭到波及，兒子經光得到安藝吉田莊作為補償。從毛利家第二代經光開始，都以吉田莊為根據地，然而始終沒有大發展，直到第十二代的家督，也就是本文的主人公——毛利少輔次郎元就，毛利家才雄飛茁壯成擁有山陰、山陽十國超過百萬石的一方雄主！

毛利氏略系圖

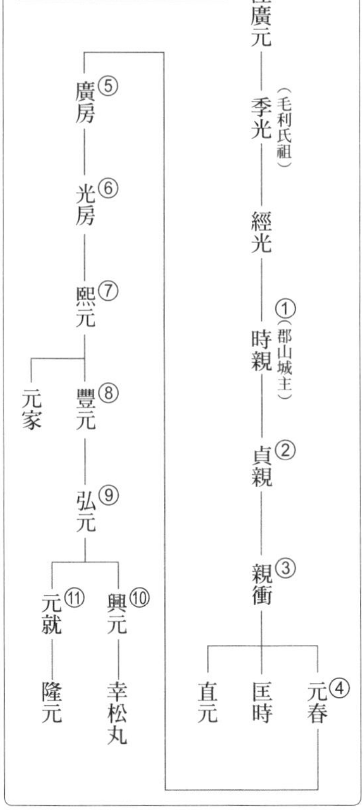

❖飽受輕蔑的「乞食若殿」

一四九七年三月十四日，毛利氏第九代家督弘元於居城安藝國的吉田郡山城（廣島縣安藝高田市）迎接次子松壽丸的誕生。松壽丸的母親雖是正室，但前面已有大六歲的哥哥興元，應該沒多少人看好這個新生命能當上家督，遑論日後的宏大發展。

松壽丸正是日後的元就。出生時毛利家不過是一萬石左右的小豪族，嚴格說來還不能稱為大名。雖說在那個時代短命是常態，然而毛利歷代家督幾乎都活不過五十歲，因此元就出生不過三年，三十五歲的父親便把家督讓給年僅九歲的長子興元，然後帶著元就移居多治比猿掛城（廣島縣安藝高田市，也叫猿懸城）。元就在城裡苦讀家傳的兵法書《鬥戰經》、中國的《孫子》及記述南北朝動亂的《太平記》，為日後令人嘆為觀止的謀略施展奠定根基。

移居多治比猿掛城翌年，元就的生母（名字不詳，只知出自毛利家分支福原氏）病逝；一五〇六年，父親弘元續絃後也因酗酒過度而死，享年四十一歲。次年，繼承家督的十六歲哥哥興元敦請中國地方的大內義興做為元服的烏帽子親，興元的「興」字便是得自於他。

元服不久，大內義興便命令興元連同九州北部和中國西部的大小名，護送前任將軍足利義稙進京。大軍一五〇七年十一月從山口出發，翌年三月和細川政元的養子高國會師，強大的兵力迫使細川政元另一個養子澄元簇擁著現任將軍——十一代的足利義澄——倉皇出亡。

毛利興元這一去京都，直到一五一〇年才返回。而元就在兄長上京期間備受家老欺凌，硬是被逐出多治比猿掛城，年幼的元就只能過著乞討生活，因此被家臣蔑稱為「乞食若殿」。這段期間只有繼母杉之大方對他伸出援手，之後甚至肩負起養育重責。對元就而言，杉之大方的母親形象比生母還鮮明，甚至到了晚年，依舊對這位已逝多年的「母親」眷戀不已。

據說十二歲的松壽丸有次前去參拜嚴島神社，聽到眾家臣唸唸有詞，松壽丸微笑問道：「你們在祈求什麼呢？」家臣回道：「我們祈求主公能成為中國地方的霸主。」松壽丸聽了若有所思：「只祈求我成為中國地方的霸主未免思慮欠深，何不成為整個日本的主人呢？」這則逸話的可信度並不高，因為觀察日後元就的作為，毛利家其實並無稱霸日本的野心。

根據江戶時代所修的《寬政重修諸家譜》，一五一六年八月廿五日，廿五歲的興元突然死去（《吉田物語》《藝侯三家誌》《陰德太平記》三書所記是一五二〇年），在嫡長子繼承制度下，應是由興元的獨子——兩歲的幸松丸——繼位，唯一和興元同母親的元就，則以類似「攝政」的身分擔任姪子的監護人。但是孤獨潛沉的元就並未因此搬離多治比猿掛城，而是在兩城間來往；雖然之前與吉田郡山城淵源並不深，可是在往後的五十幾年歲月裡，這座城還是和他劃上了等號。

❖兵力經驗皆不利，初陣計取武田氏

自古以來，幼君即位原本就極易招致內憂外患，更何況此時的毛利家只有一萬石左右，不可能不被四敵覬覦。一五一七年，祖上曾任安藝守護、現已沒落的佐東銀山城（廣島縣廣島市安佐南區）城主武田元繁（甲斐武田氏為源義家之弟新羅三郎義光的嫡系，安藝武田氏為甲斐武田氏旁系），為了表示對新主尼子家效忠，領軍進攻吉川氏居城有田城（廣島縣山縣郡北廣島町）。武田軍雖非衝著毛利家而來，但監護人元就還是決定馳援，一則因為元就娶吉川國經之女妙玖為正室（毛利隆元、吉川元春、小早川隆景的生母），救援岳父乃天經地義；更重要的原因是毛利、吉川兩家距離相近、皆屬弱勢，如有一家滅亡，另一家也活不了。亂世中弱者為強者兼併為理之必然，弱者的生存之道只有彼此共依共存。

元就親率百餘騎兵前往吉田郡山城西邊的有田城，以一騎兵配四足輕的名額來看，元就這次派出的兵力不超過八百人，這幾乎已是當時毛利家兵力的上限。毛利家加上吉川家的三百多名不過千把人左右，面對武田元繁及熊谷元直等安藝地方豪族合計五千兵力，若要在野戰上力拚鐵定難有勝算。

十月三日，武田元繁包圍有田城；廿一日，元就集中兵力偷襲元繁的前鋒隊熊谷元直部。翌日強襲得手，平安時代末期在一之谷之役單人射殺無官大夫平敦盛的神箭手熊谷直實的子孫元直陣亡，毛利方斬獲近八百個首級，士氣大有提升。

帶兵打仗憑氣勢，以寡擊眾時尤其如此，毛利方旗開得勝，信心士氣達到最高點。反之，武田方因序戰失利，撤除大部分包圍有田城的主力，決意挾兵力優勢和這位既年輕又是初陣的大將在野戰上決勝負。元就也知這是決戰時刻，因此率領異母弟相合元綱，家臣桂、井上、福原、口羽、粟屋、兒玉等氏埋伏河邊，等待武田元繁軍隊前來。

這種埋伏等敵軍渡河時予以襲擊的謀略，說穿了沒什麼，卻很好用，古今中外不少武將以此留名青史，相對地也有不少武將敗在此計之下，甚至因而折損英名。武田元繁並非全然不懂帶兵的將領，事實上他還被譽為「項羽」，而且武田軍只在序戰折損近五分之一的兵力，總數上還是占有相當優勢。

元繁比元就年長三十歲，戰陣經驗也豐富許多，卻中了元就的計謀。十月廿八日，渡河的武田軍遭到偷襲，惶然失序，武田元繁身中

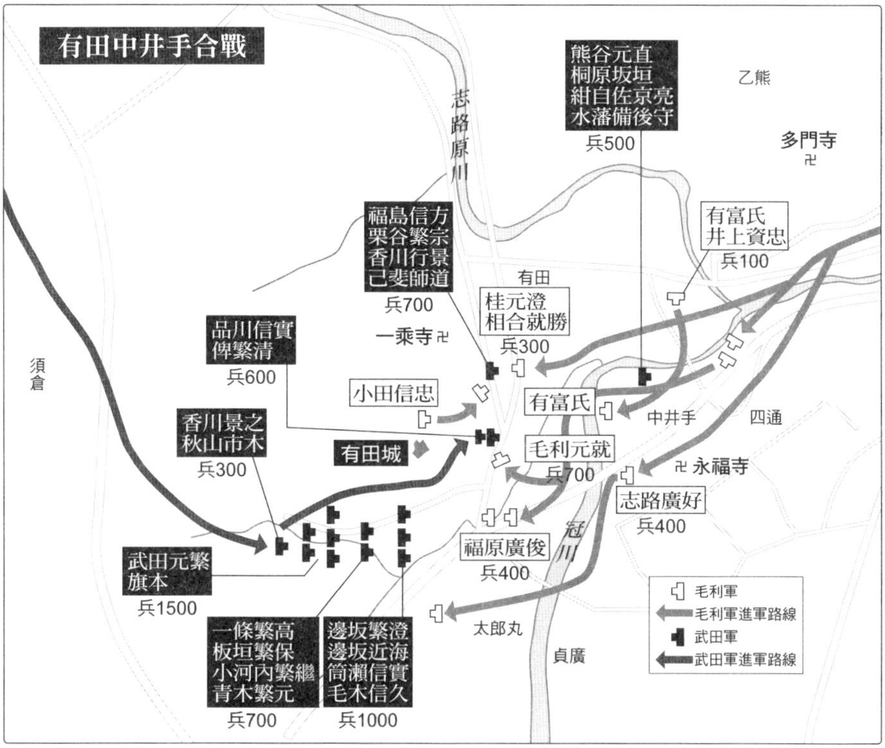

流矢陣亡，餘眾潰逃，戰役至此形同結束，元就初陣獲得全面性勝利，這時的他才廿一歲。安藝武田氏經此慘敗，雖未完全滅絕，卻已淪為待宰羔羊，一五四一年被元就消滅。至於前鋒部隊陣亡的熊谷元直，元就憫其忠勇，撫養其十一歲的遺子信直，此後熊谷氏成為毛利家家臣，直到明治維新為止。

有田．中井手之戰讓安藝豪族見識到元就的才智，整個安藝已經沒有足以威脅毛利家的勢力了，但領地等的實際收穫並不多。同時，元就看出近二十年興起的尼子經久，勢力已漸漸足以和大內氏對抗，於是決定投靠。這個看法相當實際，因為儘管僥倖打贏此役，那也只是擊退安藝守護武田元繁，根本還未和武田背後的尼子家交手；何況大內義興此時還在京都，沒有家督的大內家只採守勢，能夠給予毛利家的援助相當有限，因此貿然和尼子經久宣戰鐵定毫無勝算。

❖二大之間難為小，元就正式任家督

初陣的勝利讓毛利家暫時免受兼併，但夾在東西兩強中的困境還未解除。安藝以東是近二十年竄起的「陰陽第一太守」尼子經久，和元就都屬於擅用計謀更勝於上戰場廝殺的類型，也都是壯大家族的關鍵人物。差別在尼子家的霸業只到經久一代，繼承人晴久時大批領地為元就蠶食；晴久之子義久時的尼子家甚至已從歷史上消失了。至於元就的繼承人輝元（經久和元就都長壽，長子都先過世，晴久和輝元都是他們的長孫）雖也敗掉祖父打下的江山，但那是非戰之罪——以輝元的身分，關原之役他沒立場不加入西軍——之後以外樣大名的身分立足江戶時代，維新後以倒幕之功敘位公爵。

安藝西邊的大內氏則是歷史悠久的名門。平安時代末期以周防為據點發展，南北朝時代併吞長門、加入足利將軍的北朝，為合併南朝的重要力量。之後勢力急增，到第十代大內義弘（若將最初的姓氏多多良氏包含在內，義弘是第十八代）時擁有和泉、紀伊、石見、周防、長門、豐前六國。當時的三代將軍足利義滿見義弘聲勢太過，便羅織罪名誘他起兵發難，幕府再聯合幾個有力的守護大名出兵，一三九九年義弘敗死，大內家因此沉寂了幾十年。

一四六七年的應仁之亂讓大內家再度站上歷史舞台。將軍人選的紛爭使得幕府底下的守護大名分為兩派，除了距離京都遙遠的奧羽、關東、九州等地，其餘共有二十幾萬大軍都聚集到京都一地。這當中擁有周防、長門、安藝、石見、備後、豐前、筑前七國的大內政弘（義弘之孫）是西軍僅次於統帥山名持豐的第二號人物。應仁之亂結束後，約過了六十年，大內氏邁向全盛期，開創者是大內政弘及其子——與元就同時的大內家主人義興。

原本臣屬尼子氏的毛利家於一五二三年有了根本的轉變。這年七月，尼子與大內爆發搶奪鏡山城（廣島縣東廣島市）之戰，家督幸松丸突然夭折，據說是戰勝後檢查首級時受到驚嚇之故。年僅九歲的幸松丸自然不可能有子息，這麼一來，繼任人選勢必從毛利興元的兄弟中產生。除了元就，興元還有兩個異母兄弟：相合元綱、北就勝，由於並非正室所出，早早就過繼給家臣了，因此不管從才能或血緣來看，元就毫無疑義是繼承人。在十五位重臣連署保證效忠下，元就允諾繼任毛利氏第十二代家督，遷入吉田郡山城。

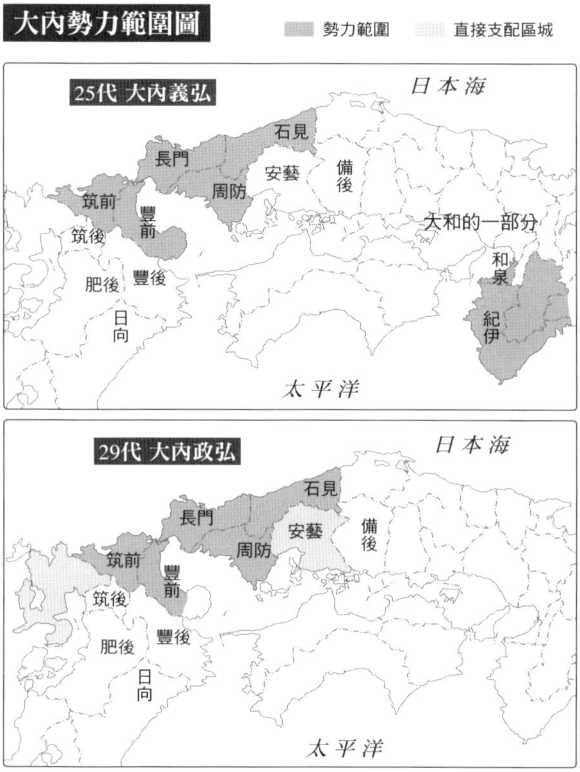

同年九月一日，元就喜上加喜，正室妙玖為他生下長子，幼名少輔太郎，即日後的隆元。不過在重重喜悅中，有一隱憂正悄然成形：在鏡山城之戰中，尼子氏家督經久充分見識到元就的謀略，認為目前毛利氏雖然臣屬於己，若元就一旦當家，將會蛻變

成足以威脅近鄰的可怕勢力，因此必須在元就還未坐穩家督寶座時先下手為強，剷除後患。

❖老江湖暗算小狐狸

經久不但比元就年長四十歲，年少時的經歷也更落魄；觀諸往後五十年的山陰、山陽二道的歷史進展，足可證明「老江湖」經久的觀人術確有其高明之處。經久的長子政久已在五年前戰死，將由政久之子三郎四郎（元服後改名詮久，即後來的晴久）接班，經久想必認為自家的繼承人將會苦於元就的詭計多端，無法守護自己花大半輩子打出來的領地。

剷除元就的計畫應該在鏡山城之戰後就開始醞釀了，幸松丸的夭折加速密謀的實施。經久拉攏元就異母弟相合元綱身邊的家臣如桂廣澄、坂廣秀、渡邊勝等人，希望他們能號召更多家臣力挺主子、有「今義經」美稱的勇猛武將，私底下當然是希望毛利家會陷於分裂。然而擁護元就的家臣畢竟占多數，少數派想取得政權，除了發動政變，大概就只有靠暗殺了。因此以相合元綱為首、尼子經久撐腰的密謀叛變正逐漸成形。

元就察覺此事卻不動聲色，一五二四年突然進行反擊，殺害企圖行刺自己的弟弟，誅除扛轎的那幾名家臣。桂廣澄之子元澄得知父親遭元就殺害，立刻封鎖居城桂城（廣島縣安藝高田市），一副要與元就對抗的態勢。最後元就單騎進城勸說元澄歸附，此舉不僅保全了整個桂家族，也讓日本在三百七十七年後有機會出現一位名為桂太郎的首相。桂太郎讓英國打破不和其他國家結盟的「光榮傳統」——而且首度結盟的對象竟然是一個「有色人種組成的後進國家」；之後還帶領日本打敗當時世界最強大的陸權國俄羅斯！

附帶一提，岩國藩（又稱吉川藩，六萬石外

樣大名吉川元春之子廣家為藩祖）家老於江戶初期成書的《陰德太平記》記載，企圖謀反的是另一異母弟北就勝。《陰德太平記》是以毛利元就為主角的軍記物語，但和《甲陽軍鑑》一樣，史料價值並不高，對這段謀反的記載可信度比不上同時代的《寬政重修諸家譜》。

平定家族的叛亂事件後，元就開始擴建吉田郡山城，有名的「百萬一心」碑正是此時所樹立。自古以來，日本築城就有以活人獻祭、鎮住亡靈的習俗，稱為「立人柱」。元就擴建吉田郡山城固然有政軍上的考量，但也希望藉此凝聚向心力，不要再有叛變發生，因此他不用人柱，而代之以碑。據元就解釋，「百万一心」即「一日一力一心」，「糾集舉國上下全體之力，無論何事皆可完成」。毛利家臣的整體素質或許不是戰國時代最優秀的，然而「百萬一心」和流傳後世的「三矢之訓」帶來了強大凝聚力，讓他們能夠完成優秀家臣也不見得能做到的任務。元就的繼承人輝元於一五九一年將居城遷至廣島城（廣島縣廣島市中區），「百萬一心」和「三矢之訓」仍是毛利家上下信奉的訓誨。

吉田郡山城擴建完畢的一五二五年，廿九歲的元就正式背離尼子氏，臣屬西鄰大內氏。此乃後話：一五二八年十二月，大內義興病逝山口，享年五十三歲，廿二歲長子義隆即位。娶了京都公卿名家萬里小路秀房之女的義隆，收容許多因京都大亂而流亡在外的公卿，京都習俗因此帶入，山口有了「西京」「小京都」之稱。比起治理領地來說，義隆更熱中於和這些避難公卿唱和遊樂，因此對於雄圖大略的元就而言，大內家正是理想的進攻對象；只不過現在的元就還必須慢慢培植實力。

承　大內尼子激戰，毛利夾縫求生

❖安藝境內結姻親，東向備後得盟友

元就根基站穩後，放眼四方，尋找擴張的方向。臣屬大內氏意味著短期內無法向西發展；安藝北邊有日本產量最豐的石見銀山（也稱大森銀山），但此時為大內氏所有，毛利家自然不便爭奪。南邊出瀨戶內海可登陸四國伊予，那裡並無強大勢力足以和毛利抗衡，但問題在於毛利的根據地位在安藝北邊山區，要渡海到四國基本上不可行；就算靠海，也得拉攏瀨戶內海上的水軍眾——其實就是海賊。

至於安藝境內，不少豪族也都臣屬大內氏，所以能夠出兵的對象看來只有東邊的備後。一五二〇年代的備後並無強大豪族，且多半臣屬尼子氏。此時尼子氏正與東鄰山名氏對抗，十六世紀的山名氏雖已不復往日風光，但總比備後豪族強大，所以尼子把重心放在對抗山名，而把備後和安藝同樣視為和大內的緩衝地帶。

備後雖無強大勢力，但毛利家此時尚弱，能動員的兵力有限，因此進攻備後的過程顯得緩慢。一五三四年，元就把十二歲的長子少輔太郎送往山口當人質。元就自一五二五年投靠大內氏以來，始終都沒有提供人質，這次竟主動送出嫡長子，當然是為了取信大內義隆，希望他能幫助自己平定備後。備後如果納入版圖，元就的勢力便會比一般豪族大上許多，更能平定安藝國內的其他獨立勢力。

有了大內援軍當靠山，平定備後的進度增快許多，當然也和這段時間尼子家內亂有關。一五三〇年尼子經久的三子鹽冶興久叛變，尼子的根據地出雲有不少豪族響應，叛亂的範圍延伸到但馬和備後境內。這場叛亂直到四年後才平定，來到人生遲暮之年，為了家族的和諧、繁榮，必須親手結束自己兒子的性命，即便是人中豪傑尼子經久也受不了這樣的打擊。一五三七年，高齡八十的經久讓位給廿四歲的長孫詮久，這樣的發展無疑讓元就鬆了一口氣。

趁著尼子氏內亂，加上大內氏派來的援軍以及本身的謀略，元就於一五三四年平定備後國一宮（該國地位最高的神社）吉備津神社（廣島縣福山市）的社家宮氏。以有形層面來看，宮氏並非備後最強大的豪族，這次勝利並未帶來多少領地，然而控制了備後的信仰中心，將有助於增加影響力，這點是不爭的事實。不到兩年，山內氏的分支、以蔀山城（廣島縣庄原市）為居城的多賀山氏，還有以比叡尾山城（廣島縣三次市）為居城的三吉氏，都選擇臣

吉備之國與吉備津神社

古代的吉備之國包含大寶律令下令制國的備前、備中、備後、美作（八世紀才從備前分出來）四國，即明治維新後的岡山縣全境及廣島縣東部。根據《古事記》所載，五世紀中葉，第廿一代雄略天皇將吉備國納入大和朝廷的版圖，國內強力豪族如大伯氏、上道氏、三野氏、下道氏為大和朝廷重用，像曾任第十二次遣唐使副使、歸國後平定「藤原仲麻呂之亂」（七六四）的下道真備（吉備朝臣真備），便是該國豪族在大和朝廷中最有名的官員。

吉備津神社主祭大吉備津彥命，據說是第七代孝靈天皇的第三皇子，也是第十代崇神天皇（西元前九七？～前三〇？）派往日本各地征討不服大和朝廷的「四道將軍」之一。祂奉命前往山陽道，最後立足吉備國，成為該地的守護神，備前、備中、備後的一宮都是吉備津神社。

服元就，以甲山城（廣島縣庄原市）為居城的山內氏也在不久後和元就結盟。對元就而言，備後的勢力多半歸屬尼子氏，能夠於經久在世時取得這種成果，誠屬不易。

在攻略備後期間，元就已有預感將和尼子詮久交手，而且這會是個難纏的對象。棘手的並非詮久本人，而是他祖父經久留下的基業過於龐大，不是打一兩場勝仗就能拉近差距；如果詮久致力於守成，不過度對外擴張，光元就一代要吃下尼子的領地可能並不容易。從日後發展來看，如果自毛利和尼子第一次全面衝突的一五四〇年算起，到尼子氏滅亡，元就總共花了廿六年時間。

元就於是選擇交好山內氏的姻親、安藝豪族宍戶氏，並把與妙玖生的女兒五龍局（一九九七年ＮＨＫ大河連續劇《毛利元就》中名為可愛）嫁給宍戶氏的年輕家督隆家。元就的一生雖有九個兒子，但只有兩個女兒，另一個已被殺害；五龍局在十一個子女中排行老二。

依南北朝時代成書的《尊卑分脈》所記，宍戶氏的始祖為源賴朝之父義朝的第十個兒子八田知家，他和毛利家始祖大江廣元同為鎌倉幕府輔佐二代將軍賴家的十三名權臣之一，這樣的家世當然夠格當毛利家的女婿。和宍戶氏結親雖不足以讓元就領有整個安藝，但至少安藝已納入可影響的範圍下。

一五四〇年六月，年輕的尼子氏家督詮久率領三萬兵力，入侵不到三千兵力的元就居城吉田郡山城，決定尼子、大內、毛利以及安藝豪族命運的決戰於是展開！

❖吉田郡山城之戰，毛利受困

一五三九年四月，大內義隆的重臣、也是他早年寵幸的男色——周防守護代陶興房病逝，享壽六十五歲。尼子詮久聞訊喜不自勝，據說是他發兵攻打吉田郡山城的主因之一。不過大內義隆很快就讓陶興房的次子隆房繼承大內氏分支陶家的家督。陶隆房即後來殺害主君義隆的陶晴賢。

陶隆房繼承了他亡父的所有職務，這正是十年後所有悲劇的起點。尼子詮久並不清楚人稱「西國無雙侍大將」的陶隆房實力不輸乃父，以為這對父子只是靠姿色得寵，於是想趁這機會出動大軍，掃蕩安藝境內以毛利為首的大內派豪族，接著再一舉入侵大內領地。

詮久為這次出兵去請示病榻上的祖父，已交棒的經久自然不便有所表示，不過相信他內心是在流淚吧。自己辛苦一輩子打下的江山，正要被眼前這魯莽孫子一點一滴敗掉啊！

詮久將對吉田郡山城用兵的消息傳到安藝，曾被元就擊敗的安藝武田氏率先響應，當家的武田信實是元繁之子光和的養子，來自安藝武田氏的分家若狹武田氏。

一五四〇年六月，尼子詮久派家族中戰力最堅強的「新宮黨」國久、經久之弟久幸，率領三千兵力，從出雲的三刀屋、赤穴、三次進入備後（稱「備後路」），經八幡山城（廣島縣三次市），包圍宍戶氏的居城五龍城和副城祝屋城（均位在廣島縣安藝高田市）並將之攻下。尼子到此為止的攻擊都很順利，接著欲渡過中國地方第一長河、有「中國太郎」之稱的江之川（在備後、安藝境內稱可愛川）時，被失去居城的宍戶氏一族所阻，未能渡河。

平心而論，尼子國久率領的三千精銳雖沿途所向披靡，但是渡過可愛川、一路攻下吉田郡山城，未免孤軍深入。如果尼子詮久是愛惜部下的主帥，應該在尼子國久出征後立即率領主力尾隨在後，不讓精銳有重大損失；而不是在國久強渡可愛川失敗、痛斥其無能後，才率領主力一路疾行，猶如在炫耀自己的威風。觀諸尼子詮久往後的作為，或許他是一員猛將，卻

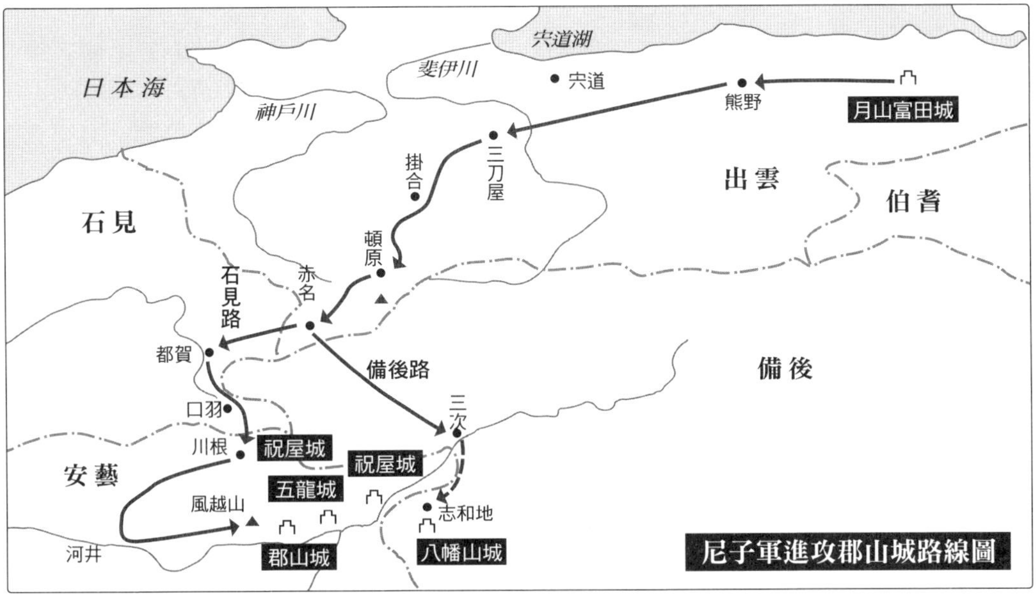

尼子軍進攻郡山城路線圖

絕對稱不上良將。

同年八月十日，詮久親自率領出雲、石見、伯耆、因幡、備前、備中、備後、美作、安藝九國兵力，進攻吉田郡山城。雖然尼子家完全掌控的只有出雲、伯耆兩國，但詮久此次動員的兵力鐵定比六月那次多出好幾倍。到底是多少呢？成書於元祿年間（一六八八～一七〇四）的《吉田物語》記載為三萬五，《陰德太平記》說超過四萬八，以元就為主人公的軍記物語《毛利元就記》稱五、六萬，同樣描寫元就生平的軍記物語《毛利記》更稱有六萬多。詮久當時正和室町幕府四管中的山名氏作戰，勢必要在東邊防線留下適當兵力，五萬以上兵力應該只是為突顯元就神乎其技的謀略，不盡可信。詮久派出兵力應該在三萬多，《吉田物語》的可信度較高。

吉田郡山城內大約只有八千人，作戰兵力大概兩千五，任憑元就再怎麼機智也難退敵，因此向大內義隆要求援軍。不過幾天，元就求援的訊息抵達山口城下，但是大內義隆遲遲無法做出明確回覆；援軍到來前，元就只能智取。雖然他屢屢以計謀挫敗尼子軍，然而對尼子大軍來說，這種程度的挫敗根本不痛不癢。

尼子軍這次行進的路線有別於前次，出赤穴之後，經口羽、川根、河井來到吉田郡山城下（稱「石見路」）。九月四日，詮久率軍來到吉田郡山城西北方約四公里的風越山，把本陣設於三豬口。

詮久翌日便發動猛攻，燒燬城外大片民宅，想藉此斷絕元就的補給。元就兵力過少，若貿然正面交鋒肯定毫無勝算，便鐵了心腸，在大內援軍到來前對尼子軍種種作為皆相應不理。眼見毛利軍不出城，詮久下令強攻，毛利反而

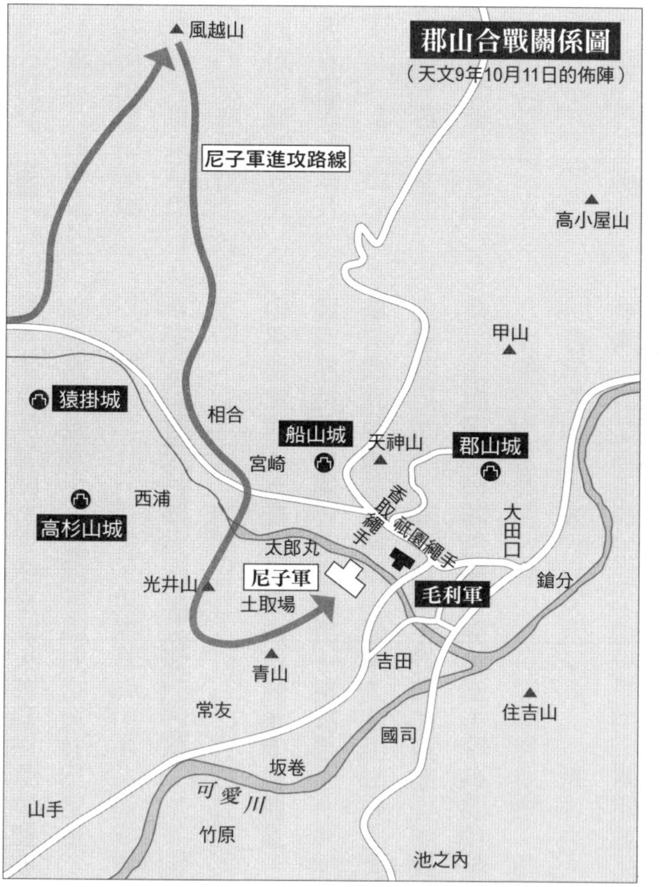

發揮「百萬一心」的凝聚力擊退尼子軍。雙方一直只有零星衝突，元就自始至終避免野戰，然而不管他取得多大的戰果，都難以彌補奇襲策略造成的兵力損失。

❖大內一萬五援軍出動，尼子慘敗

十一月廿六日，義隆終於被陶隆房說動：「此次若不馳援毛利家，之後將不再有地方勢力歸順主公，已歸順者也會想辦法離去。」於是大內義隆派隆房和長門守護代內藤興盛率領一萬五兵力（一至兩萬的說法都有，此處採中間數字）從山口出發，途經嚴島神社祈求戰勝——陶隆房一定沒想到，十五年後，他會在這座神社的鳥居前和他此次救援對象決戰。

十二月三日，期盼多時的援軍終於出現，毛利及跟隨的豪族無不士氣大振。尼子方面因為包圍時日過久，糧秣短缺，士氣低下。元就獲援後不急著出手，讓敵軍士氣跌到谷底後再發動攻擊，會得到更大的戰果。

一五四一年正月十三日，元就連同城外大內軍、小早川興景、宍戶元源（隆家的祖父），突襲尼子軍位在宮崎長尾的前鋒部隊。在陶隆房建議下，大內義隆歸還元就的長子隆元（他在山口城當人質時元服，義隆為烏帽子親，拜領其名諱，並參與這場戰役作為初陣）。當四十四歲的元就穿上甲冑出征時，十一歲的次子少輔次郎來到父親馬前，要求一起出陣，此役遂成為元就兩個兒子的初陣。大內軍出了本陣天城山，繞一大圈來到尼子軍本陣的青山土取場南邊，如果毛利等安藝軍擊破宮崎長尾的先鋒隊，兩軍便可夾擊尼子軍本陣；儘管尼子軍兵力占優勢，但前後包抄定可讓其陣腳大亂，而在混亂之際，兵力多就不見得是優勢了。

遭此突襲，宮崎長尾的守將高尾久友、黑正久澄戰死，但毛利軍在追擊時卻遭遇吉川興經頑強抵抗。元就評估，如果繼續追擊，就算滅了吉川軍，己方也將潰不成軍。過度相信己方實力而將對方趕盡殺絕不是元就的作戰方針，何況敵方先鋒兩名將領陣亡，戰果已經比作戰會議預估的還要豐碩，不妨鳴金收兵。

位在青山土取場本陣的總大將詮久一聽到先鋒部隊陷入苦戰，便調動主力前往救援，只留下極少數的貼身侍衛。此舉並不妥當，因為總大將待在本陣並不是無所事事，他的存在就是士氣的象徵；一旦他陷入危境，其他將領勢必要盡力解救，往往會造成不必要的犧牲。歷史上不乏總大將把自己當成先鋒官，跟一般將領爭奪頭功；或者像詮久這樣把自己暴露在危險之中，這都不是優秀將領應有的作為。

先前尼子軍本陣設在風越山，雖然離吉田郡山城較遙遠，卻不易攻下，但是詮久卻輕易中了元就的計策，移至較近的青山土取場，反而遭到陶隆房攻擊。前往宮崎長尾的尼子軍回救不及，結果詮久的叔公、經久之弟久幸（近年考證認為應該是經久弟弟之子），率領五百名死士如飛蛾撲火般衝入陶隆房的軍隊。平常被詮久蔑稱為「臆病野州」（即膽小的久幸）的他，此時此舉為尼子軍爭取了時間，使之不至於盡皆覆沒。

率領三萬大軍卻落得如此收場是很沒面子，但硬撐下去可能屍骨無存，剛愎的詮久也只得撤出安藝，經石見退回出雲。詮久的指揮能力以及身為總大將的器度在此役暴露無遺，臣屬尼子家的安藝豪族紛紛倒戈，改投大內氏。

「不事二君」的觀念是江戶時代強行灌輸在武士身上的，在戰國時代，只要能夠保障領地及統治的身分（日文稱「本領安堵」），武士並不在意自己跟隨的是怎樣的主君，一場戰役的勝敗就可能改變效忠對象。為防「牆頭草」，即便投靠新主公時都需要提供人質，依舊無法避免換邊的情況發生。

吉田郡山城之戰結束，原本投效尼子家的安藝豪族紛紛往大內家靠攏，更怕速度過慢會被質疑忠誠度。如此一來，雖還未能統一安藝，但毛利家已是國內最強勢力。安藝武田氏遭到孤立，就算沒有大內氏幫助，只憑毛利家兵力也能包圍他們的佐東銀山城。未幾，傳承九代的安藝武田氏滅亡（一三六八～一五四一），武田信實倉皇逃往出雲依附尼子家，終其一生再也沒能復國。

一五四一年對尼子氏來說真是諸事不順。除了在吉田郡山城慘敗、失去聲望次於經久的久幸，同年十一月十三日，經久病逝月山富田城（島根縣安來市），享壽八十四歲。

這位「出雲之鷹」在尼子家沒落前死去，不用見到親手打造的王國覆滅，或許也是一種幸運吧！對元就而言，不用和這位可怕的人物對決，可說是更大的幸運！

吉田郡山城的敗仗影響太大，為扭轉不利的局勢，詮久捐錢給幕府，得到貧困至極的將軍足利義晴賜予名諱「晴」字，改名晴久。此舉為求改運，但不代表能力也有所改變；有的人一輩子都在改名字，卻也一輩子庸庸碌碌。

❖大內氏反撲：月山富田城之戰

吉田郡山城戰後，不只安藝，石見、出雲、備中、備後等地的豪族紛紛向大內氏示好，一時間讓大內義隆有種錯覺：「尼子氏已被地方豪族唾棄了，只要有人起來號召，他們就會團結起來一同滅了尼子家！」對義隆而言，能夠消滅尼子氏的非己莫屬，於是他效法前一年尼子詮久進攻吉田郡山城的舉動，揮軍直指出雲的月山富田城。

一五四二年一月十一日，大內義隆動員家臣以及包含元就在內的安藝、備後、石見、出雲等地豪族，兵力比前次尼子晴久進犯時略多，約三萬出頭，有的書籍記載達七、八萬之譜，這數字可能過於誇張。

前面提過，戰國時代地方豪族對領主並沒有絕對效忠的觀念，在這種情況下，為領主打仗就只是盡義務，而非與領主的興亡休戚相關。如果不是家臣，領主勢力擴張得再大，能獲得的賞賜也相當有限。而且這些豪族本身領地、實力也不見得大，能出兵到三千以上者，地方領主就會想盡辦法與之締結姻親關係了。

另一個限制地方豪族出兵的因素是，如果男丁都出去打仗了，自身的領地就有可能成為他人覬覦的目標，怎麼看都不划算。因此這次出兵，除元就之外，動員超過一千的地方豪族應該不會太多。

新年氣息濃厚的正月，儘管不比雪國越後，臨日本海的山陰也相當寒冷了。從周防山口城行軍到出雲的月山富田城，直到四月諸路將領才會合完畢，準備包圍進入出雲的前哨站赤穴城（島根縣飯石郡飯南町，又叫瀨戶山城），由此不難想像，這段兩百公里的行進有多艱辛！但如果與之後聯軍在出雲境內受到的挫折相比，這段艱辛的行軍又不算什麼了。

大內義隆鐵定想不到，區區一座赤穴城竟然能夠抵擋三萬兵力達三個月之久。雖然城主赤穴光清戰死，但是這場包圍戰已為尼子晴久爭取到足夠的準備，更重要的是把大內方的士氣磨掉許多。赤穴城最後開城投降，已經是該年七月底的事了。

為了補充糧食、重整軍容，大內軍推進到出雲豪族三刀屋市的居城三刀屋城（島根縣雲南市）附近，義隆把本陣設於三刀屋峰。接下來的攻擊也沒有太大進展。進入一五四三年，大內軍把本陣推進到與月山富田城相對的京羅木山附近，築一臨時城寨，二月十三日再把本陣遷移至此。這時義隆出兵已超過一年，除了在赤穴城的三個月外，並未和敵方主力戰鬥，而且苦戰三個月也沒造成對方重傷，說起來真是一場莫名奇妙的戰爭！

為何尼子家在這場戰役中似乎毫無作為？晴久前一年才打了大敗仗，在家臣力勸下，此役無論如何都得先斷絕對方糧秣，如此對方士氣必亂，到時再正面迎戰，敵軍才易潰敗。而且大內此次出兵補給線超過兩百公里，加上參戰豪族過多，糧秣補給想必混亂，若能善用良機便可一舉擊敗大內軍。

尼子家幾次偷襲得手後，大內軍的士氣開始下滑，厭戰情緒蔓延。當時尚未實施兵農分離制，特別是地方豪族，他們的士兵同時也是農民，只有收成後才有餘裕扮演士兵的角色，接受豪族家督的指揮去擴張領地——這正是地方豪族幾百年下來難以擴大勢力的原因之一。

這些地方豪族參戰並非出於志願，而且遠征一年多代表他們已經缺少一年的農耕人力，沒有栽種自然不會有收成，現在還面臨糧秣短缺的危機，當然會產生反感。大內的重臣發現氣氛不對，緊急召開軍事會議。大內家首屈一指的武將陶隆房主張立即強攻月山富田城；元就則主張持平漸進。兩種意見並無對錯，但都只能解決局部的難題，至於採納哪種方案可令犧牲減到最低就不容易評估了。最後大內義隆聽從陶隆房的建議，於三月十四日強行進入月山富田城北方的菅谷口。

大內在這場硬仗裡對上新宮黨，雖然取得不差的戰果，卻擋不住三刀屋久扶、本城常光、三澤為清、吉川興經等出雲豪族倒向尼子家。他們只是因吉田郡山城之戰尼子家兵敗而轉投大內家；如今眼見大內氏也無獲勝機會，於是又投向原本的主君。

❖元就斷後，九死一生

這幾個豪族的倒戈，足以抵銷大內在菅谷口

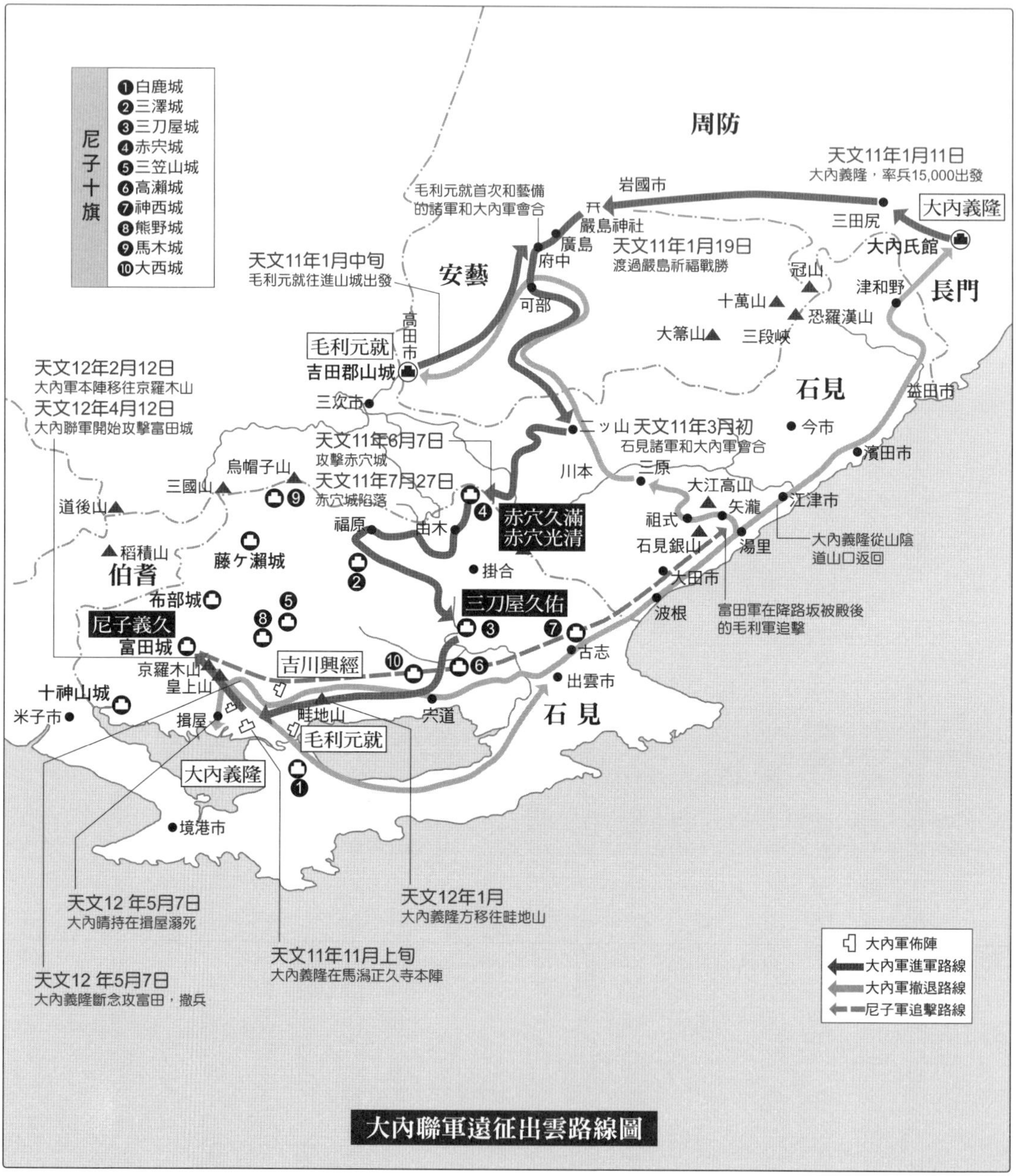

尼子十旗
❶白鹿城
❷三澤城
❸三刀屋城
❹赤穴城
❺三笠山城
❻高瀨城
❼神西城
❽熊野城
❾馬木城
❿大西城
周防
天文11年1月11日
大內義隆，率兵15,000出發
岩國市
毛利元就首次和藝備的諸軍和大內軍會合
三田尻
大內義隆
嚴島神社
廣島
府中
天文11年1月19日
渡過嚴島祈福戰勝
大內氏館
天文11年1月中旬
毛利元就往進山城出發
安藝
冠山
津和野
長門
可部
十萬山
恐羅漢山
大箒山
三段峽
高田市
毛利元就
吉田郡山城
石見
益田市
天文12年2月12日
大內軍本陣移往京羅木山
天文12年4月12日
大內聯軍開始攻擊富田城
三次市
ニッ山
天文11年3月初
石見諸軍和大內軍會合
今市
天文11年6月7日
攻擊赤穴城
天文11年7月27日
赤穴城陷落
濱田市
烏帽子山
川本
三原
三國山
大江高山
江津市
道後山
福原
由木
赤穴久滿
赤穴光清
祖式
矢瀧
石見銀山
湯里
大內義隆從山陰道山口返回
稻積山
藤ケ瀨城
伯耆
掛合
布部城
大田市
三刀屋久佑
波根
富田軍在降路坂被殿後的毛利軍追擊
尼子義久
富田城
古志
吉川興經
京羅木山
皇上山
出雲市
十神山城
米子市
揖屋
畦地山
宍道
石見
毛利元就
大內義隆
境港市
天文12年5月7日
大內晴持在揖屋溺死
天文12年1月
大內義隆方移往畦地山
天文11年11月上旬
大內義隆在馬潟正久寺本陣
天文12年5月7日
大內義隆斷念攻富田，撤兵
大內軍佈陣
大內軍進軍路線
大內軍撤退路線
尼子軍追擊路線

大內聯軍遠征出雲路線圖

力戰取得的戰果。這次作戰看來不可能打下月山富田城了，要挽回豪族們也不容易，再不退兵怕會有更多變數出現。平安離開出雲是眼下最重要的事，大內義隆卻遲至一五四三年五月七日才向全軍下令，他的才幹從此次戰役的細節便可窺知一二。

深入敵境的撤退並不容易，因為撤退時各軍爭先恐後，容易遭敵軍剿滅。因此通常會指定一支部隊殿後，負責擋住敵軍的追擊，盡量拖延時間。況且撤退時為求速度，通常會丟棄多餘物品，甚至包括糧食，因此斷尾任務最是吃力不討好，而此次義隆指定元就擔此重任。此時的元就猶如三十多年後織田信長的盟友德川家康，這是弱者的悲哀，好處分不到一杯羹，還要擔任有覆沒之虞的殿後任務。

義隆深恐撤退時遇上倒戈豪族襲擊，因此改走水路，沒想到弄巧成拙，大內家繼承人、義隆的養子——生父為土佐的一條房冬——晴持落海而死。五月廿五日，大內義隆才回到山口城，撤退過程中的狼狽和艱辛不難想像。

擔任殿後的部隊更辛苦。小早川正平在掩護前頭部隊撤退時被尼子軍追上於亂軍中戰死；元就自身也面臨死亡威脅，此時家臣渡邊通挺身而出，要求穿上元就的甲冑，替身欺敵。渡邊通之父渡邊勝是一五二四年慫恿元就的異母弟相合元綱叛亂的首謀之一，元就強烈感受到他想藉此洗刷家族恥辱的意願。五月九日，渡邊通於今日島根縣大田市溫泉津町戰死，一死換來毛利家的存活，元就拔擢其子渡邊長為重臣。儘管關原之戰後毛利家俸祿大幅縮水，渡邊氏仍為世襲家臣，有擔任家老的資格。

❖尼子大內元氣耗，毛利從中趁勢起

歷經一年又四個月，月山富田城之戰以大內家失敗做為結束，投靠大內家的豪族經此一役又回歸尼子家。三年來雙方大舉動員，結果情勢依舊沒變，而在折損兵力、金錢和糧秣之外，尼子晴久和大內義隆更賠上自身聲望。各豪族見識到區域最強大的兩位領主能力不過如此，雖仍震懾於其勢而不得不接受指揮，但內心的鄙夷日趨強烈。此後的尼子晴久除爭奪石見銀山外，已無興致往西擴張，而專注於和東鄰的山名氏、浦上氏作戰。

大內義隆也因這次失利，從此政務交給重臣相良武任，軍事則交給陶隆房負責，自己更投入藝文活動。在具有「古今傳授」資格的三條西實隆指導下，和歌、連歌、能劇、狂言樣樣精通，文化素養比之京都公卿毫不遜色。

毛利元就在這兩次戰役裡感受相當深刻。在尼子、大內兩強的競逐夾縫中求生存，不能朝三暮四，也不是送出人質就行，而是得想辦法增強實力，變得和他們一樣強大，才不用在戰場上當炮灰。由弱變強無法一蹴可幾，元就想藉由繼承沒有子息的名門，以他們的實力和聲望來拉攏更多豪族，只要累積到足夠實力，憑他的足智多謀，要擊敗甚至消滅尼子晴久、大內義隆，並不是什麼難題。

這時候元就的兒子們就派上用場了。十九歲嫁給元就的吉川妙玖，六年後生下長子少輔太郎，再過七年生下少輔次郎（一五三〇），一五三三年，三十五歲的妙玖生下三子德壽丸。共有九個兒子的元就，以這位正室所出的前三個兒子最有名，對毛利家的事業幫助也最大。

轉之一　兩川體制成形

所謂的毛利兩川，指的是位於山陰地方的吉川氏和山陽地方的小早川氏。

❖兩川之一：山陰的吉川氏

以安藝和石見交界的小倉山城（廣島縣山縣郡北廣島町）為居城的吉川氏，據說是藤原南家之祖武智麻呂的後裔。許多人都知道藤原氏在奈良、平安時代以攝政、關白之名長期代理天皇處理國政，不過更精確來說，只有藤原北家的嫡系、並取得藤氏長者身分的人才有這個資格。其實藤原北家並非藤原氏的嫡系，但是透過權謀鬥爭，擊敗政敵和藤原氏的南家、式家、京家而取得獨尊的地位。

被鬥垮的藤原其他三家，有的留在朝廷當北家的陪襯，還有左右大臣可當（但無太政大臣的資格），不願隨附者就流落地方，由於他們血統高貴，能吸引地方勢力，成為平安中後期平定地方叛亂的重要力量之一。只要平定地方叛亂，聲望便為之提高，吸引更多豪族歸附，地方勢力便是這樣慢慢形成的。

吉川出身武智麻呂的三男乙麻呂一脈，同脈的武家有工藤氏、伊東氏、二階堂氏（即本文最初提到的公卿二階堂氏）、相良氏等。一般說來，吉川的讀音應為「よしかわ」，這支吉川則讀做「きっかわ」，漢字相同讀音有異，代表不同家世的傳承。

正式以吉川為姓氏的第一代經義，在源賴朝

麾下立了戰功，獲賜駿河一處名為吉河莊的莊園，並以此為姓氏（日文裡「河」和「川」的訓讀音相同）。到十四世紀初的鎌倉末期，被幕府轉封到安藝北部靠近石見的地方，直到十六世紀中葉元就的次子元春入嗣為止。從經義至第十代經基可稱為吉川氏的全盛期，經基以安藝小豪族的身分追隨山名宗全的西軍陣營參與應仁之亂，擊退投身東軍的備後豪族，更因為多次擊敗東軍三管之中的畠山義就而聲名顯著，得到「鬼吉川」的稱號。

應仁之亂結束，吉川經基致力於擴張領地，統治觸角伸入石見境內，往東也擴大到備後，構築出吉川氏最大領地。一五〇九年，經基讓位給長子國經；十一年後以九十三歲的高壽結束一生。以經基讓位的那年為分界點，吉川氏開始走下坡。原本還能與東邊新興的尼子經久分庭抗禮，但不過八年時間，就必須仰仗女婿元就襄助，才能擊退來犯的安藝武田家。

吉川國經在位時做出投靠尼子家的決定，使得元就和吉川家在二十年間彼此對立，但即便如此，兩家之間的複雜關係也不是能夠說斷就斷。國經的女兒妙玖是元就的正室；而國經長子元經的正室，是毛利弘元的女兒，也就是元就的異母妹。妹婿元經死得早，於是一五三一年國經過世後，便由有毛利家血統的興經繼任家督。無論是吉田郡山城或月山富田城之戰，開始和結束時興經所屬的陣營都不一樣。從這點來看，他不一定有政治才幹，卻敏於判斷勝負，在亂世中這或許比治理領地內政的能力更為重要吧！

想藉著姻親關係擴大勢力的元就希望吉川興經收養堂弟、也就是自己的次子少輔次郎。一五四三年，少輔次郎元服，改名元春，在生母妙玖病逝的翌年（一五四七）成為興經的養子，同年也娶了毛利家臣熊谷信直之女（即日後吉川元長、繁澤元氏、吉川廣家的生母）。

據《陰德太平記》所載，熊谷信直之女名字不詳，以新庄局稱之，容貌醜陋卻受元春寵幸，元春生涯中並無其他側室，這在戰國時代，不，在整個封建時代都極為罕見。

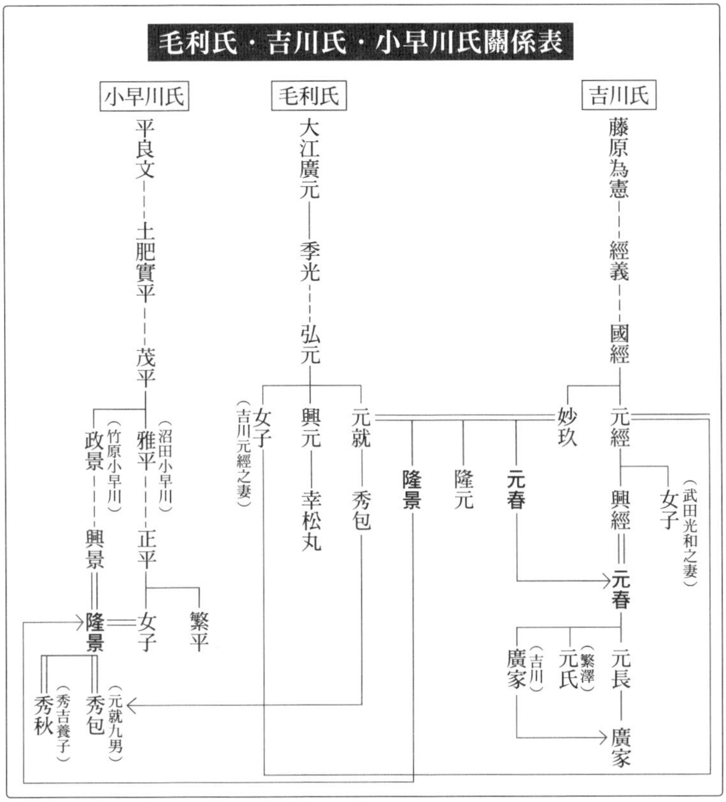

元春遲遲未繼承家督之位，這和已經繼任但無實權的情況在戰國時代都十分常見。以毛利家為例，元就一五四六年因哀慟妙玖病逝而將家督之位讓給長子隆元，但隆元直到過世，權柄都不曾沾手，因為還是都在父親元就手上。諷刺的是，對於交棒一事，元就顯然採取「寬以待己、嚴以律人」的雙重標準：一五五〇年他出兵逼迫吉川興經隱居，甚至殺害其一家人，就為了把親生兒子元春強行送上吉川氏第十四代家督之位。元春的繼任宣告藤氏（藤原氏）吉川氏血緣的斷絕。

❖兩川之二：山陽的小早川氏

以安藝高山城（廣島縣三原市）為居城的小早川氏，家族歷史不如吉川氏顯赫。其祖據傳是十二世紀的土肥實平，在一一八四年征討賴朝的堂弟木曾義仲以及征討平家的一之谷之戰立有戰功，一一八九年討伐奧州藤原氏，獲賜領地安藝沼田莊（廣島縣三原市）。屬於桓武平氏後裔的土肥實平，和一一八五年為源賴朝消滅的平家有血緣關係，或許因著這層原因，土肥實平在河內源氏建立的鎌倉政權中始終不受重用。實平之子遠平以新領地相模小早川（神奈川縣小田原市附近）為新姓氏，並離開鎌倉到安藝沼田莊定居。

遠平的子孫茂平在一二二一年承久之亂立下戰功，為家族掙得新領地安藝竹原莊（廣島縣竹原市），茂平遂將沼田莊傳給嫡長子雅平，以高山城為居城，稱為沼田小早川氏，這是小早川氏的本家，本家家督皆有個「平」字；安藝竹原莊傳給次子政景，以木村城（廣島縣竹原市）為居城，成為竹原小早川氏，分家家督名中皆有個「景」字。

原本是手足至親的兩家，傳得愈久，血緣愈薄，室町時代中期以後互為擴張領地的目標，由於實力相當，幾十年攻伐下來，都無法消滅彼此。進入十六世紀後，接連幾代的本家、分家家督都英年早逝，家族繼承出現危機，竹原小早川家督興景於吉田郡山城之戰即將結束之際，和毛利元就出兵包圍安藝武田家的居城佐東銀山城時病故。只活了廿三歲的興景並無繼承人，元就便讓十二歲的三子德壽丸接受主君大內義隆的元服，改名隆景後繼承竹內小早川家。

前文曾經提到，沼田小早川家的家督正平在大內軍撤退時和元就負責殿後，被追擊而至的尼子軍追上擊斃，得年僅廿一歲，遺有兩歲長子繁平和襁褓中的女兒。元就想趁這機會讓隆景也接管本家沼田小早川氏，透過大內義隆的介入讓隆景「代理」本家。小早川繁平三歲時突然失明，這件變故使隆景「繼承」本家的可能性大增。盲眼的年幼家督不可能帶領弱小家族對抗強敵尼子氏，於是大內義隆和毛利元就心裡浮現同一個念頭：廢嫡，由隆景遞補，統領沼田和竹原兩家小早川。

一五五〇年，小早川繁平因有「和尼子家通敵之嫌」被強令出家——九歲盲童豈有通敵的本領！顯而易見是莫須有的罪名，只為達成兩家小早川合併的目的。同年，廿一歲的隆景與大約八歲的繁平之妹問田大方成親，隆景正式接管沼田、竹原兩家小早川，成為名副其實的小早川家家督。

前後七年多，元就便讓次子元春和三子隆景成功繼承安藝的名門吉川家和小早川家，透過這兩家的影響力把安藝納為領地，只憑藉謀略和部分武力，便達成毛利家三百多年來從未實現的心願。但這樣的結果不能滿足元就，即便已經五十四歲，安藝的統一只是他下階段佈局的前奏。

❖二子吃兩川的深謀遠慮

以安藝和石見交界的小倉山城為居城的吉川家可做為毛利家前進石見、甚至山陰地方的前哨站。以毛利家目前的規模來看，元春坐鎮的小倉山城最主要敵人只有尼子家，但這唯一的敵人卻是元就生涯中面對過的最大敵人。

至於兩家小早川，位於瀨戶內海沿岸，面對的敵人雖不若尼子家強大，局勢卻更複雜，光用武力未必能夠平定。小早川氏還有一項潛在優勢，那就是毛利、吉川都沒有的兵種——水軍。隆景入主小早川家的同時，也將之納入管轄，透過這股水上勢力，成功拉攏瀨戶內海西側最強的水軍村上水軍（包括能島村上家、來島村上家、因島村上家），進而將其編入毛利軍團。這支生力軍的貢獻不可小覷：短期而言是替毛利家打贏一五五五年的嚴島合戰，長期來看，則助毛利家取得瀨戶內海的霸權達二十三年之久！

觀諸日後發展，兩川體制奠定了毛利家茁壯的基礎，有助於稱霸中國地方，從這點來看，元就之所以安排兩名傑出的兒子繼承吉川家和小早川家，是對未來二十年中國地方的勢力消長了然於胸。然而他更厲害的是早已看清次子元春和三子隆景的特質。

元春勇猛善戰，適合與勢力強大的尼子家硬碰硬。放眼尼子家，大概只有新宮黨足可與元春匹敵。除給予後世勇猛善戰的印象外，元春還是個愛好文學的文臣，討伐尼子氏時，在本陣裡完成四十卷軍記物語《太平記》，這便是吉川本《太平記》的由來。

但是能文善武的元春不長於外交。面對山陰地方獨大的強敵尼子氏，元春尚可以其文韜武略與之抗衡，然而面對局勢政情複雜的山陽地方，隆景就比元春更為適合。山陽地方存在不少豪族，或許個別勢力不比小早川家，但若不懷柔而以武力強攻，會逼使他們結盟，小早川家將陷入四面楚歌之境。隆景給人的印象是溫恭謙和，不迷信武力解決，擅於居中協調，山陽地方的豪族一有糾紛便找隆景出面，他總是沒有預設立場，顧全兩造需要，給予最大便利，聲望就在這些小事中累積起來。比起兄長的武力征討，隆景的攻略山陽更多是以聲望「擊倒」對方。

元就一五四〇年代促成的兩川體制，正是把已經非常優秀的元春和隆景放在最適合他們發展的位置上，這是毛利家國力雄飛的關鍵。反觀尼子和大內的家督，輕易地傾全國之力去打沒有把握的仗，不僅銷耗眾多人力物力，聲望更一落千丈。一來一往，毛利與尼子、大內家的差距正急速拉近。

轉之二　毛利聲勢飛漲，力克左右雙霸

◆大內家臣下剋上，幕府巴結尼子家

一五五〇年十一月初，耶穌會傳教士沙勿略繼鹿兒島、平戶、博多，來到第四站山口。當時山口城下繁榮，商旅往來不絕如縷，正是吸引沙勿略前來傳教的主因。為取得傳教權，沙勿略請求謁見大內義隆，原本相談甚歡，卻因為對於男色的見解不一，義隆憤而離席，沙勿略在山口傳教的夢想也為之破滅，一個月後黯然離開。

一五五一年八月廿八日，大內家首席家臣陶隆房和內藤興盛舉兵叛變，進攻山口城，大內義隆倉皇逃至大寧寺（山口縣長門市），九月一日自盡時留下辭世之句：

征討人者與被征討者
皆如人生露水、閃電一閃即逝

與其他戰國武將相比，大內義隆的辭世之句蘊含佛教的無常觀，只可惜生在武家，而且又當上一家之長，不然以他精湛的涵養當可在文學世界大放異彩。

對元就而言，大內義隆之死，意味著二十多年來倚大內為西邊屏藩的毛利家，從此不能再專心朝東發展；儘管取大內家而代之的陶隆房與尼子晴久也不和，元就依然面臨兩面作戰的可能。反觀尼子晴久，自月山富田城之戰後，

不再執意與大內家一較長短，而是往東發展，在因幡、美作、備前擊敗山名氏、松田氏、浦上氏，取得很大的戰果。

晴久的實力連畿內的足利義輝也注意到了，找機會向這位中國地方的強者示好。一五五二年十一月，幕府一口氣任命他為出雲、伯耆、隱岐、備前、備中、美作、因幡、備後八國守護。應仁之亂後幕府權威不再，許多新興勢力趁機而起，他們在取得一國多數領土後便主動以某某國守護自稱，不再等待幕府冊封；實權旁落的幕府往往只能事後承認。義輝一口氣封尼子晴久為八國守護，不管在應仁之亂後的幕府或整個室町時代來看都相當罕見。

義輝同時還任命晴久為幕府的相伴眾；隔一個月，朝廷也派出敕使給予晴久從五位下修理大夫的官位，極盡懷柔之能事，似乎巴不得晴久立即率軍上洛趕跑三好長慶。

義輝顯然太操之過急。不斷抬高晴久的地位而忽視尼子家的西鄰元就，元就想必很難嚥下這口氣吧。幾年後，元就同時和九州北部的大友義鎮（宗麟）、尼子晴久作戰，義輝又想藉由調停紛爭提高聲望，但此舉只成功一半：毛利家和大友家是停戰了，但元就執意要繼續攻打尼子家。一方面毛利和尼子間積怨太深，元就隱忍三十多年，好不容易累積足夠實力，當然不會聽從素未謀面、又是有名無實的將軍勸言；遑論消滅尼子家對毛利家有益——此外，應該也含有一絲絲報復當年受委屈的心理吧。

陶隆房在叛變後並沒有立即取代主公之位，他不想過於刺激昔日同僚，否則這些家臣多數會投靠元就。陶隆房的下一步是迎接義鎮之弟大友晴英繼承，他自己則趁此機會拜領晴英的名諱，改名陶晴賢。為何陶晴賢會有此舉呢？喜好男色的大內義隆沒有後嗣，早先曾收養土佐一條家的四子，即大內晴持，但是在月山富田城之戰撤退時不幸溺斃。所以義隆透過生母的關係向大友家要了個男孩，即是大友晴英。孰料幾年後，大內義隆竟生下一子，於是晴英被送回大友家。陶晴賢叛變後，義隆之子也遭殺害，養子晴英又變得有價值了，陶晴賢便把他迎回來，同時將之改名大內義長。

既然新家督是從大友家迎回，自然沒有理由對其開戰，大內家只能往東發展，和元就的衝突也就勢所難免。元就想必也意識到，比起尼子家，陶晴賢是個必得立即除去的對手，於是開始抽調東線部隊，準備進行決戰。同時為防範尼子家入侵，與其增派部隊戍守邊境，不如藉由謠言，讓尼子家內部產生猜忌、不信，便能在月山富田城造成「塌陷」效果。

❖晴久「藉由」元就之手除去新宮黨？

元就的具體計策是「離間」。新宮黨是尼子家最驍勇善戰的部隊，領袖尼子國久是經久的次子、晴久的叔父；國久宅邸位在尼子家本城月山富田城北麓新宮谷，因而稱為新宮黨，國久之子誠久、豐久、敬久為骨幹。這支尼子家戰力的標竿早年便追隨經久，要說他們是尼子家從無到有的創造者之一也不為過。人只要一立有大功，氣焰難免高漲，新宮黨在經久時期如此，晴久時期更是變本加厲——尤其國久還被指定為晴久的監護人呢。晴久對新宮黨雖倚重有加，但長期積怨恐怕更為激烈。

從一五五四年起，元就派出大量細作、商旅、僧侶到月山富田城下放出新宮黨與吉川氏私通的流言。流言的可怕不在於傳播速度快，而是相信的人多；三人已可成虎，何況在月山富田城下以訛傳訛的又豈止三人？流言傳進晴久耳中，他不給新宮黨成員辯解的機會，立即派兵於該年十一月一日將之肅清，尼子國久、誠久（長子）、敬久（三子）、吉久（誠久的次子）、常久（誠久的四子）等人皆遭屠戮，只留下氏久（誠久的長子）、勝久（誠久的五子）、通久（誠久的六子），他們和山中幸盛是尼子家滅亡後力圖復興的核心人物。

元就未動一兵一卒，便讓晴久親手除去自家戰力最強的新宮黨。一直以來都認為這是「稀代策略家」元就的謀略所致，但筆者對此看法較為不同：尼子晴久消滅新宮黨並非中了元就的計謀，而是新宮黨的跋扈令晴久不除不快。

晴久想必比誰都清楚新宮黨的重要性，也知道大內家、毛利家等外敵畏懼的並非他本人，而是新宮黨——問題就出在這裡。新宮黨除鋒芒蓋過主君外，還恃功而驕、目中無人。據《雲陽軍實記》所載，尼子誠久曾下令道：「吾觸目所及範圍內，任何人都得下馬。」此令一出，尼子家臣無不錯愕。有一家臣熊谷新右護門，故意替牛套上馬鞍，鷹狩時從誠久面前經過，誠久的家臣立即上前斥責，熊谷不慌不忙說道：「下馬之事我當然知道，但我現在騎的是牛，沒必要下牛吧！」熊谷會有如此調侃諷刺之舉，想必是誠久平日作為已到僭越的地步，才會連其他家臣都看不下去，而身為主君的晴久豈會麻木無感？

晴久剷除新宮黨與宋高宗趙構處死岳飛、明思宗朱由檢殺害袁崇煥都有極相似的理由：功高震主。這些武將不懂得將功勞歸給主君，而且向來給人精明幹練的印象，看來總是無懈可擊，進而予人恃才傲物的印象。金庸在〈袁崇煥評傳〉裡便說袁崇煥的性格「像是一柄鋒銳絕倫、精剛無儔的寶劍。當清和昇平的時日，懸在壁上，不免會中夜自嘯，躍出劍匣。在天昏地暗的亂世，則屠龍殺虎之後，終於寸寸斷折。」忠臣勇將大抵都有類似特質。但能安享天年、壽終正寢者也大有人在，不見得就一定會遭忌恨。尼子晴久、趙構以及朱由檢雖然稱不上明君，但也決非昏庸之輩，為何就這樣中了敵方的反間計？而且就算一時中計，若能冷靜思考分析，應該也可探查出真相，但為何還是執意要殺？

對某些主君來說，內敵往往比外敵還可怕。試著從尼子晴久的立場來設想：外敵元就了不起只奪去一兩國領地（證諸後來發展，到晴久過世為止，元就的確沒能從尼子家拿下多少領地）；然而新宮黨若有貳心，他的家督身分、甚至性命，很可能一夜之間消逝無蹤，這才是內敵最可怕之處。

這些勇將展現於外的跋扈，主君早就難忍，況且他們遠比小人更難剷除。小人惡名昭彰，除之天下稱快，可為自己博取美名；而除去忠臣勇將則會引來天下憤罵！正因如此，主君才會假裝一時糊塗，等拔掉眼中釘再予以平反、撫恤，一來表示懺悔、抹煞過去，二來仍可博得「明君」的美名。

因此，尼子晴久也好，趙構或朱由檢也罷，未必真中了反間計而自毀長城。只是他們也必須承擔此舉造成的風險。少了岳飛，趙構的王朝還能延續百餘年，算是特例中的特例；尼子晴久和朱由檢就沒這麼幸運，除去心頭大患的代價正是加快自己政權的滅亡。

❖為與尼子決戰，首先爭奪銀山

一五五五年的嚴島合戰（請參見拙作《日本戰國風雲錄．天下大勢》）讓大內家和陶家遭到元就毀滅性攻擊：陶晴賢一族滅亡，大內一族脣亡齒寒，已無甚可觀。西邊的周防、長門（山口縣）現在成了元就的嘴邊肉，不必那麼急於下手；他從此可以專心於東邊戰線。但在正式和尼子家長期作戰前，元就有件非做不可的事：將安藝北邊的石見銀山納入領地。

石見與出雲位於今日的島根縣境內，古代以神戶川為國界，往東約十公里為赫赫有名的出雲大社，往西約廿公里則為石見銀山。依照江戶時代完成的《石見銀山舊記》所載，花園天皇在位期間（一三〇八～一八），大內家第十六代家督弘幸（義弘的祖父）得到北辰星（北極星）託夢而發現石見銀山；然而當時尚未從中國大陸傳進開採技術，只能撿拾裸露地表的銀礦，收穫和龐大的蘊藏量相比微不足道。

一五三三年，博多富商神谷壽貞帶來兩位採礦師，在日本首度使用「灰吹法」（銀熔於鉛再導入空氣，使鉛氧化沉澱後銀鉛便得分離）成功開採，可帶來巨大財富的金山銀山從此成為各家大名必爭之地。

早在一五三〇年，石見銀山便成為大內家與石見豪族小笠原長隆的衝突點，不過當時爭奪領地的成分應該大過銀山本身。小笠原長隆雖有在地優勢，但畢竟整體實力不足，最後投降大內家。為防範石見銀山落入他人之手，大內義隆擴建山吹城（島根縣大田市），換言之，要取得石見銀山得先攻下山吹城。

經久對這座銀山展現高度關注，特別是灰吹法傳入後大大提高產量，因此他雖臥病在床，仍向晴久下達務必攻落的指令。一五三〇年代後半，尼子和大內數度為此大打出手，最終為尼子晴久所得，銀山到手或許稍可彌補他在吉田郡山城一役中的拙劣指揮吧！嚴島合戰勝利後不到半年，元就順利讓山吹城城主刺賀長信倒戈，正要派大軍駐守時，刺賀長信又倒向尼子家，經過反覆思索，元就決定提早投入石見銀山爭奪戰。

一五五六年，元就令吉川元春為總大將，率領吉川軍，毛利家本家部隊則由宍戶隆家領軍，共七千兵力進攻山吹城。以勇猛聞名的元春並沒能攻下山吹城，反遭尼子軍擊退。

之後三年元就穩紮穩打，終於消滅昔日主家大內氏（一五五七年四月三日），石見以西的周防、長門悉數納入版圖，至此元就的領地已有周防、長門、安藝三國，以及部分的石見和備後。一五五九年八月元就再度進攻山吹城，由於先前刺賀長信反覆無常，因此晴久改命同為石見豪族的猛將本城常光出任山吹城城主。

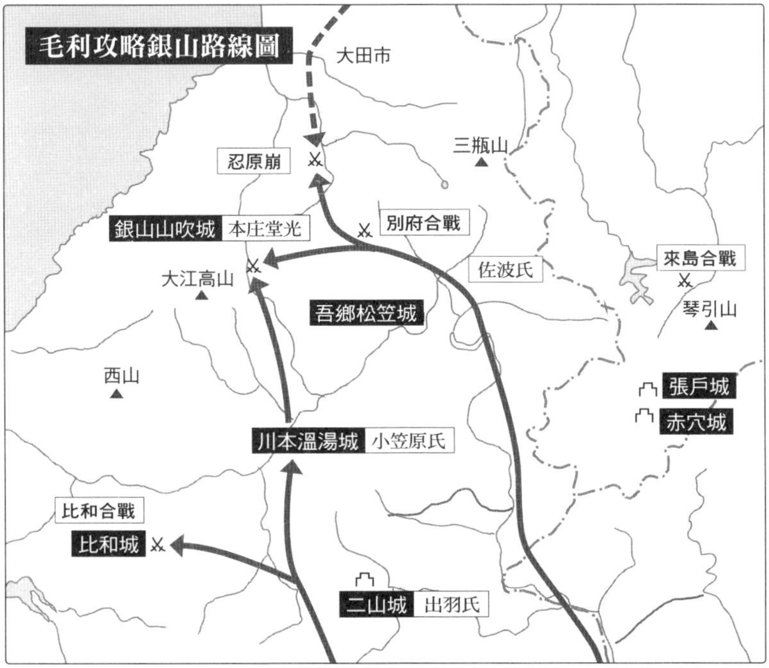

原本在小早川隆景的勸說下，石見豪族小笠原長雄（長隆之孫）已向元就投降；他的居城溫湯城（島根縣邑智郡川本町）雖小，但如果能在此駐紮大軍，將縮短到石見銀山的距離，遠比晴久從月山富田城前來快上許多。

雖有小笠原氏歸附，山吹城依然挺立在尼子家的版圖中，即使再不願意，元就也有了長期包圍的覺悟。只是晴久很快就率領兩萬五大軍前來解圍，賴以吃香喝辣的銀山遭到包圍，任誰都會奮不顧身吧！山吹城守軍得知尼子派出援軍，士氣大振，元就雖百般阻撓，兩軍依然順利會師。

勢已至此，元就已無再戰的必要。一來兵力不足（不清楚元就派出多少兵力，但就當時國力估算應該差距甚多），敵軍士氣又正高昂，與其硬幹，不如撤退。一名優秀武將的必備條件為認清何時該戰，何時該避，握有勝算方開打，絕不勉強。

元就果斷撤退，但仍在石見的溫泉津（島根縣大田市溫泉津町）被尼子軍追上。即便他擁有指揮百萬大軍的能力，依舊免不了全軍陷入混亂的局面。史籍並無此役詳細紀錄，不過毛利方面的傷亡數字應該不少——特別是和元就過往戰績相比。勝負乃兵家常事，一兩次敗仗絲毫無損元就的成績，只是難免成為他一生幾近完美的作戰紀錄中難以抹去的缺憾。

這場「降露坂之戰」一年又四個月後，尼子晴久於一五六〇年十二月廿四日突然過世，享年四十七歲。晴久一生好大喜功，過度對外用兵，是尼子家由盛轉衰的關鍵。沒親眼見到尼子家滅亡，是晴久的幸運。

廿二歲的長子義久繼任家督，尼子家上下普遍對這位新君沒有信心，亟思另謀出路。本城常光——新宮黨消滅後的尼子家第一勇將——獻上讓毛利元就吃了兩次敗仗的山吹城做為投誠的見面禮（一五六二），意思是元就得到的並非區區一座城，而是石見銀山！先前尼子和大內為此爭戰不已時，誰料得到最後竟落入元就手中，而且是不費一兵一卒！此後廿三年，石見銀山皆在毛利家的控制下，期間產銀量達每年二百公噸，占全世界三分之一，比當時的玻利維亞、墨西哥都要多上許多。

❖轉贈皇室的高竿計策

為免石見銀山再被奪走，元就想出一個非常高竿又務實的計策——將之轉贈皇室，自己則以管理人自居。貧困的皇室不可能真正派人大老遠到石見接管，管理人一職聽起來不體面，但元就才是銀山實質上的主人；而扣掉皇室微薄的「抽成」，還是有相當高的獲利。精打細算的元就現在賺了裡子，日後更有面子：明治時代的史學家推崇他為「尊王先驅」。為何會這麼說呢？因為皇室該得的銀兩，元就是以

「尊王」名義進貢的。至於他心裡是否真的尊王，只有元就自己最清楚了。

在戰國時代，像元就這樣主動進貢（正親町天皇的即位大典費用主要來自元就的捐款）的地方大名並不多，像武田信玄、織田信長對朝廷的捐獻都有其政治目的，例如買官位，或要求朝廷下旨昭告某某為敵，敕令他們有攻打的義務；再不然就是請朝廷強行介入，要與他們作戰的某大名停戰。元就的捐款或許也別有用心，但並不因為沒能達到目的便停止捐獻，或許如此，才會被明治時代的史家美稱為「尊王先驅」。

此為後話：至豐臣時代，秀吉雖仍保留毛利家十國百二十萬石的領地，卻毫不留情地把毛利家王冠上最大的寶石納入自己轄下（也就是「天領」），其創造的財富成為秀吉日後發動朝鮮戰爭的本錢。而內府德川家康在贏得關原之戰後，也立即把全國能創造鉅富的地方——包括金山銀山（佐渡金山、生野銀山、石見銀山）、貿易港（堺、博多）、與宗教有關的市鎮（宇治山田、出雲）——全收為天領。這名矮短癡肥老者的斂財技術更甚於秀吉，不但收下西日本產量首屈一指的石見銀山，還指派當時擁有日本最先進採礦技術的大久保石見守長安擔任奉行，負責開採（他之後還擔任佐渡奉行、伊豆奉行），大久保長安把石見銀山的產量再往上拉，使一毛不拔的小氣內府超越大坂的太閤遺孀淀殿，成為當時日本最富有的人。

五代將軍綱吉（在位一六八〇～一七〇九）之後，石見銀山產量逐漸減少，最終停產，幕末時只剩下無數個「間步」（礦坑）和管理銀山的奉行居所——大森代官所。二〇〇七年六月聯合國教科文組織（UNESCO）指定為世界文化遺產，這是日本的第十四個世界遺產、日本諸礦山中的唯一一個。

合 終於殲滅尼子家，但不冀望得天下

取得銀山的一五六二年六月，元就平定整個石見，擁有安藝、石見、周防、長門、備後五國，已具備和尼子家一搏的實力。即便如此，面對宿敵元就還是不敢輕忽。

❖與大友議和，以對付尼子

為一舉消滅尼子氏，元就一五六一年十一月提前結束西線與大友義鎮的作戰。事實上，毛利家主將小早川隆景此役擊退大友家第一勇將戶次鑑連（立花道雪），保住豐前的門司城；然而元就還是決定放棄九州的領地，只保留孤城門司，以防大友義鎮登陸本州。元就的用意相當清楚：現階段只專注對付尼子家，不為寸土寸地的爭執而樹敵。一旦招惹身兼豐前、豐後、肥前、肥後、筑前、筑後六國守護外加九州探題的大友義鎮，勢必得抽調大批東線兵力方能與之作戰，這麼一來，消滅尼子家的計畫就得延後；萬一尼子和大友結盟，更將面臨兩線作戰的窘境。而且此刻的大友家正步入全盛期，此次失敗後，到一五七八年十一月耳川之戰開始走下坡的期間，大友家只輸掉一五七〇年的今山之戰。智勇雙全如元就者，當然會避免與大友家硬碰硬，這才是上上之策。

打勝仗的元就退出九州，再加上足利義輝的調停，大友、毛利的停戰協定總算成立。而因為此次調停成功，幕府冊封元就長子——毛利家名義上的家督——隆元為周防守護，至此為

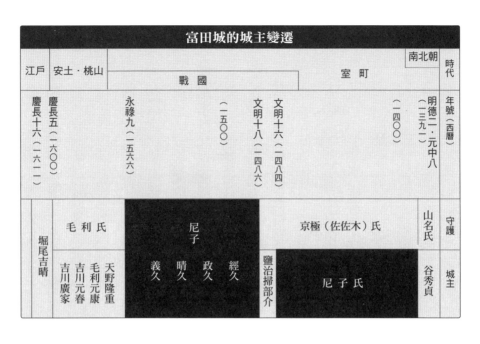

富田城的城主變遷

時代	年號（西曆）	守護	城主
南北朝	明德二・元中八（一三九一）	山名氏	谷秀貞
室町	（一四〇〇）	京極（佐佐木）氏	尼子氏
室町	文明十六（一四八四）	京極（佐佐木）氏	鹽冶掃部介
戰國	文明十八（一四八六）	尼子	經久
戰國	（一五〇〇）	尼子	政久
戰國		尼子	晴久
戰國	永祿九（一五六六）	尼子	義久
安土・桃山	慶長五（一六〇〇）	毛利氏	天野隆重、毛利元康、吉川元春、吉川廣家
江戶	慶長十六（一六一一）		堀尾吉晴

止，隆元已受封為安藝、備中、備後、周防、長門五國守護，毛利家已經快可以和東鄰尼子義久、西鄰大友義鎮相提並論。獻上石見銀山的元就也獲朝廷封為陸奧守，這是元就一生受封的最後一個官位，儘管沒太大用處（元就一生沒到任過），他還是很高興地接受了。

一五六二年七月，取得石見銀山的翌月，元就率兵踏上消滅尼子家之路。這一刻元就想必等了很久，和尼子家超過四十年的積怨將開始一一清理。此番出兵到底人數多少，史籍上並沒有留下確切數字，但以元就不喜歡帶太多兵力的個性來看，大概在三萬多之譜。

月山富田城完成於十二世紀中葉，一四八六年尼子經久從主家京極氏手中奪來做為居城。京極氏時代的月山富田城無險可守，新城主經久開始在四周佈下防禦措施，包括外圍的「尼子十旗」和內圍的「尼子十砦」。入侵者只要一入出雲境內，首當其衝便得面對尼子十旗，

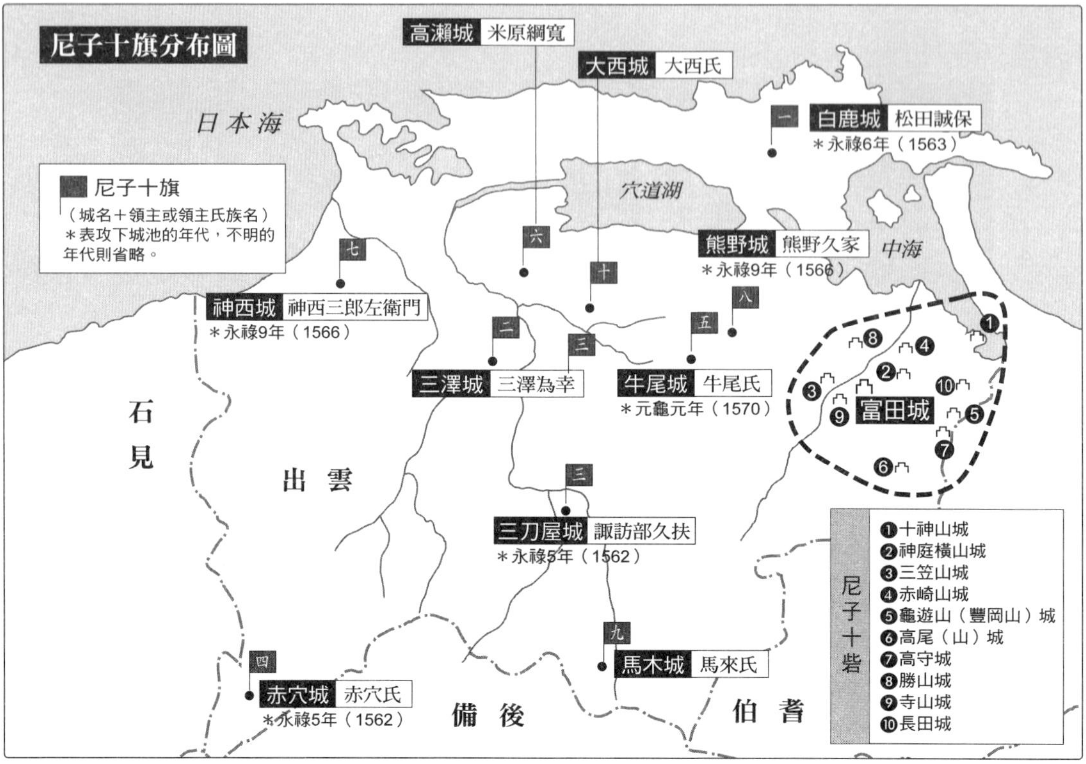

愈是縮緊攻擊圈、受害便愈大。經久藉由廣築支城，使得無險可守的月山富田城一轉成為「天險」之城，而且與整個出雲尼子家臣的支城緊密結合在一起，進攻難度大為提高。一五四二年大內義隆進攻月山富田城時，主要敗因便在於其他支城前來救援。經久的聰明才智也讓元就平定出雲的過程倍感艱辛，想必他對這位大了四十歲的前輩亦頗感佩服吧！

經久委任地方豪族為十旗城主，使他們覺得受到重用；此舉不只有收攬人心之效，十旗幾乎分布在月山富田城的西邊及西南邊，主要的防範對象為大內氏，兼及海防。大內氏長年與明朝貿易，海上力量當然不是一代竄起的尼子家比得上的，白鹿城和神西城便是用來防止大內家從日本海登陸進攻出雲。

經久精心的佈局把整個出雲變成共同體，但領導者必須英明有為，防禦才能發揮功效，如果部下離心離德，即便金城湯池也守不住。很不幸的是，晴久的繼承者義久便是這樣的人。

❖先取白鹿城，阻絕海上補給

以本城常光獻出山吹城投降為起點，毛利家將正式出兵的消息一傳開，對未來失去信心的尼子家家臣紛紛對元就示好，如十旗中的赤穴城、三刀屋城，不但主動獻城投降，還成為元就的馬前卒。但元就決定不立即攻打月山富田城，而是繞過出雲第一大湖宍道湖北側，進攻尼子十旗最北邊的白鹿城。此城東邊是山陰地方的第一大港——位於島根半島尖端的美保關（島根縣松江市），就戰略來看，若不攻下白鹿城，即使斷絕地面交通，月山富田城仍可自海上獲得補給。

尼子家萬萬想不到，距敵如此深遠的白鹿城也會遭到攻擊，守軍只有兩千人，而覬覦的敵軍卻高達兩萬。不過毛利家或許因為兵力懸殊而有鬆懈，一五六三年八月某夜，四十一歲的毛利家督隆元突然於白鹿城外死去。隆元擔任家督將近廿年期間，幾乎不曾依自己意志打過一場仗、執行過半項政策，因此沒給後世留下太多印象，形象甚至比他站在巨人肩膀上的長子輝元還不鮮明。父親和出養的兩個弟弟太過傑出，使得隆元在後人心目中只像一道影子，連過世日期和原因都未有定論。死期有八月三日、四日、九月一日等幾種說法；至於死因就更離奇，有食物中毒、遭到毒殺、為笛音所誘而被敵軍射殺之說。隆元的離世，據說元就哭了三天三夜，但為他感到哀傷的毛利家武將、步卒可能不太多吧！

家督之死並未造成毛利軍士氣低落（對隆元而言真是悲哀），但也沒有激勵毛利軍的士氣

（這更悲哀）。尼子義久連忙命令二弟倫久率領一萬兵力馳援白鹿城，儘管這支援軍沿途多次受到吉川元春的猛攻和小早川隆景的算計而折損若干兵力，最終還是帶著補給抵達白鹿城，使這場抗戰持續到十月中旬。

白鹿城失守後，元就調來瀨戶內海的水軍，嚴格守備石見到美保關一帶的海域，元就要徹底斷絕尼子家從海上得到任何補給。

❖攻陷月山富田城，殲滅死敵尼子氏

攻下白鹿城後元就不急於直指月山富田城，而把目標放在尼子十旗、尼子十砦，要讓月山富田城成為一座毫無遮掩的裸城，再聚集大軍發動最後一擊。這樣的作戰雖然費時，可是攻到最後，因為所有城砦都已陷落，敵軍士氣將嚴重下挫。由此觀之，元就和武田信玄的戰術極為類似，這種穩紮穩打的戰術是他們征戰生

尼子十旗

據《雲陽軍實記》記載，尼子十旗所在地及城主名稱如下：

白鹿城：松田誠保（島根縣松江市）

三澤城：三澤為幸（島根縣仁多郡奧出雲町）

三刀屋城：三刀屋（諏訪部）久扶（島根縣雲南市）

赤穴城（**瀨戶山城**）：赤穴盛清（島根縣飯石郡飯南町）

牛尾城：牛尾幸清（島根縣雲南市）

高瀨城：米原綱寬（島根縣簸川郡斐川町）

神西城：神西三郎左衛門（久通）（島根縣出雲市）

熊野城：熊野久家（島根縣松江市）

馬木城（**真木夕景城**）：真木久綱（島根縣仁多郡奧出雲町）

大西城：大西高由（島根縣雲南市）

涯擁有極高勝率的原因。

一五六三年十月起，元就以計謀讓尼子家上下猜忌，因此在擊破出雲各地支城時，各城彼此間竟互不支援，袖手旁觀。這情形像極了大坂之陣時的大御所德川家康與豐臣陣營，前者不斷施展計謀，後者孤兒寡母卻毫無抵抗能力，最後只能等待覆滅的命運降臨。

一五六五年四月，毛利家兵分三路，元就親自率軍從月山富田城的正門御子守口進攻，這是硬碰硬的正面對戰。毛利方的一萬六兵力是兩軍最多；吉川元春率領六千從南邊的鹽谷口進攻；小早川隆景領兵五千從北邊的菅谷口進攻。隆元的長子輝元（拜領將軍義輝的名諱）和吉川元春的長子元長在祖父的授意下皆以此役為初陣。輝元十三歲，元長十八歲，當然，身為家督的輝元不會有「一展身手」的機會。

面對這最後決戰，月山富田城的尼子軍不斷逃跑，城內外的聯繫也已被毛利軍層層阻隔，連唯利是圖的商人都進不去。尼子義久親率四千人抵擋元就，二弟倫久以四千兵對抗吉川元春，三弟秀久以三千兵對抗小早川隆景。正門戰場雙方兵力過於懸殊，態勢對尼子家不利；但其他兩組只要指揮得宜，倒也不是沒勝算。只嘆對上的是吉川元春和小早川隆景，義久那兩個沒什麼作戰經驗的弟弟非輸不可。

這場一面倒的戰爭，後來發生一件小插曲。尼子家滅亡的命運並無改變，後人卻因此增添對敗者的景仰。日後力圖復興尼子家的山中鹿之介當時廿二歲，分配在尼子倫久麾下。

吉川元春的部將以山陰豪族為主，其中有一位是來自石見的益田越中守藤兼（益田元祥之父）。益田有一名家臣品川大膳，聽聞尼子家諸將以山中鹿之介最是驍勇善戰，年輕氣盛的他很想與其交手，提高自己的武名。品川大膳聽聞鹿若食用楤木的嫩芽，鹿角會脫落，而狼又以鹿為食，為求好兆頭，因此改名楤木狼之助勝盛。

某日，狼之助勝盛在富田川西岸遇上頭戴三日月前立兜的尼子家年輕武將，一問正是山中鹿之介，便下戰書，提議在河中沙洲「一騎討」（單挑）。鹿之介緩緩騎馬到河中央，此時狼之助勝盛卻搭起大弓，同為尼子家臣的秋上伊織助（即秋上久家，尼子十勇士中的「秋宅庵助」）喝道：「既是單挑，豈可使弓用箭！」便搶先射斷狼之助勝盛的弓弦。秋上伊織助的身手據說可比中國春秋時代的楚國神射手養繇基，樬木狼之助勝盛無奈，只好和山中鹿之介光明正大決鬥。

幾回合下來，鹿之介的三尺二寸太刀被狼之助勝盛的四尺太刀打飛，雙方都跳下馬來準備最後死鬥。狼之助勝盛逼近時，鹿之介突然拔出腰際的脇差（比武將主要的武器太刀還短，除切腹外通常不使用）將之刺斃。山中鹿之介手提首級，快馬馳回月山富田城大喊：「出雲之鹿討取石見之狼！」原本低落無比的尼子軍士氣因而大大提振。

如果雙方勢均力敵，山中鹿之介此舉或許可引領己方勝利；但對於已定勝負的戰役，山中鹿之介個人的勝利對扭轉戰局並無幫助。就像大坂夏之陣時，真田幸村雖然衝進大御所德川家康的本陣，除非他能當場斬殺敵方大將，不然面對一波又一波殺來的東軍，真田幸村武功再高強也無力回天。山中鹿之介和真田幸村雖獨木難支，然而透過說書和戲劇的美化渲染，他們的忠勇之心贏得後人無限尊敬。

一五六六年十一月廿一日，尼子經久以一代時間經營出來的月山富田城，在眾叛親離、彈盡糧絕的情形下，不得不開城投降。自元就做出附從大內氏的決定以來，經過四十二年，他終於消滅了畢生最大死敵尼子氏，這時已是高齡七十了。元就和德川家康頗有類似之處，家康到七十四歲才消滅主君豐臣遺孤，他們畢生

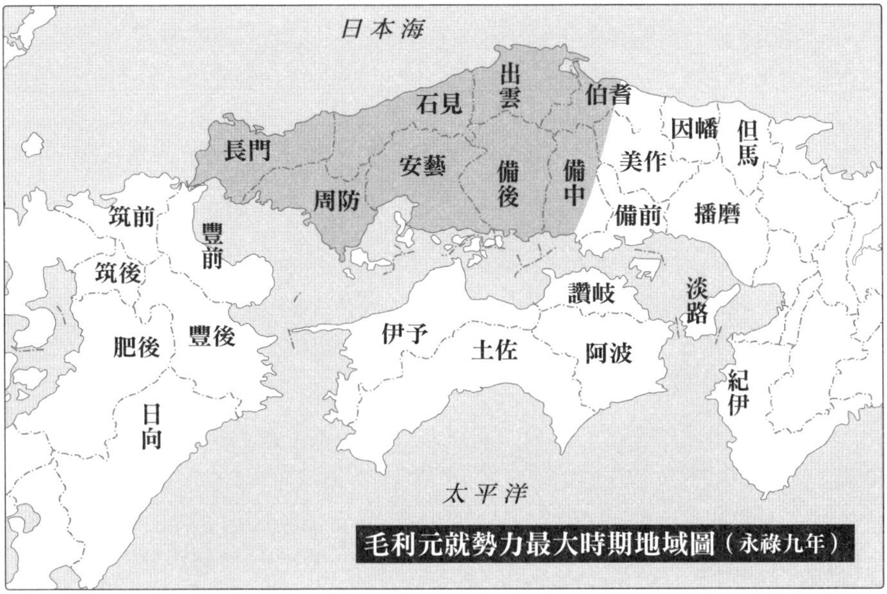

毛利元就勢力最大時期地域圖（永祿九年）

有一半以上的時間都在忍耐中度過，在過程中培養毅力、比別人更注重自己的健康，以求最後勝利。這種在逆境中求生存的毅力，不是含著銀湯匙出生的貴公子會擁有的。

❖遺訓高瞻遠矚，福澤被及子孫

元就人生最後五年，繼續以兼併尼子家領地為目標，到他去世時，毛利家的領地共計有周防、長門、安藝、石見、備後、出雲、隱岐、備中八國全部，伯耆、美作、豐前的部分，共計約百二十萬石。元就初任家督時，領地少於一萬石，將近五十年後，竟增加一百二十倍！一五七一年六月十四日，毛利元就疑似食道癌病逝吉田郡山城，享壽七十五歲。

元就死後，十九歲的長孫輝元繼任家督，不曾揮汗奮鬥的輝元只因站在巨人的肩膀上便得以擁有百二十萬石的領地，這點和繼承大御所

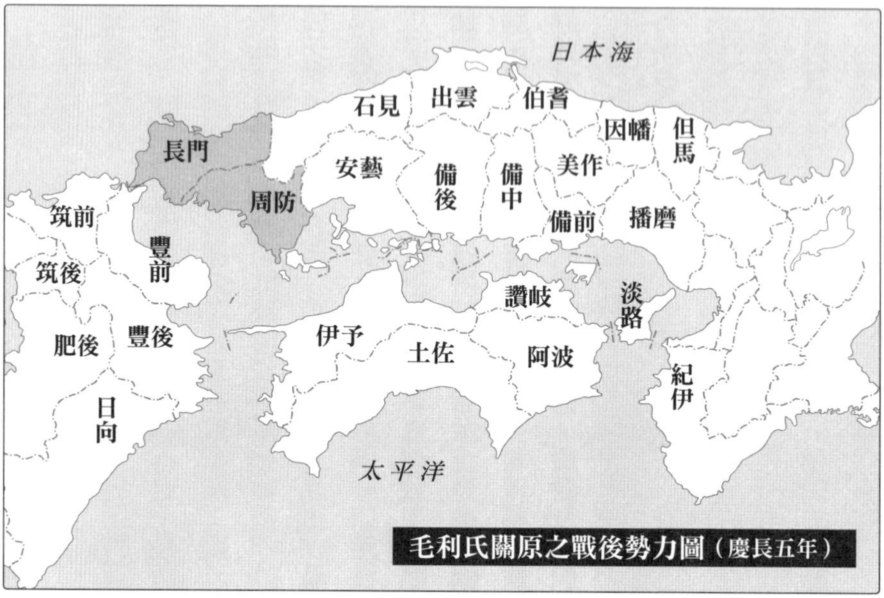

毛利氏關原之戰後勢力圖（慶長五年）

德川家康的江戶中納言德川秀忠一樣。

輝元對於吉川元春和小早川隆景絕對信任，兩川也回報以相對的貢獻，到一五八〇年宇喜多直家求助信長為止，兩川把伯耆、美作、因幡三國完全納入領地，勢力也伸入四國的伊予，版圖之大勝過祖父元就。

然而「兩川體制」運作得宜也帶來隱憂：輝元太過依賴兩位叔父，疏於栽培接棒人才。一五八六年，吉川元春接受關白秀吉徵召，準備發兵進攻九州，於停留小倉城時病逝，毛利兩川只剩一川，警訊初發。一五九七年六十四歲的隆景病逝，家督當了三十五年的輝元首度面對沒有兩川輔佐的局面，他的焦躁不難想像。

輝元繼承了祖父和兩位叔父辛苦打下的龐大領地，雖然其能力與領地之大不成比例，但世人並不這麼認為，而且當時領地比輝元還多的只有秀吉和家康，因此秀吉提拔輝元，補上隆景的位置而躋身五大老之列並不足為怪。

以下這則逸話有助於讀者了解輝元的性格。

秀吉住在伏見城時，某次來到廊下客間，裡面放著五把佩刀，分屬五大老。秀吉對著僧侶身分的五奉行之一前田玄以說道：「讓我來猜猜看這五把刀是誰的吧！」秀吉逐一分析，結果絲毫無誤。

前田玄以十分佩服：「殿下如何猜中的？」

秀吉答道：「這很簡單。首先，江戶閣下（德川家康）的刀樸實無華，毫無裝飾。江戶閣下不是那種只憑手中的刀就想橫行天下的武士，所以這把不起眼的刀應是屬於他。

「加賀（前田利家）本名又左衛門，是久經戰陣、名聲遠播的武將。擔任先鋒或殿後所立的戰功不勝枚舉。以皮革包裹刀柄的重刀，自然是他的。

「上杉景勝繼承亡父謙信遺風，擅於馬上武術，自然慣用長刀，因此最長那把定是他的。

「安藝中納言（毛利輝元）喜好奇特打扮，標新立異，因此那把與眾不同、獨具一格的寶刀肯定是他的。

「至於備前中納言（宇喜多秀家）凡事講究華麗，那把刀柄上鑲滿黃金的刀就是他的。」

如果小早川隆景不死，關原之戰爆發時，他一定會要輝元坐壁上觀，即便要參戰，也會是他自己以小早川家家督的身分參戰。如此一來，不管勝負，責任一概由小早川家承擔，毛利家依舊能維持百二十萬石的俸祿。元就留給隆元（輝元）、元春、隆景的遺訓中，除了「百萬一心」、「三矢之訓」外，還有一條很重要的「不期望能得天下」（收錄於《吉川文書》）。

「不期望能得天下」，亦即只要滿足於元就生前擴張的領地就夠了。元就前半生投靠的尼子家和大內家，都以統一天下為目標，結果還未立足山陰、山陽二道便遭消滅；之後接近統一天下的實力者信長，以及實際上完成統一的秀吉，他們的霸業也都沒能維持太久，便如塵土般消逝。相較之下，元就的邏輯是「支配天下的人都會誇耀自家一族了不起，但即便如此，也沒有哪個家族能夠好幾代的子孫或有血緣者都維持得很優秀。與其取得天下讓自家武名傳頌於世，我寧可保有天下六十餘州的五分之一，留下榮華給子子孫孫。」

小早川隆景最能體會「不期望能得天下」遺訓的精神，在本能寺之變後，即便知道秀吉撤退的真相，也不主張立即追擊，因為他在秀吉身上看到人心的歸向。當秀吉成功繼承信長的霸業後，毛利家在隆景的主導下向秀吉稱臣，成為秀吉霸業的股肱。如果沒有隆景的高瞻遠矚，毛利很可能成為關東北條氏第二。

比起戰國時代的其他大名，毛利家有一點相當難能可貴：從元就當上家督後（精確來說，是從相合元綱之亂以降），沒有因為繼承人的問題而發生骨肉相殘或父子對立的悲劇，可見「三矢之訓」相當成功。此外，或許關原之戰的失敗帶給毛利家太大恥辱，直到幕末為止，兩百多年來上下團結一致。毛利家藩主能力雖不出色，可是頗能重視家臣的意見，君臣之間的凝聚力始終維持得不錯，相處和諧。

關原戰後，加入西軍陣營的毛利輝元有吉川廣家求情，成為外樣大名，但領地減到只餘三分之一弱。輝元成為長州藩的初代藩主，家風也很少要家臣切腹，與其幕末時期的同盟者薩摩藩恰成對比。幕末維新之際到明治以降，不少活躍政壇軍界者多半出身自長州藩家臣群，如前面提過的首相桂太郎、一八六四年發動禁門之變被幕府處以切腹之刑的家老福原越後、益田右衛門介、國司信濃，還有桂小五郎（即「維新三傑」之一木戶孝允）、倒幕志士前原一誠、志道聞多（井上馨）、兒玉源太郎等，都是元就、輝元時期投靠毛利家的家臣後代。

腳跨陰陽手握智珠

尼子經久

あまご　つねひさ

【生卒年】一四五八～一五四一。

【根據地】出雲月山富田城。

【性格特徵】擅於攏絡人心，觀察時勢，乘勢而起。

【特殊事蹟】以百餘名非武士的力量，趁著新年期間守衛勢力鬆懈，奪回月山富田城。

【最大領地】播磨、因幡、美作、備前、伯耆、隱岐、備中、出雲、備後、安藝、石見。

【最後結局】晚年痛失兩名愛子後抑鬱病逝。

【家族命運】後繼者晴久過度擴張，導致家族為毛利家消滅。

【梟雄度】★★★★☆

起

根據地為神話之鄉，始祖為婆娑羅大名

山陰地方包括京都府北部靠日本海部分、鳥取縣、島根縣以及山口縣北部靠日本海部分，其中的島根縣在古代分為東部的出雲和西部的石見。前文〈毛利元就〉已約略談過後者，在正式進入本文前，容筆者先介紹日本另一個神話系統的發源地，同時也是尼子經久威震日本的根據地——出雲。

❖出雲登上日本歷史舞台

根據律令制所彙編的《延喜式》中列出了每一國的大小神社名稱、地位和數目，其中「一宮」即每國位階最高的神社。出雲國的一宮，毫無疑問是以「大國主命」為主祭神的出雲大社。一八七一年以前，是以所在地出雲郡杵築鄉為名，稱「杵築大社」。

大社雖遠離畿內，然而自七世紀以來一直擁有極崇高的地位，《延喜格》將其列為只接受神祇官捐獻的「官幣大社」，與日本皇室之祖的伊勢神宮、石清水八幡宮同等級，社格之高由此可見。

為何遠在「化外之地」的杵築大社有如此崇高的地位呢？這得從《古事記》《日本書紀》的神代部分說起。

話說「天照大御神」之弟「速須佐之男命」（《古事記》裡的名字，《日本書紀》稱「素戔嗚尊」）因為惡作劇而被趕出眾神的居住地高天原後，獨自一人來到出雲的簸川，在河邊遇上一對哭泣的老夫婦。速須佐之男命上前詢問，老夫婦道：「我們本來有八個女兒，可是都被每年來襲的八岐大蛇吃掉了，想到今年最後一個女兒也保不住，即將淪為大蛇的貢品，不禁悲從中來。」

速須佐之男命聞言說道：「可否將你們女兒嫁給我？」老夫婦問及姓名，他答道：「我乃天照大御神之弟，速須佐之男命是也。」這對老夫婦不過是出雲地方豪族，一聽對方是赫赫有名的天照大御神之弟，豈有不答應之理？速須佐之男命對老夫婦說道：「你們快去釀造許多烈酒，並且築一面牆，要開八道門，每道門做八座看台，台上都準備酒槽，注入烈酒。」

萬事俱備不久，八頭八尾的八岐大蛇現身。眼見獵物和佳釀在前，八岐大蛇放下心來享用美酒，不久便醉倒了。速須佐之男命見狀，立

律令制

盛行於東亞的國家政體，源於中國儒、法家思想。隋唐為最盛期，也在當時傳入朝鮮、日本。「律」和「令」皆是基本法典，前者是刑罰法令，其餘（主要是行政法、民法）則稱為令。「格」指的是對律令的修訂、補充，可視為副法；「式」則是施行細則。而在律令制實施後，詔敕（天皇針對公務下達的命令，詔書為針對公眾，敕書則針對特定人物）跟官符（太政官向所屬機關、地方政府下達的公文）也都歸於「格」。

《延喜格》《延喜式》

平安時代延喜五年，醍醐天皇下令右大臣藤原時平等人，將貞觀十一年（八六九）至延喜七年（九〇七）之間的詔敕、太政官符，編纂成十二卷，稱為《延喜格》；同時將養老律令（西元七五七年起實施的基本法令）的施行細則編纂成《延喜式》五十卷，共三千三百條的內容分別與神祇官（第一～十卷）、太政官八省（十一～四十卷）、其他官司（四十一～四十九）及雜式（第五十卷）有關，等於是朝廷的「營運手冊」。

刻拔出佩劍「十握劍」將八岐大蛇砍成肉醬。砍到尾部時劍卻斷了，速須佐之男命覺得奇怪，再拿一把劍將尾巴割開，發現裡面藏有一把銳利無比的寶劍，速須佐之男命仔細端詳後說道：「這是多棒的靈劍啊！我怎麼可以據為私有呢？」於是託人將這把「天叢雲劍」送到高天原，獻給統治該地的姊姊天照大御神。

速須佐之男命搖身變成出雲地方的英雄，老夫婦歡喜安排碩果僅存的么女「奇稻田姬」（《古事記》記為「櫛名田比賣」）出閣。《古事記》記載速須佐之男命和櫛名田比賣的六世孫才是出雲大社的主祭神「大國主命」（也稱「大穴牟遲神」「大己貴命」）；《日本書紀》則記載兩人之子即為大國主命，何者為真也無法考證。

依照《古事記》的解釋，大國主命意為「偉大的國土主宰神」，大穴牟遲神則是「大地之主神」。由於《日本書紀》裡大國主命是速須

神祇官

日本古代極重視祭祀，律令制特別設置了神祇官，地位獨立於負責行政的太政官（但後期轉為由太政官管轄）。執掌祭祀神明、管理各國各社神官、舉辦祭典、行占卜、問事。

神社社格

式內社：列在《延喜式》〈神名帳〉的大小神社。哪間神社被選入、列為何種等級，相當程度反映了政治上的判定。沒列入〈神名帳〉的稱為「式外社」，或是在朝廷勢力範圍外，或擁有獨立勢力、或神佛混合等。

式內社分為四個等級：

官幣大社：一九八社、三〇四座，每年二月的「祈年祭」收受朝廷神祇官獻上的幣帛。大多集中在畿內。

國幣大社：一五五社、一八八座，雖也重要，但地處偏遠，神官進京不便，於是收取所在國國司（中央派遣至地方的行政首長）獻上的幣帛。都在畿外。

官幣小社：三七五社、四三三座。也是收取神祇官獻上的幣帛，地位較大社低。都在畿內。

國幣小社：二一三三社、二二〇七座。收取國司獻上之幣帛，地位較大社低，都在畿外。

佐之男命的兒子，理所當然是出雲地方未來的繼承者；因此便沒有《古事記》裡辛苦成為繼承人的過程（也沒有「因幡的白兔」這一段之名插曲）。

雖然出雲在速須佐之男命斬八岐大蛇後便登上日本的歷史舞台，可是成為足以威脅天照大御神後裔所建立的政權，卻是在大國主命掌政之時。然而，《古事記》也好、《日本書紀》也罷，都無一字提及大國主命如何治理國家，只見到若干地方神祇向大國主命提出建言。以現在的眼光來看，或許可以把這些神祇解釋為地方豪族。

❖「人間世界」的統治者誕生

時遷日移。後來天照大御神之子「天忍穗耳尊」與「高皇產靈尊」之女生了「天津彥彥火瓊瓊杵尊」，被指定為「葦原之中國」（人間世界）的統治者。某日，天照大御神和高皇產靈尊聚集眾神說道：「葦原之中國是我後裔要統治的國家，但這個國家目前看來很亂，該派誰去平定才好？」眾神先後推薦兩名武神，結果都一去不回，原來是被大國主命收服。

眾神第三次派出「武甕槌神」（《古事記》名為「建御雷神」）和「經津主神」，前者是鹿島神宮（常陸國一宮，茨城縣鹿嶋市）的主祭神，後者為香取神宮（下總國一宮，千葉縣香取市）的主祭神，兩神同為藤原氏的氏社春日大社（奈良縣奈良市）的主祭神。武甕槌神來到出雲，向大國主命問道：「如今，高皇產靈尊與天照大御神之孫要來代替你統治這葦原之中國，為此我們先前派了兩位神祇過來，沒想到反被你們收服。如何，考慮一下，讓國給我們吧！」對這種無理要求，大國主命的反應竟然是：「請去問我的兒子『事代主神』，祂現在在美保關垂釣。」

事代主神對武甕槌神提出的意見表示服從，《日本書紀》關於出雲的記載到此為止。《古事記》則在事代主神同意後，大國主命又說：「除了事代主神，我還有個兒子叫『建御名方神』，也要祂同意才行。」於是武甕槌神又去徵詢意見，但這次雙方一言不合，大打出手，建御名方神不敵，逃到科野國（信濃國）的諏訪湖，向追來的武甕槌命哀求道：「請不要殺我，我若離開這座湖就活不下去，我再也不違背父親的命令，發誓順從天神之子，獻出我的領地。」建御名方神從此再也沒有回到出雲，而成為信濃最重要神社──諏訪大社──的主祭神。

既然兩個兒子都沒異議，大國主命便對武甕槌神說道：「只要祢能為我建造猶如天神之子繼位時所住的雄偉宮殿，我就可以退隱到遙遠的幽界。」武甕槌神答應了，便在出雲的「多藝志」海濱營造神社，即後來的杵築大社、今日的出雲大社，實際的建造時間比《古事記》的記載晚上許多。說起來，因為大國主命在出雲地區統治力衰退，才出現了以祂為主祭神的神社，這是多麼諷刺啊！

武甕槌神回到高天原，向天照大御神、高皇產靈尊報告，葦原之中國已經平定，天照大御神便命令孫子率領五位神祇──包含中臣氏（即藤原氏）的祖先「天兒屋命」在內，攜帶象徵天孫身分的器物（日本皇室「三大神器」八坂瓊曲玉、八咫鏡以及天叢雲劍），前往接收大國主命讓出的國家。有了天照大御神的血統加持，加上五位輔佐神祇的出謀劃策、神器代表的權力象徵，天津彥彥火瓊瓊杵尊沒有遇

葦原之中國

介於神國「高天原」與冥土「黃泉之國」中間的人間世界，也指日本國土。亦寫成「豐葦原中國」、「中國」或「中津國」。《日本書紀》中稱「豐葦原千五百秋瑞穗國」。

上太大阻礙便完成「天孫降臨」。從速須佐之男命到大國主命為止，曾經締造足以和今日日本皇室前身的高天原媲美的出雲文化，遂從此在日本歷史上消失。

或許有讀者感到疑問，三大神器之一不是草薙劍嗎？原因是這樣的：天孫傳到第十二代景行天皇，派遣英勇且殘忍的皇子「日本武尊」（即「小碓命」）討平熊襲的川上梟師後，再從祭祀天照大御神的伊勢神宮拜領天叢雲劍，東征蝦夷族。行經駿河時受火圍攻，日本武尊持劍退除野火，此劍因而也稱「草薙劍」。日本武尊於歸途時在尾張將劍交給新婚之妻「宮簀媛」後，便上今日滋賀縣最高峰的伊吹山討伐惡神，途中染病而死。宮簀媛於是在尾張建熱田神宮供奉草薙劍。

筆者對兩書提及的「讓國」始終充滿疑問；一如中國儒家歌頌上古時代的「禪讓」，過程中應該沾惹了不少血腥，不會那麼簡單就「政權和平轉移」。

根據可信度不高的《先代舊事本紀》，第十代崇神天皇時，以天照大御神次子「天穗日命」的十一世孫為出雲國造（國造為七世紀中葉「大化改新」之前的地方官，握有軍事權和裁判權，相當於中國的刺史），由該家系世襲此職。這種說法當然有問題，比較貼近事實的情況應該是已經統一日本的大和朝廷任命心腹家臣到出雲世襲該地的國造一職。

大和朝廷為何要這麼做呢？這與一千多年後以此為根據地的尼子經久之所以能稱霸山陰、山陽的原因相似：出雲的宗教勢力是為關鍵。這也是在介紹尼子經久之前，先談及「記紀神話」中出雲地方與相關信仰的主因。

❖始祖上溯南北朝時代佐佐木氏

各位讀者或許不知道，尼子家始祖、近江的

佐佐木高氏（通常以佐佐木道譽或「佐佐木佐渡大夫判官入道」稱之）與近來再掀戰國熱潮的名詞「BASARA」（漢字寫成「婆娑羅」）有關。

道譽在南北朝時代（一三三六～九二）叱吒一時，軍記物語《太平記》對他評價極高，說他無論在公卿專精的文學如和歌、連歌等，以及立花（花道的一種）、茶道、香道、猿樂（能樂的前身）各方面都有很深的造詣，成書於南北朝時期的連歌集《菟玖波集》就收錄好幾首道譽的連歌。如此一位多才多藝的守護大名，性格飄逸、放恣、奔放，公認是「婆娑羅大名」的代表人物。

近江佐佐木氏據說是第五十九代宇多天皇的後裔，屬於武家源氏分支（源氏大致可分為「武家源氏」和「公家源氏」），稱為「宇多源氏」。因是皇室後裔，平安時代中期便得到朝廷賜予近江國蒲生郡佐佐木莊領地，遂換了

BASARA

梵語「vajra」的日譯音，漢字作「伐折羅」「跋折羅」「縛日羅」「婆娑羅」，原意「金剛」，形容佛教教義的堅固足以破斥天魔（即「第六天魔王」，喜愛阻撓佛教中人修道）和外道（附會佛教教義以迷惑信徒的人）。

印度佛教有八位神祇守護佛法，八位底下的眾神稱「八部眾」，分別為天、龍、夜叉、乾闥婆、阿修羅、迦樓羅、緊那羅、摩睺羅伽，以天部最為尊崇。守護天部眾神共有十二尊神將，其中持劍者即為伐折羅大將。後來金剛也可以專指護衛佛門的「護法神」或法器「金剛杵」，例如密宗守護天部的帝釋天便是以金剛杵做為護法武器。

佛教傳布時用語往往在地化。vajra除「金剛」的原意外，傳入日本後更多了飄逸、放恣、自由奔放且華美服飾之意，所指類似「伊達男」「傾奇者」（Kabukimono，音同「歌舞伎者」），差別在於婆娑羅一詞早了兩世紀出現。

此外，傾奇者和伊達男通常形容武將，如傾奇者幾乎已成為前田慶次的代名詞；而婆娑羅則多半以大名為主，所以又稱「婆娑羅大名」。

新姓氏，這種情形在中世紀日本相當常見。

由於血緣相近，十二世紀中葉源義朝與平清盛對立時（保元、平治之亂），佐佐木氏隸屬源家陣營。隨著源義朝一一五九年敗北身亡，佐佐木秀義及四個兒子和義朝的三子賴朝一起被流放到伊豆。一一八〇年十一月，三十四歲的源賴朝響應後白河法皇的第三皇子以仁王，也於富士川掀起反平家的旗幟，秀義及四個兒子皆為賴朝的基本班底。

源平對抗不到五年，平家便於今日山口縣下關市壇浦灰飛湮滅（一一八五），成為全國霸主的源賴朝雖還未被朝廷封為征夷大將軍，但是在平家滅亡的同年十一月，他就逼迫朝廷下達院宣，追捕賴朝的異母弟九郎義經。為方便調動各地兵力，在前篇提過的毛利家始祖大江廣元建議下，賴朝於全國廣設守護、地頭（地方行政、軍事、財政首長），爾後鎌倉幕府遂取代朝廷，擁有地方的人事任命權。

除了賴朝的娘家北條氏外，獲賜最多領地的是和賴朝共患難最久的「御家人」佐佐木氏。全盛時期佐佐木家族曾擔任近江、長門、石見、隱岐、備前、越後、阿波、淡路、土佐共九國守護，賴朝對佐佐木氏比對自己的私生子大友能直、島津忠久的賞賜總和還多。

到了十三世紀中葉，佐佐木秀義的孫子信綱有四個兒子，各自繼承部分領地。或許是鎌倉幕府鑒於佐佐木家尾大不掉，但苦無正當理由除去，於是將之一分為四，弱化該族對幕府構成的潛在威脅。

❖佐佐木氏分家，京極氏擁主有功

信綱的長子和次子只得到本家部分莊園，三子泰綱繼承本家，居所位在京都天台宗頂法寺本堂（京都市中京區烏丸通與六角通交界），本堂因外型又稱「六角堂」，泰綱遂以六角為新姓氏，領有近江國南部六郡：滋賀、神崎、野洲、蒲生、栗太、甲賀；四子氏信繼承位在京都京極高辻的居館（京都市下京區寺町通與高辻通交界），領有近江國北部六郡：伊香、高島、淺井、坂田、犬上、愛智。佐佐木氏從此分裂為以近江為主要領地的六角、京極等四個家族，再也沒有合一過。

六角氏和京極氏分家後，經過三代，進入十四世紀三〇年代，日本歷史面臨重大轉折，即「建武中興」。簡而言之，建武中興訴求武家將政權歸還天皇，但維持三年榮景，政權又回到武家手上——差別只在於操持大權者由北條氏改為足利氏，鎌倉幕府終結，室町幕府啟動（一三三三）。

光憑和源賴朝有血緣的足利尊氏為鞏固得來不易的江山，立下「非河內源氏出身者不得就任將軍」以及只由細川、斯波、畠山家族擔任「三管」，赤松、山名、一色、京極家族擔任「四職」輔佐將軍的規定。仔細探究這七個家族便可發現，只有赤松氏和京極氏與足利氏沒有血緣關連（不過都是廣義的源氏後裔）。

佐佐木氏本家六角氏在室町幕府始終不曾擔任重要職務，只有前文〈松永久秀〉中提到的六角定賴，因為有擁立十二代將軍足利義晴與多次庇護之功，而被義晴任命為「管領代」（管領分身乏術時代行職務的人）——這也是六角氏在室町時代的最高職位。

至於分家京極氏，整體說來在室町時代的聲望凌駕本家六角氏（【信長之野望】系列的設定並非如此：任何一款的任何時期，京極氏都不是以大名身分登場，勢力遠不如以近江為根據地的六角氏），造成此一局面的關鍵人物便是京極家始祖氏信的曾孫、本段開頭提到的「婆娑羅大名」佐佐木（京極）道譽。

佐佐木道譽生於一二九六年，與足利尊氏同為鎌倉幕府的御家人，還曾討伐企圖恢復天皇親政的後醍醐天皇。道譽雖沒有以武力協助對付鎌倉幕府，但他從當時幕府擁立的光嚴天皇（北朝系統首位天皇，不被明治時代的史家承認）手中奪回象徵皇位繼承資格的三大神器，這功勞可比戰功還大，因此一三三三年鎌倉幕府滅亡，後醍醐天皇重新即位行「建武新政」時，被任命為中央最高機關之一「雜訴決斷所」的奉行人，負責西海道（九州）地方的武士土地所有權訴訟事務。

足利尊氏晚年發生一重大的政治事件，使初創且根基未固的室町幕府面臨覆亡危機：胞弟足利直義與他的左右手高師直、高師泰兄弟對立——這與日後豐臣秀吉底下武將和官僚對立過程極為類似。一邊是有血緣之親，但尊氏和高氏兄弟的互動更為密切，加上戰功同樣卓著的直義早就受哥哥猜忌，「尊氏・直義」的雙頭政治於一三五〇年宣告破裂，演變成為期兩年的

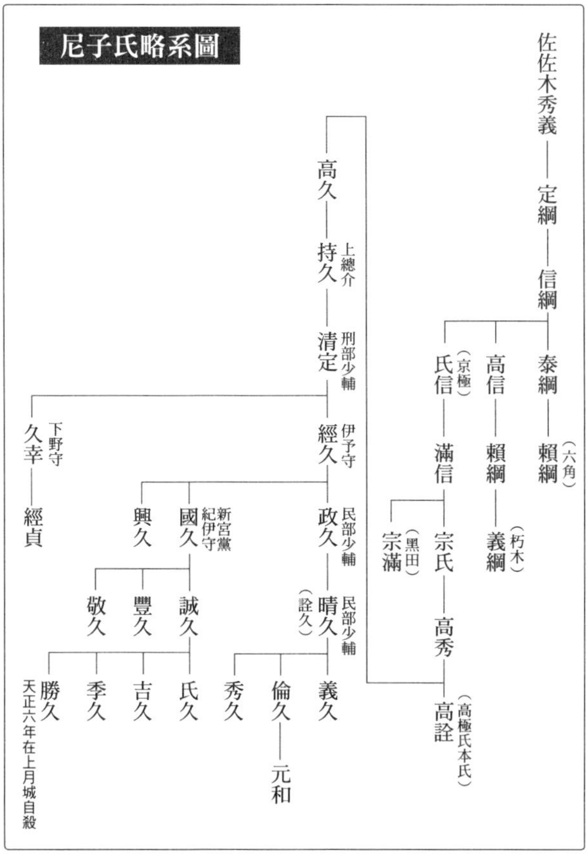

「觀應擾亂」，除了南朝，尊氏還要面對胞弟的進攻，一時間天下三分。

比起南朝，蕭牆之內的威脅顯然更為直接。一三五一年一月，直義率軍攻入京都，倉皇中尊氏和嫡長子義詮走失，幸好在佐佐木道譽的護送下，義詮得以脫險。一三五八年四月，尊氏病逝，享年五十四歲，遺言命令道譽輔佐能力明顯不如自己的兒子。義詮感念道譽的救命之恩，在將軍任期內（一三五八～六七）始終對他信任有加，任命為政所執事，負責調停幕府底下各守護大名的紛爭，並致力於強化將軍權力。義詮三十八歲臨死之際，也將十歲的庶子春王（即日後的義滿）託付給道譽。

追隨尊氏創建室町幕府的功臣至此多已謝世，碩果僅存的元老道譽雖不再過問政事，年輕的新任將軍義滿以及他所推薦的新管領細川賴之依舊對他十分敬重，當時的太政大臣洞院公賢尊稱道譽為「武家權勢道譽法師」。

❖本家京極沒落，分家尼子興起

不過，道譽的形象不全然正面。《太平記》卷廿一提到，一三四〇年十月，道譽與其子秀綱到京都東山鷹狩，歸途行經隸屬天台宗的妙法院（京都市東山區）門前，道譽為妙法院內的紅葉吸引，命隨從摘下。這時也在賞楓的妙法院住持亮性法親王看見此一無禮之舉，當眾斥責道譽父子。

道譽不甘受辱，竟然放火燒掉法親王在妙法院附近的宅邸。這把火燒出了大問題。亮性法親王是第九十三代後伏見天皇的第九皇子，其弟是足利尊氏拱出來對抗南邊「正統」吉野朝廷的光明天皇。儘管沒有實權、也無皇位正當性所應具備的「三大神器」（明治時代以降的史學家甚至不承認他的天皇地位），但是足利尊氏的征夷大將軍一職是由這位天皇任命，理論上他是室町幕府唯一的效忠對象。

此外，妙法院是天台宗總本山比叡山延曆寺的三大「門跡」（由皇族或貴族擔任住持的特定寺院；另兩者為青蓮院、三千院），法親王被視為比叡山延曆寺「座主」的接棒者（此事件過後，他的確也成為天台座主），因此延曆寺僧眾便向京都朝廷施壓，要朝廷轉告幕府，必須嚴懲道譽父子。延曆寺原本的方案為將道譽發配到出羽，秀綱發配至陸奧，然而當時南朝的勢力還相當強盛，楠木正成、正行父子及北畠氏在畿內兩側，隨時可以響應南邊的吉野朝廷，尊氏當然不希望自己的股肱之臣被發配到偏遠地方，但也不想因此得罪朝廷，更不願招致比叡山反感，於是翌年四月廿五日將之發配到上總地區。但這不過是做做樣子給比叡山和朝廷看，該年便召回道譽父子。

至於道譽推薦細川賴之擔任管領，並非認定他有才能，而是為制衡當時的管領斯波義將。由此觀之，佐佐木道譽為了打倒政敵、鞏固家族在幕府的地位，亦不惜玩弄權謀術數。

道譽死後，京極家迅速衰敗，領地紛紛遭幕府收回，就連根據地近江的守護一職也被道譽推薦的管領細川賴之轉授給六角氏。進入十五世紀，除幕府打壓，繼承人的紛爭也傷害甚鉅，使得京極家終於被轄下的淺井郡國人眾淺井氏推翻，失去守護大名身分。直到關原之戰京極高吉之子高次、高知加入東軍立下戰功，家康賜予領地，京極家才又恢復大名的身分。

相較於京極本家在戰國時代一百多年的毫無作為，分家尼子氏和後面會提及的黑田家在亂世中充分發揮能力，開拓出在承平時代不被允許的局面。儘管尼子家最終遭致滅亡，但總比京極本家幾近毫無作為更值得稱頌；遑論黑田家在歷經江戶、明治以迄現代，繁盛是更勝京極家了。

承 最早的戰國大名

❖年輕家督太躁進，流放期間蓄實力

接下來登場的是才能、行事皆與其祖「婆娑羅大名」佐佐木道譽相似的尼子經久。

拜【信長之野望】系列所賜，不少人知道他和毛利元就、宇喜多直家並稱「中國地方三大謀將」，謀略的運用甚至高過元就。【信長之野望】的《天翔記》起開始有信長出生（一五三四）的劇本可供選擇；而《革新》這款又多個夢幻集結，讓各年代的戰國武將共聚一堂，玩家也有機會認識尼子經久這種稱得上是信長曾祖輩的武將。

即便如此，尼子經久的前半生——特別是擔任家督之前——是難以探究的謎團，只知道一四七四年曾以人質身分待在京都的主公出雲守護京極政經身旁，一待就是五年，名中「經」字便是主公所賜，因此本文直接從尼子經久當上家督談起。

一四七八年，經久之父清定，在至今未明的原因下把家督之位讓給兒子，筆者推測或許和前一年應仁之亂結束、經久跟隨主公京極政經返回領地有關。

佐佐木道譽之孫京極高詮任命二弟高久為出雲守護代，意在防止異姓豪族趁機竊取守護的實權，用意雖好，可是隨著時間久遠，血緣關係慢慢沖淡，加上應仁之亂後室町幕府的統治秩序崩壞，下剋上風氣大盛，無力控制領地的守護大名最終遭到領地內的新興勢力取代，京極家在這一波風潮中也不能倖免。由於家督勝秀在應仁之亂陣亡，繼任人選遲遲不能決定，造成京極家家族分裂（「京極騷亂」），自佐佐木道譽以來世襲的近江守護一職被佐佐木本家六角氏「收復」。最後雖由京極政經（即前面提到的高吉之祖父）勝出，然而失掉近江，僅剩下出雲、飛驒、隱岐三國守護之職。三國中以出雲最為富庶，因此京極政經當然對之嚴加看管。

目睹下剋上風潮，尼子經久想必也對出雲心懷覬覦。繼任家督同時也擔任出雲守護代後，經久開始反抗京極政經。出雲最重要的稅收，如出雲大社的收入、美保關船隻停泊通行費都是由守護代出面向地方豪族徵收，可是經久在之間上下其手，或延遲交付或中飽私囊，同時得罪了主子出雲守護及當地豪族。

一四八四年三月，京極政經列舉經久四條罪名：一、侵奪寺社本所領，二、未繳納為整修禁裡（天皇居住之地）而徵收的臨時稅，三、遲繳各種賦稅，四、無視幕府下達的進攻河內命令。政經命令出雲地方豪族攻打以月山富田城為根據地的經久，此時經久還不成氣候，很快為三澤、三刀屋、朝山、櫻井、鹽冶、古志等聯軍擊敗，遭流放出雲西部。之後京極政經改任命另一分家鹽冶掃部介為出雲守護代（此人事蹟完全不詳）。

廿七歲的經久太過躁進了。京極家的聲望確是大不如前，但不代表尼子家已可取而代之。有了這次教訓，經久明白要消滅京極家在出雲的勢力，除拉攏當地豪族外別無良策。

❖智巧奪回居城，最早戰國大名登場

流放期間的經久行蹤並不清楚，據說和弟弟久幸躲藏在母親娘家馬木氏的居城馬木城（島根縣仁多郡，屬於「尼子十旗」），除了避風頭，也積極招納舊屬，為捲土重來預作準備。蟄伏期間，舊臣山中滿盛（孫子便是大名鼎鼎的「尼子十勇士」之首山中鹿之介幸盛）幫經久召集不少人手，包括日後從事間諜工作的鉢屋眾賀麻黨。不到兩年，一四八六年新年，經久及鉢屋眾賀麻黨共約百人，變裝為賀歲藝人混進月山富田城，趁著新年期間防備鬆弛製造混亂。守護代鹽冶掃部介遇上奇襲不知所措，自盡身亡，經久不費吹灰之力便收復了月山富田城。

同樣以寡擊眾、智取難攻不落之城的例子，還有一五六四年二月，日後羽柴秀吉兩大軍師之一的竹中半兵衛，據說只靠十六人便掌握了稻葉山城，其目的在於勸阻主君齋藤龍興不要再沉溺酒色。

有關經久奪取月山富田城的事跡見於《陰德太平記》所載，過程或許有所渲染，但是月山富田城再次回到經久手中，則是不爭的事實。

經久的舉動使得京極政經逐漸喪失對出雲的控制。雖然他一度取回失去的近江守護一職，但對於出雲，政經只剩下守護大名的虛名，經久的勢力已是他無法驅逐的夢魘，尤其人在近江的政經還面臨家族內部的京極騷亂，就算想鎮壓經久也派不出多餘兵力。經久此次取得月山富田城，使他在名義上成為出雲的新主人，此後到經久離開人世的那一刻，出雲都沒有再易主，經久被稱為是最早的戰國大名。

關於最早的戰國大名，或許有人會想到以關東伊豆為據點的伊勢新九郎長氏（日後的北條早雲）。伊勢新九郎長氏是一四九一年消滅以堀越御所（靜岡縣伊豆之國市）為居城的末代堀越公方足利茶茶丸，算起來比尼子經久還要晚上五年多（有關足利茶茶丸的死去年代，有一四九一、九三、九八等各種說法）。

經久降伏出雲境內豪族的工作大致上到一五

一〇年完成。而讓京極家從四職之一衰敗至普通武家的關鍵——京極騷亂，邁入十六世紀才告終結，佐佐木道譽在世時顯赫無比的京極家也經不起長達三十餘年的內耗。政經一五〇二年辭世（另有一說為〇八年），據說他過世前定居出雲接受經久庇護，或許當時就已經感覺到京極家的榮華已一去不復返了吧。政經死後的京極家，正如歷代【信長之野望】中所呈現的設定，再也不復大名的身分了。

❖厚積地方實力，只參與一次中央戰役

守護代通常是從領國中較有勢力、聲望，且無貳心的豪族中挑選，但是出雲的狀況比較特殊。尼子家在經久的曾祖父高久這代才被派到出雲，因此尼子家沒有世襲家臣、長期盟友可依恃，這正是經久不利的地方，也是他一四八四年快速被擊敗的主因之一。

一四八六年奪回月山富田城後，經久不急著對地方擴張，也不急著介入中央，畢竟對離開京都有四代之久的尼子家來說，京都已經遙遠陌生，與其執著虛名，貿然進入京都或與其他勢力爭雄，不如將力氣花在交結國內豪族勢力上，使其成為尼子家的後盾。這點也反映在【信長之野望】系列的設定中，尼子家武將多半在經久時期才成為家臣，特別集中在一四八六到一五一〇年之間。

一五一一年，殘破的室町幕府分裂為二：一邊是擁立十代將軍足利義稙的管領細川高國、大內義興；另一陣營為十一代將軍足利義澄的擁護者，前管領細川澄元。雙方在船岡山（京都市北區，祭祀織田信長、信忠父子的建勳神社便位於此）開戰，前文已介紹過。當然此役規模或對戰國的影響都不算大，但這是尼子經久唯一一次參與中央的戰役。

為何經久會參與呢？管領細川高國允諾中國

地方首強大內義興，若他出兵馳援，將授以管領代的位置。為壯聲勢，大內義興向臣屬於他的山陰、山陽兩道大小豪族發出動員令，毛利元就的兄長興元和尼子經久都包括在內。經久擁有出雲一國，能動員的人力物力鐵定多於興元。此役的雙方參戰人數並不清楚，但以大內義興連地方豪族都找來助拳的規模看，細川高國陣營的兵力怕也不會太少。船岡山之戰由高國、義興方勝出（一五一一年八月廿四日），潰敗的細川澄元從此失勢，十六年後，其子晴元才在家老三好元長的簇擁下重回京都。

一四九五年起，因為「明應政變」而輾轉越中、越前十三年的足利義稙重回室町第，出力最多的大內義興也必須協助將軍義稙、管領細川高國，安定因連年戰亂而惶惶不安的民心，因此必須在京都待上很長時間。至於中國地方大小豪族在船岡山之戰結束後紛紛返回領地，但由於大內義興必須長時間停留京都，對頗有野心的經久而言，這可是天降的良機。

上洛參戰前，尼子經久只是出雲守護代（京極政經死後，出雲不再設守護，尼子經久等於實際上的出雲守護）；但到一五一八年大內義興從京都返回居城山口城時，趁這段期間苦心經營的經久，實力已足以和擁有周防、長門、安藝、石見、豐前、筑前六國守護的義興媲美，甚至猶有過之。

轉 山陰山陽十一州太守誕生

經久能在如此短暫時間內，從控制一國、到能夠與中國地方首席強權大內氏分庭抗禮，除了天時，出雲國本身的優勢更是主因。

❖掌握人心，從信仰下手

位於今日島根縣出雲市大社町的出雲大社，是地方民眾——當然也包含經久難以駕馭的豪族——的信仰中心，但是出雲大社和北邊的日御碕神社（島根縣出雲市大社町）有嚴重的社領（神社領地）之爭，且僵持近五百年之久。由於日御碕神社祭祀的速須佐之男命是大國主命祖先，因此長久以來自認是出雲大社的「祖神」，這種「優越感」也反映在社領爭奪上。「祖神當然可以多要求社領」，而且要出雲大社自動奉獻，繼之貪得無饜，以種種理由向出雲大社索求不休。儘管出雲大社勢力較強，也只能忍氣吞聲。

經久自從被逐出月山富田城後，就有調和兩社紛爭以鞏固自己在出雲聲望的想法，因此一四八六年奪回月山富田城後積極介入。經久的想法是：出雲大社退一步，讓出部分的社領滿足日御碕神社；但是為了不讓出雲大社感到屈辱，他以「式年遷宮」的名義巧妙說服，既保全大社的面子，也滿足日御碕神社對社領的索求，更重要的是在不得罪任何一方的前提下解決長達五百年的紛爭，也贏得出雲地方豪族的敬重。

據史書所記，出雲大社正殿式年遷宮只在一〇六七、一一一四、一一四五、一一九〇、一二四八、一六六七、一七四四年舉行過，而維新之後，正殿式年遷宮確定為六十年一次，下一次則和伊勢神宮一樣，都將於二〇一三年展開。正殿式年遷宮只辦過七次（實際上應該不只），但較小規模的偏殿式年遷宮倒是不少，尼子經久奪回月山富田城後，先後於一四八六、一五一九年進行兩次偏殿式年遷宮。

式年遷宮

簡單說來，即在一定的年數之後，修繕、改建神宮或神殿的正殿，舉行遷移神體的儀式。不過只有特定的神宮才有，最有名的當屬伊勢神宮：從六九〇年持統天皇舉行第一次起，除戰國時代及二次世界大戰而中止外，每二十年進行一次內宮（主祭神為天照大御神）、外宮（主祭神為豐受大御神）的「式年遷宮」，第六十二次將於二〇一三年展開。

幾十年才一次的式年遷宮，可以想見對當地民眾而言極為重要。大規模的祭典、宗教法事有助於凝聚信仰民眾的向心力，對有心的政治人物來說是最好的宣傳舞台。經久熱中於出雲大社的式年遷宮，正因他看準只要積極支持，便可和出雲大社的國造（即宮司，神職人員之長）交好，同時得到豪族認同，民心的收攬自也不是難事。

不只如此，經久還將三個女兒中的兩個嫁給出雲大社的宮司千家氏和北島氏。和掌控出雲民眾信仰的宮司成為姻親，比和出雲任何豪族締親都更有效、實際。這兩個家族都是出雲國造子孫，換句話說就是日本皇室後裔，其家系是在南北朝時期分為千家氏（目前出雲大社宮司仍由該氏擔任，同時創立出雲大社教）、北島氏（明治維新後不擔任出雲大社宮司，創立出雲教）。出雲國造雖然和源氏、平家一樣都是皇室後裔，但不具備武士身分。在武士主宰政局的戰國時代，以經久的身分，結親的對象縱使非鄰近的其他守護大名，也應該是出雲的強力豪族如三澤氏、三刀屋氏、赤穴氏，他卻選擇了出雲大社宮司，這在當時算是罕見之舉，也揭示出在經久的心目中，出雲大社宮司的影響力遠超過當地豪族。

儘管經久終其一生只辦過兩次出雲大社偏殿式年遷宮，但這兩次想必也所費不貲；經久是如何籌措費用的呢？

❖海岸線兩顆明珠帶來財富

若以為出雲地處偏遠因而窮困，那就錯了。在江戶時代鎖國前，四面環海的日本對外貿易之熱絡程度非後人所能想像。出雲的美保關（島根縣松江市美保關町）是山陰地方和李氏朝鮮的一大貿易港，每年交易金額相當驚人，徵收的船隻停泊通行費自然也不會少，美保關的代官一直是當地豪族覬覦的肥缺。前文已提過，京極政經下令討伐經久的理由之一在於遲交美保關的通行費，可見這金額絕對不小。此外，據說一三三二年復辟失敗的後醍醐天皇（元弘之亂）被處以流放之罪（幕府沒有處死天皇的權力）時，便是由六波羅探題（鎌倉幕府設置在京都最重要行政機關，猶如江戶幕府的京都所司代）派出兵卒從美保關乘船押送前往隱岐島。

因此，對美保關代官一職虎視眈眈的人從來沒少過。應仁之亂前，由於尼子氏實力不足，原本應由守護代兼任或由其委任的代官一職，是由尼子家、松田氏（出雲豪族，尼子十旗中的白鹿城城主）以及東鄰的伯耆山名氏（在整個室町時代領有但馬、因幡、伯耆三地，前者為本家，後兩者為分家）爭奪，代官一職經常更迭。直到經久奪回月山富田城，才牢牢掌握了美保關代官的任命權，而幕府的聲望歷經長達十一年的應仁之亂摧殘，早已蕩然無存，經久也無需再對幕府上繳賦稅。

另外，依現存最完整的風土記《出雲國風土記》所載，日御碕神社附近的宇龍浦（現為漁港）是座比美保關還要深的良港，在經久的時代開始有因州船（因幡）、但州船（但馬）、北國船（奧羽）、唐船（明朝）、御印判舟（得尼子家特許，可以在尼子家領地內自由往來）、御免許舟（直屬尼子家）等船種，海上貿易的繁榮是經久陸路擴張的後盾，美保關和宇龍浦是出雲海岸線上最醒目的兩顆明珠。

❖富饒穀倉，還有優質鐵砂

至於陸上資源方面，翻開山陰地圖，可以發現這個區域的地形相當單調，只點綴著幾處平原，當中最大一塊位於出雲北部，便是由南往北流的斐伊川和神戶川注入宍道湖（日本第七大湖）沖積而成的「出雲平野」。其面積當然和關東平原、濃尾平原沒得比，但是東西約廿公里、南北約八公里的出雲平野已足以養活出雲全國人口，堪稱山陰地方的穀倉。

收入可觀、糧食充裕只能讓領主豐衣足食，還不到對外擴張的地步；出雲還有一個可以對外發動攻勢的有利條件：自古代以來便是日本屈指可數的優質鐵砂（主要由磁鐵礦和鈦鐵礦構成）產地，品質甚至比中國優良。宍道湖以東到美保關、該湖以南到奧出雲都是產地，其中尤以今日的仁多郡奧出雲町質量最優。《出雲國風土記》仁多郡條記載：「各鄉（指仁多郡）所產之鐵尤其堅硬，堪製造各種器具。」

在經久的時代，統治仁多郡的豪族三澤氏本姓飯島，據說是清和源氏的分家，原本的封地在信濃伊那郡（長野縣上伊那郡和下伊那郡）飯島鄉，因而以飯島為姓氏。一二二一年承久之亂立有戰功，得到出雲國仁多郡三澤莊的領地，於是本家留在信濃伊那，分家到此赴任，幾代之後改以三澤為新姓。得到這片領地後，興築三澤城（島根縣仁多郡奧出雲町）為居城，勢力迅速增強，最終成為出雲地方的最強豪族，能夠有此局面，一個很重要的原因就在於他們壟斷出雲鐵砂的開採權和販售權。一直到一四九〇年經久平定三澤氏的家督為國，奧出雲鐵砂的開採及販售才為經久控制。

彌生時代（西元前三世紀～西元三世紀）從中國大陸傳入鐵器之後，日本方從石器時代步入青銅器時代。換句話說，彌生時代是青銅器和鐵器並用，這在世界各文明中非常罕見。鐵器的用法與技術可以傳播，鐵礦產地卻是固定的，即便有技術精良的鍛鐵匠和優秀的設備，缺了原料也是徒呼負負。因此鍛鐵匠必定聚集在鐵礦產地，而出雲鐵礦的品質很大程度上能夠滿足鍛鐵匠。

日文裡鍛鐵匠稱「Tatarasi」，工作場所稱「鍛冶屋」（Kajiya），鎔礦爐稱為「踏鞴」（Tatara）。中國地方的冶鐵守護神為金屋子神（普遍認為是女神，但未有定論）。全日本據統計約有一千兩百餘所金屋子神社，總本社位於島根縣安來市，也是有名的砂鐵產地。以青銅器為武器的部落很難與使用鐵器的部落為敵，因此古代出雲曾有盛極一時的政權，應該是很合理的推測，和《古事記》《日本書紀》神代部分提到的速須佐之男命相當吻合。

神話內容彷彿充斥著怪力亂神，但這類描寫通常是將事實神怪化、誇張化。出雲擁有得天獨厚的資源，只要再出一位雄才大略的部落領袖，要建立起足以威脅中央的獨立勢力並非不可能。神代中的速須佐之男命，其原型應該就是統一出雲的部落首領，為祂斬殺的八岐大蛇則是不服從的地方勢力，把反抗勢力妖魔化正是神話的特點，而從八岐大蛇尾巴發現草薙劍的描述也符合出雲古代產鐵、以鐵為武器的特點。此一論點當然無法全面還原神代部分，筆者想說的是神話中的古代出雲應是有所本的。

附帶一提，陰曆十月在日文稱「神無月」，照字面意思是眾神此時前往出雲集會了，所以不在；可是十月的出雲眾神雲集，這樣稱呼就太奇怪了，因此只有出雲一地稱「神有月」。

❖中國地方山雨欲來

有了肥沃的出雲平野，經久在糧秣供應上免於匱乏，養得起對外擴張的兵力；美保關和宇龍浦的船隻通行收入提供穩固財源，進而施展靈活外交；品質極優良的鐵砂，讓經久的軍隊在鐵砲傳入日本前得以所向披靡；有了和出雲大社宮司的姻親關係，經久對國內的掌控度更為徹底。

反觀大內氏；義興在京都擔任管領代，雖趕走十一代將軍足利義澄及其擁護者細川澄元，讓前將軍義稙復辟成功，可是十年下來京都依舊吵吵鬧鬧，內有將軍義稙和管領細川高國的衝突，外有亟欲捲土重來的細川澄元及其家老三好之長，還有數不清的畿內勢力蠢蠢欲動。十年的內外鬥爭早已讓義興厭倦，但這還不是他想離開京都的最主要理由，而是尼子家在大內氏領地東側迅速竄起。

義興還在京都的一五一二年，曾任備後守護代的古志氏投向經久。以該族的居城大場山城（廣島縣福山市）為據點，經久迅速平定豪族林立的備後，這是他強化統治出雲二十餘年來首度對外出兵，對於這初試啼聲的成果經久想必頗為滿意。一五一五年，安藝守護武田元繁和尼子方暗通款曲，休了正室——大內義興的養女，改娶經久之弟久幸的女兒。武田元繁的舉動使安藝的政治版圖為之變動，緊鄰大內家世代領地周防、長門（山口縣全部）東邊的安藝，本為大內家的禁臠，在元繁倒向經久後，除了毛利氏及吉川氏、宍戶氏外，大部分的安藝豪族改奉經久為新主。

武田元繁改投經久陣營，為取信於新主君，同時也想彰顯自己的實力，決定進攻安藝國尚未臣服尼子家的幾股勢力，歷經一年多準備，在一五一七年十月包圍吉川氏的居城有田城，即前文已介紹過的有田・中井手之戰。要不是半途殺出尚未擔任家督的毛利元就，武田元繁應該有辦法立功。可惜被認為媲美中國西楚霸王項羽的元繁，竟然敗死在小他三十歲、又以該役為初陣的毛利元就手中，人生真是充滿諷刺。

這一仗讓年輕的毛利元就看清事實：尼子經久雖是新興勢力，但不容小覷，足以和大內義興爭雄，於是決定投入尼子麾下。

安藝一國在元就臣服之後，大致上已沒有反對勢力。不願在此刻直接面對大內氏的經久，矛頭調往東邊，以平定備後為目標。經久入侵備後，引來備中豪族三村氏馳援；經久為一勞永逸起見，繼續進軍備中，最後甚至深入到美作、備前、播磨。

❖狼吞虎嚥十一州

一五一八年，尼子經久命弟弟久幸（是否為同母弟至今仍不確定）往東攻打南條氏的居城羽衣石城（鳥取縣東伯郡湯梨濱町）。南條氏只是盤據伯耆西部的國人眾，家督宗勝不敵，朝東境的因幡流竄。尼子軍深入追擊，伯耆、因幡境內豪族相繼敗落（「大永之崩」），連兩家山名氏分支也不敵，至一五二四年，整個伯耆以及因幡（鳥取縣全部）悉數納入尼子家版圖。

之後經久派兵占領出雲北方的隱岐島。這座律令制下的「遠流」之島（平安時代流放之刑依距離遠近分為近流、中流、遠流）儘管在平安時代設有國司，鎌倉、室町時代設有守護，但是國司和守護都不想來此述職，只有遭到流放的失意政客才不得不駐足島上。自平安時代早期嵯峨天皇廢除死刑以來，流罪——特別是遠流——就成為最重的罪責，孤懸海外的隱岐島自然成為最佳的遠流場所之一。朝臣且不說，承久之亂（一二二一）屬於敗北朝廷的後鳥羽上皇、正中之變（一三二四）失敗的後醍醐天皇都被流放至此，前者還在島上駕崩。這座島在二戰以後因為和日、韓兩國的衝突點竹島距離最近（約一百五十七公里）才受到重視。在經久的時代，此島價值並沒有那麼大，只要派出幾百人便可輕鬆占領。

一五三〇年左右，經久的版圖東起播磨，西迄石見，中間包含因幡、美作、備前、伯耆、隱岐、備中、出雲、備後、安藝共十一國，相當於今日鳥取、島根、岡山、廣島四縣全部，以及兵庫縣的一半，被稱為「十一州太守」「陰陽一的太守」「雲州之狼」。

從經久開始對外擴張算起，不到廿年便擁有十一國，竄起的速度和擴張的步伐都太快了，如此「狼吞虎嚥」，並沒有紮實消化掉臣屬於他的各股勢力。領地乍看有十一國，但是他能完全控制的頂多出雲、隱岐和備後三國，十一州太守只是美稱；內部問題多如過江之鯽，這也是為何尼子的霸業建立得快、崩解得也快。

固然經久的後繼者晴久是家業崩解的首要元兇，但是始作俑者在於經久的「囫圇吞棗」。新舊家臣並沒有在經久的調和下成為尼子家的中堅力量，反而伴隨著領地擴張，衝突愈滾愈大。經久在世時尚可因其聲望及能力不讓衝突浮上檯面，但到了晴久擔任家督的時代，他好大喜功，輕率發動沒把握的戰役，並且重大失利，廣大領地內的豪族時降時叛，結果成為毛利元就施展謀略離間尼子君臣的舞台。

一五一八年，出雲豪族櫻井宗的、伯耆的南條宗勝起而反抗，經久派弟弟久幸到伯耆征討南條氏，派長子政久出征櫻井的根據地磨石城（島根縣雲南市大東町，也叫阿用城）。經久共有三子：長子政久廿七歲、次子國久廿七歲（與政久應該異母）、三子興久（廿二歲）。當時么子已過繼給敗於經久的出雲守護代鹽冶家當養子。雖然政久的初陣已不可考，但當時已廿七歲，此役當然不是他的初陣；不過率領七千兵力前去磨石城，怎麼看都覺得小題大作。

❖笛藝要了繼承人的命

然而磨石城的抵抗出乎意料地頑強，政久決定以攻城戰常用的斷糧、斷水之策，等待守方投降。此計固然可減少己方犧牲，但是必須付出漫長的時間，最重要的是要保持己方士氣高昂，不能先行崩潰。

據說政久是吹笛名手，樂藝得到京都朝廷公卿的一致好評，其高妙直比平安時代晚期的「無官大夫」平敦盛，不幸的是兩人的下場也無二致。政久的習性為守軍摸清後，某日他又在軍中吹笛以安撫士兵焦躁的情緒，由於笛聲美妙，「六馬仰秣」，變成極顯著的目標，此時射來一支冷箭，頓時要了他的性命。兩軍交戰，主將中途陣亡，攻守方的士氣及優勢瞬時逆轉，七千兵力的尼子軍到了不撤退便有全軍覆滅的危險處境。

政久陣亡的消息傳回月山富田城，經久暴跳如雷，召回在伯耆作戰的弟弟久幸商量對策，最後經久決定由次子國久接手攻打磨石城。之前尼子軍撤退並非為櫻井軍擊退，而是主帥遇襲而亡，也就是說除了死掉主帥外，尼子軍兵力並未受到太大折損；櫻井軍也沒有因為尼子軍暫時撤退占就到太大便宜，兵力及糧餉欠缺的問題都沒解決，城牆缺損也尚未修繕；因此再次面臨以復仇為口號的尼子軍根本守不住，祇得乞降。

尼子國久當然不接受，因為這次出兵的目的是徹底消滅磨石城軍民以報殺兄之恨。儘管櫻井家已經投降，國久仍下令猛攻，櫻井宗的在城破前便已自焚。

經久是此役最大輸家。為了一個降而復叛的

豪族，派出前往討伐的繼承人卻死於非命。櫻井家既沒傑出人才，磨石城也非戰略要地，占領它無益於提升尼子家的霸業，算起來這樣的損失毋寧太過！經久的三個兒子中，國久過於暴虐，雖是猛將，卻非治國良才；么子興久個性怪異，更不能讓他繼承十一國領地，至於長子政久，幼名又四郎跟父親一樣，這應該是表示經久希望這兒子成為接班人。一般對政久的評價都是長於軍事、文才、政略，然而他死得太早，從有限的資料很難證明他符合這樣的稱讚。但就算溢美也好，比起兩個弟弟，政久的確適合接手十一州，因為第二代最需要的本領不在於開疆拓土，而是守成。

遇此重大打擊，六十一歲的經久儘管心灰意冷，還是得找人接棒。他有意將家督傳給弟弟久幸，可惜遭久幸婉拒。為什麼呢？一方面他也四十六歲了，過不了幾年又要交棒，頻頻更換家督對家族來說不是什麼好事。再者，久幸也擔心這是不是兄長有意試探，或許經久還有其他更中意的人選，如果表現出汲汲於此位的態度，恐怕自己會是最先遭到剷除的對象。

不管久幸婉拒的考量為何，最終經久打消此念，久幸反過來建議立政久年僅五歲的次子三郎四郎（長子已夭折）為繼承人——成年後改名詮久，後來接受十二代將軍義晴的偏諱，改名為晴久——經久考慮再三，接受此議，尼子家上空從此佈滿烏雲。

❖烏雲滿佈的繼承問題

自古以來因繼承人選而造成的蕭牆之禍不勝枚舉，為了弭息這種紛爭，於是發明嫡長繼承制，不僅是長子繼承，而且得是正室所生的第一個男孩才行。若依照這種制度，嫡長子出生的那一刻便已決定繼承人選，相當程度上避免後續紛爭；而萬一嫡長子比在位者早逝，則由嫡長子的嫡長子繼任，即在位者的嫡長孫，除非早故的嫡長子沒有子嗣，才從現任者的其他嫡子選任；萬一現任者沒有其他嫡子，才從側室所生的庶子選擇。如果連庶子都沒有，那就是選擇自己的兄弟，或是收養有血緣關係的男孩。

雖然經久決定依慣例由嫡長孫三郎四郎擔任繼承人，次子國久、么子興久卻大感失望，他們對這個還未元服、也沒任何戰功的姪子成為一族領袖非常不滿。國久知道自己有勇無謀，父親終究不會讓他繼承家督，倒也看得開；么子興久可不像兄長那樣釋懷。

興久雖早年便過繼給出雲守護代鹽冶氏，目的是拉攏鹽冶氏以及相關豪族，透過結親，尼子家才能在短期內橫掃備後，進而構築十一州領地的基礎，因此興久覺得自己非常有資格成為繼承人，父親卻立了一個黃口小兒，他怎能不生氣呢？

興久雖然心有不平，但沒馬上發作，而是靜待時機。之後幾年尼子和大內家發生了兩件重要大事：毛利家第十一代家督幸松丸夭折，在沒有直系繼承人的情形下，監護人叔父元就繼任。經久很清楚元就極富聰明才智，擔心日後會成為尼子家的大患，於是趁其剛繼位，便慫恿元就的異母弟相合元綱叛變。元就得知叛變的藏鏡人是經久之後，立即斷絕與尼子家的臣屬關係，這對當時實力如日中天的尼子家雖無立即影響，但此舉確是日後尼子家滅亡的關鍵！另一個關鍵，則是一五二八年十二月廿日，管領代大內義興逝世，享年五十二歲。

這兩件事情在當下對尼子家的勢力並無負面影響，可是鹽冶興久卻認為是發洩長年積怨的良機，加上有備後北部豪族（興久正室的娘家為山內氏）和出雲西部部分寺社如出雲大社、鰐淵寺（島根縣出雲市）的支持，興久以為條件已經成熟，遂掀起反旗背叛，親生父親。

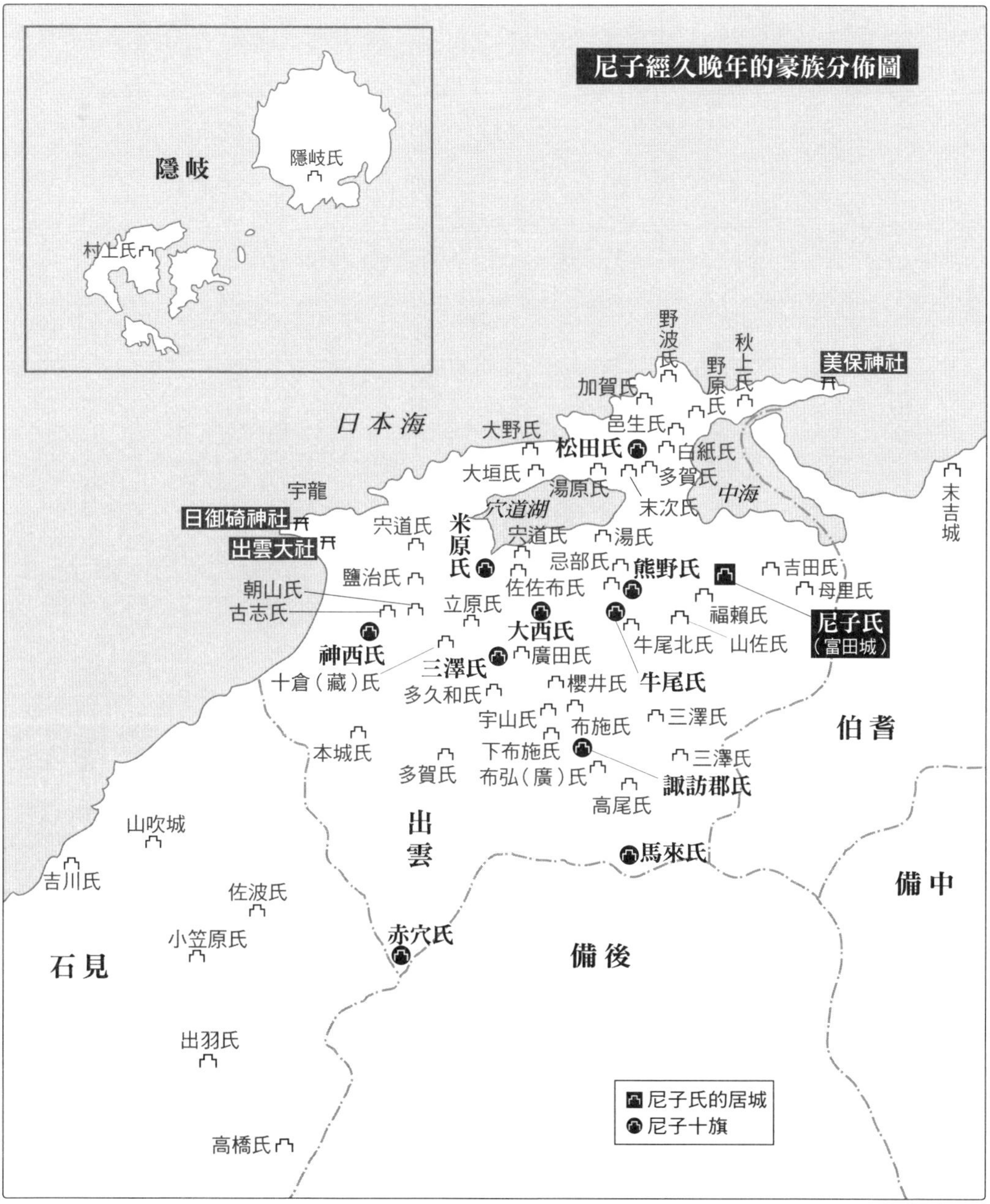
隱岐
隱岐氏
村上氏
日本海
野波氏
秋上氏
野原氏
美保神社
加賀氏
邑生氏
大野氏
松田氏
白紙氏
大垣氏
多賀氏
湯原氏
中海
宇龍
穴道湖
末次氏
日御碕神社
宍道氏
出雲大社
米原氏
宍道氏
湯氏
忌部氏
熊野氏
鹽冶氏
吉田氏
佐佐布氏
母里氏
朝山氏
古志氏
立原氏
福賴氏
尼子氏
（富田城）
大西氏
神西氏
牛尾北氏
山佐氏
三澤氏
廣田氏
十倉（藏）氏
牛尾氏
多久和氏
櫻井氏
宇山氏
布施氏
三澤氏
伯耆
本城氏
下布施氏
三澤氏
多賀氏
布弘（廣）氏
諏訪郡氏
高尾氏
出雲
山吹城
馬來氏
吉川氏
佐波氏
備中
小笠原氏
赤穴氏
備後
石見
出羽氏
尼子氏的居城
尼子十旗
高橋氏
末吉城
尼子經久晚年的豪族分佈圖

然而，鹽冶興久叛變的時間有疑問。出雲大社的記載為一五三〇年三月，《陰德太平記》則為一五三二年八月，經久出兵美作途中，興久於出雲佐陀城（島根縣松江市，也叫伊貝山城）起兵，何者為真並不清楚，但可以肯定的是，興久選擇的叛變時機並不恰當。

經久接到消息後，與其說他憤怒，倒不如說是錯愕，錯愕興久為何如此輕率叛變。因為佐陀城的兵力只有七百，而經久第一時間率領平亂的兵力就有七千，雖說人數不是決定勝利與否的唯一因素，但是看到經久派出如此兵力來平亂，佐陀城內的七百兵可能不會相信「重質不重量」的口號吧！

佐陀城很快被經久攻下，興久只得逃往備後尋求妻家庇護。備後北部的豪族雖全力抵抗，仍是不敵經久的大軍，一五三四年興久兵敗自殺，年僅三十八歲。

平定興久的叛亂，經久全無喜悅之情，他再次體會到失去愛子的沉痛。原本子嗣就不多，如今只剩下次子國久。為酬謝國久在平亂時立的戰功，除轉贈鹽冶興久在出雲西部的領地，並賜月山富田城東北邊新宮谷做為其宅邸，尼子家最強的戰力新宮黨自此成形——然而這也同時種下二十年後另一起悲劇的種子。

❖「花之殿樣」的最後一程

一五三七年，八十歲的經久將家督讓給已經元服的長孫詮久，委託他晚年唯二可信讓的親人——弟弟久幸、次子國久輔佐。但經久一定想不到這兩位「顧命大臣」竟直接、間接死於他的接班人手中，歷史真是太作弄人！

一五四一年十一月十三日，高齡八十四的經久病逝月山富田城，他一手建立的霸業到晚年已經出現傾塌的危機。詮久繼位後，由於長年對外征戰，收入跟不上龐大開銷，而且兵力的耗損也令家臣、豪族離心離德，毛利元就的計謀更提供尼子家臣另一條出路，他們很難不怦然心動。於是家臣一個個不是遭到元就設計、引起詮久猜忌而將之除去，就是為了自保主動投靠元就；到了一五六六年元就大軍包圍月山富田城，眾叛親離的尼子家終於走入歷史，這時離經久去世不過才四分之一世紀。

島根縣安來市是人口不到五萬的小鎮，鎮上的洞光寺是一四八六年經久奪回月山富田城後所建，經久之父清定及他本人都葬於該寺，見證了尼子氏的全盛期。經久之墓的塔頭上寫道：「曾為月山十一州的花之殿大人　尼子大人」。以花來比喻經久甚為貼切，因為他建立的霸業十足像極曇花一現！

暗殺盜國第一名

宇喜多直家

うきた なおいえ

【生卒年】一五二九～一五八一。

【根據地】備前乙子城。

【性格特徵】陰戾兇殘、不相信別人也不對人推心置腹。

【特殊事蹟】以暗殺為手段清除政治上和軍事上的敵人，排除同僚，進而取代主家。

【最大領地】備前、備中、美作。

【最後結局】與毛利家作戰前夕病死。

【家族命運】關原之役後，敗北的直家之子秀家被流放到伊豆諸島中的八丈島，老死在島上。整個江戶時代，宇喜多家皆是罪犯的身分，明治時代以後才得到赦免。

【梟雄度】★★★★★

起　來自朝鮮的氏族

齋藤道三、松永久秀、宇喜多直家被公認為是「戰國三大梟雄」（有一說以北條早雲代替宇喜多），前面已經介紹了松永久秀，前作也約略提過伊勢新九郎長氏（即成名前的北條早雲），本書當然不能漏掉足以和他們並駕齊驅的宇喜多直家。

❖宇喜多起源的神話

宇喜多，漢字或寫成「浮田」「宇喜田」，發跡後自稱是備前豪族三宅氏的後裔。出身低下的人一旦開始呼風喚雨，往往會編造一些傳說或神話來美化自己的過往，像幕末維新時期的伊藤博文發跡後便端出祖先是天皇的家譜，諸如此類的例子比比皆是。所以宇喜多氏出自備前三宅氏之說，可信度恐怕有限。

那麼從三宅氏再往前推呢？此處出現分歧。有種說法是：朝鮮半島新羅國（西元前五十七年～西元九三五年，所以這個「故事」不會早於十代崇神天皇）有位王子，經常斥責妻子，其妻受不了乘船逃往日本，王子也渡過日本海追來，在越前、丹波（福井縣、京都府北部）等地駐足，最後落腳但馬，成為出石神社（兵庫縣豐岡市）主祭神。既然成了主祭神，一定要有個名字才行，《古事記》和《日本書紀》稱呼祂「天之日矛」「天日槍」，長久以來成為兵庫縣乃至京都府、鳥取縣出海人的守護神，形象和希臘神話海神波塞頓（Poseidon）

相去不遠。

《播磨風土記》裡提到，天日槍奉皇祖大御神之命往西來到出雲，向出雲的主人大國主命下達「讓國」指示，把出雲地方讓渡給擁有皇祖大御神血統的「天孫」瓊瓊杵尊（曾孫「據說」就是神武天皇）。完成政權「和平轉移」的天日槍，本尊供奉在出石神社，無數分身則四散在山陰、山陽一帶，其中一支正是本文要提到的宇喜多氏。

如果以上敘述為真，那麼宇喜多氏應該要和朝廷裡公卿貴族的大頭頭藤原氏平起平坐，怎麼會是備前這小地方守護代的家臣而已？藤原氏的前身為中臣氏，始祖同樣也屬於記紀神話的「天兒屋命」，祂最大的功勞為：當皇祖大御神的弟弟速須佐之男命前來眾神居處高天原「踢館」時，受到驚嚇的皇祖大御神躲進天之岩戶，這一躲，不僅高天原從此陷入黑暗，人間世界也變成黑白的了。眾神討論後派出五尊神來到天之岩戶外面，其中一位手持八咫鏡，另一位手持八坂瓊曲玉，在天兒屋命唸誦祝詞之下，終於讓皇祖大御神好奇地探出頭來，世界從此恢復光明。

比較天日槍和天兒屋命立下的功勳，天日槍就算略遜也差不到哪去，但子孫際遇可是判若雲泥。天兒屋命的子孫在傳了若干代（可能數十代、也可能上百代，畢竟神代很長）後，藤原氏家督往往不是天皇外公就是舅父，成為代未成年天皇決定大事的攝政、或是替已成年天皇決定大事的關白，官位經常是正一位、從一位或是三位以上，允許昇殿拜謁天皇，握有全國無數莊園，不只整個日本是藤原氏的，「就連他們的月亮也永遠都是圓的」。相形之下，宇喜多氏始終只是備前一帶不起眼的豪族，經常周旋在附近各大勢力之間，若非家族中出了梟雄直家和豐臣政權中最年輕的大老秀家，宇喜多一族在日本歷史上恐怕是沒沒無名。

子孫的爭氣與否也反映在氏神的神社規模。藤原氏代代都以春日大社做為主祭神社，每年十月的春日祭是藤原氏一大要事——不過春日大社第一殿祭祀的是武甕槌命，第二殿祭祀的是經津主命，藤原氏的氏神天兒屋命只擺在第三殿。平安時代朝廷曾從天下神社中選擇了二十二所，每年由朝廷派人奉納祭祀所需費用，這二十二所神社可再分成「上七社」「中七社」「下八社」三級，春日大社位居上七社之一，和祭祀皇祖大御神的伊勢神宮、祭祀源氏氏神的石清水八幡宮並列同一等級；可是祭祀宇喜多氏氏神的出石神社卻不在其中，每年前往參拜的人數也少得可憐；天日槍如果有靈，應該會後悔自己沒為大和朝廷多立點功勞吧！

至於第二種說法，三宅氏的始祖依然是從朝鮮半島過來的外人，不過地點為百濟（三四六～六六〇，不早於第十六代仁德天皇），人數也由天日槍一人改成三兄弟。三兄弟橫渡日本海後，溯瀨戶內海而上，在今日岡山縣岡山市南邊的兒島半島登陸（登陸日本海沿岸再步行到兒島的可能性不大）。兒島的由來據說是因為他們旗幟上有個「兒」字，「兒」字旗也從此沿襲下來成為戰國大名宇喜多氏的家徽。如果這段敘述為真，那岡山市一帶就是最早被外來民族統治的區域了。

❖祖父奠定下剋上的基礎

不管起源為何，總之朝鮮人後裔三宅氏中有一支定居在備前國邑久郡（二〇〇四年十一月起合併附近幾個行政區，改名瀨戶內市）的砥石城，這一系的三宅氏即本文將提到的宇喜多氏。至於為何宇喜多氏會離開兒島半島、何時離開，為何以既非地名、也非莊園名的「宇喜多」做為新姓氏，並不容易找到答案。目前能夠知道的是：宇喜多氏在室町時代成為備前守護代浦上氏的家臣，在浦上氏和備前守護赤松氏的對抗過程中撐起一片天，內鬥不已的浦上氏才能頑抗赤松氏的進攻。也因此宇喜多氏的地位益形重要，最後終於取主君而代之，和赤松氏爭奪備前地方的霸權。

完成這件事的即是本文主角宇喜多直家，而奠定「下剋上」基礎的則是他的祖父宇喜多和泉守能家。

能家的生年並不清楚，按常理推論，直家出生時他應該超過四十歲，所以他至少生於一四八九年之前，甚至再早個十年。能家父輩之前的歷史目前所知非常有限，只曉得宇喜多一族歷代對於西大寺都有捐獻奉納的記錄。這間西大寺應該不是南都七大寺那一間，而是位於岡山市內，屬真言宗。該寺最有名的祭典「西大寺會陽」始於能家當上宇喜多家督的十六世紀初期，每年二月第三個星期六舉行，幾千名只繫著兜襠布的男子爭相搶奪「寶木」，被列為日本的三大奇祭之一。

根據現有記載，能家參與的最早戰役為一四九七年配合主君浦上則宗夾擊備前當地勢力松田元勝所在的富山城（並非越中的富山城），但這場戰役未必就是他的初陣。能家出仕浦上氏的期間歷經則宗、宗助、村宗三代，大體而言每一代的家督都當得很辛苦，對備前這地方來說，浦上氏無法盡到守護代維護地方秩序的職責，對內也無法以家督的威權鎮住家臣，內外皆弱，那就由家臣中能力最傑出的能家出面善後了。

宇喜尼氏略系圖

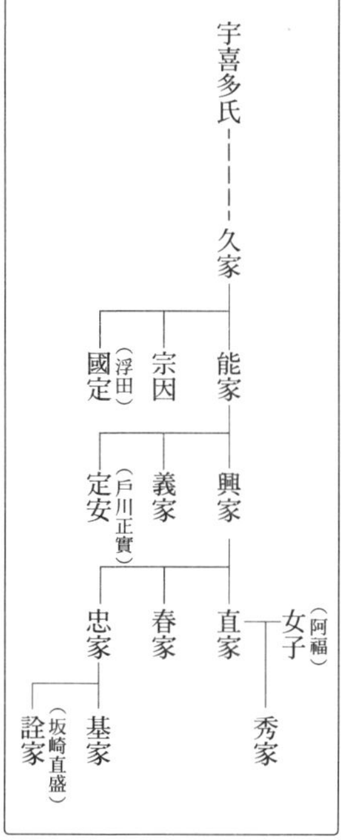

一五〇二年浦上則宗病逝，繼位的宗助也不長命，一五一五年夭折，宗助的兒子村宗成為十三年內浦上氏第三位家督。家督更迭頻繁，使得備前各地豪族猶如脫韁野馬，紛紛在境內蠶食守護代的領地，能家便得馬不停蹄四處征戰，對象包括備前豪族松山氏、守護代浦上氏的上司赤松氏。

據說能家一生不曾敗戰，其他家臣向他請教作戰秘訣，回答是「不要陣前換將，盡量讓眾將士都有立功機會」。能家對作戰的態度是「不管戰役多關鍵或多微不足道，每次上戰場都有必死的覺悟」。因此敵人感覺他宛如鬼神般可怕，長久下來累積出令人敬畏的聲望，就連浦上氏後來追隨幕府管領細川氏遠赴四國征討三好氏時，其傑出表現也得到管領細川高國讚賞。

一五一九年，浦上村宗與赤松義村為爭奪備前北邊的美作而戰；控制美作便可以進出靠近日本海的因幡和伯耆——當時這兩國是在比赤松、浦上更積弱不振的山名氏控制下——因此雙方精銳盡出，浦上氏派出家臣中戰力最強的宇喜多氏，赤松氏則派出西播磨勢力雄厚的豪族小寺氏。小寺氏和黑田官兵衛有非常深厚的淵源，結緣的起因便是這場戰役。

此役的結果是，小寺家倒戈，導致幕府四職之一的赤松氏被昔日部下浦上氏生擒。赤松氏家督義村被囚禁一年多後，一五二一年七月遭到不明人士殺害，真相或許是這樣：浦上氏雖然生擒主君，但不願揹上弒君罪名，因此買通刺客放入牢裡將之刺殺，事後再義憤填膺地作態為主君報仇。

❖「八郎！你一定要光大家業！」

赤松氏不僅喪失家督和美作，甚至連根據地播磨西部赤穗一帶也為之震動。浦上氏戰果如此輝煌，能家毫無疑問居首功。然而彪炳戰功引來的卻是陰暗的後果。

一五二三年，赤松氏新任家督政村（日後改名晴政）在小寺藤兵衛（又名政職）、浦上村國（和浦上村宗的關係不清楚，似乎非浦上氏嫡系）的簇擁下出兵，一路勢如破竹，不但收復赤松氏在播磨境內的失地，並且直搗備前浦上氏的居城三石城（岡山縣備前市）。如果能家可以預知未來，或許就不會派出他引以為傲的次子四郎義家參戰了——勇猛有餘但經驗不足的四郎，因為輕敵而中了伏兵，死於此役。憤怒的能家雖然奮力將赤松兵力逐出備前，卻挽不回愛子的性命，於是在這年剃度隱居，法號常玖，將家督之位讓給長子興家。

根據《備前軍記》《西大寺文書》等記載，興家膽小、懦弱、缺乏將才，正常情況下能家並不會因為他是長子而傳以家督之位。日本的嫡長繼承制在江戶時代才真正落實，因為在太平之時，即使藩主無能，只要有強力的家老代為秉公執事，家業就不用擔心被幕府收回；但在動亂的戰國時代，一家之長絕對要靠實力才得以服眾領軍。正因為能家一直視次子四郎為接班人，四郎的死才會讓他心灰意冷地遁入空門；由於另一個兒子定安已過繼給家臣戶川氏當養子了，因此傳給興家是不得不然的決定。

由於興家性格柔弱，即使當上砥石城主也難有作為，家勢因此日趨頹微。就在能家對宇喜多氏的未來漸感失望之時，上天終於送來好消息：一五二九年興家的長子八郎在砥石城內誕生，就是本文的主角宇喜多直家。能家自從孫子出生後就一直帶在身邊，目的當然是希望他像自己、而不像那沒用的父親。從日後歷史來看，能家對孫子施以「教育」的成果如下：武功、器度、待人，皆是孫不如祖；領袖魅力，兩人不相上下；格局、謀略、決斷力方面則是青出於藍勝於藍。後來直家在備前地方闖出一番局面，卻留下不守信用、心機多而兇殘的評價，這樣可以說能家的教育成功嗎？

一五三一年六月，浦上家的家督村宗跟隨幕府管領細川氏渡過瀨戶內海到阿波和三好元長（長慶之父）作戰時殞命。村宗的長子政宗繼承在播磨的領地，以室津城（兵庫縣揖保郡御津町）為居城；次子宗景繼承備前的領地，以天神山城（一五三二年才完工，位於岡山縣和氣郡佐伯町）為居城，浦上家至此分裂為二。據說村宗臨死前留下「除掉能家」的遺言，因此一五三四年，宗景的家臣島村豐後守盛實（居城高取山城）慫恿主君實現故主的遺志。令人納悶的是，倘若村宗真說過這句話，何必三年後才實行？比較可能的情況是島村忌妒宇喜多的成就，將之除去，島村不但可以專擅大局，還有機會拓展自己的領地——島村氏和宇喜多氏的居城都位在邑久郡邑久町。

一五三四年六月某夜，島村軍冷不防殺到砥石城下。由於雙方城池距離不遠，島村方面急行軍不消一小時便能抵達。看到如此陣仗，能家知道自己是逃不掉了，但無論如何，一定要讓家中的希望逃出去！能家交代即將永別的孫子：「八郎！你一定要光大家業，千萬別忘了！」最後逃出去的除八郎以外，還包含他那不長進的父親以及姓名事蹟都不詳的母親。

或許島村盛實只想除掉能家，或者他天生優柔寡斷、甚至沒有遠見，因此在確認能家切腹、進而併吞砥石城後就凱旋而歸。正因為有這段過往，六歲的八郎學到：凡是仇敵，就必須不分年齡不分男女一律滅之絕之，最忌諱因為一時的心軟或疏忽留了活口，讓自己活在無窮盡的恐懼中。

承 幼齡繼任家督，展現過人心機

興家和八郎等人逃出砥石城後，搭乘漁船離開備前，在瀨戶內海上往西航行，由備後的鞆之浦（廣島縣福山市，這個地名有必要記住，四十年後被信長驅逐的將軍足利義昭，也是在這裡登陸，到毛利氏的陣營裡挑動和信長的仇恨）上岸。

❖攜家帶眷水路逃命

瀨戶內海的範圍是東起本區域內的最大島淡路島，西至舟島，估計約有三千個大小島嶼，三分之二以上無人居住。航行於這片海面，不必擔心陸路上的島村派人追殺，要留意的反倒是瀨戶內海東側最大水上武力集團——海賊，出了兒島半島後必定會經過的鹽飽諸島（今日四國香川縣境）自室町時代中期以降就是他們的主要基地。四十多年後逐漸對宇喜多直家構成威脅的織田信長，便是攏絡這裡的水軍以便進出堺港，鹽飽諸島甚至也是信長的後繼者秀吉出兵九州的水軍基地。

興家一行人很幸運沒遇上鹽飽水軍找麻煩，但這並非出於祖先天日槍庇祐，而是能家委託了富商阿部善定事先打點。興家父子在他的安排下，在備後住了約半年，一五三五年阿部讓興家一行人回到備前，住進他位於長船町福岡（岡山縣瀨戶內市長船町）的宅邸。

在此先插段題外話，上面所說的福岡並非今日那座九州第一大城。一六〇〇年關原之戰後，領有豐前中津十八萬石的黑田長政擊斃西軍軍師島左近勝猛，戰功卓著，德川家康便把將他轉封到筑前的名島，俸祿大幅增加到五十二萬三千石；原本在筑前名島領有三十五萬七千石、影響關原之戰勝敗的金吾中納言小早川秀秋則轉封到備前岡山，成為五十一萬石的大大名，所以筑前在黑田長政入主之前並沒有福岡這個地名。

去過現代福岡市的人都知道，城市名字叫做福岡，車站和港口卻都稱為博多，甚至名產拉麵和紡織也都冠著舊名。黑田長政入主筑前的第二年，捨棄原有的名島城另築新城。築城過程中，父親官兵衛病逝（一六〇四），再過三年新城才竣工，為了表示不忘本，長政以父、祖發跡地為新城命名，乃稱福岡。而黑田長政父祖發跡的福岡就是此刻興家、八郎父子避難之地；它讓黑田氏發跡，日後也讓宇喜多氏東山再起。今日說到福岡，想到的都是九州北部的大城，而非庇祐黑田氏和宇喜多氏的備前福岡。

另外，看到「長船」這地名，應該有不少電玩動漫迷覺得眼熟吧。這是日本有名的刀匠世家，但和宇喜多歷代家臣長船氏無關——刀匠世家的長船二字指的是地名。在長船福岡定居的宇喜多興家，於一五三五年娶阿部善定的女兒為側室。雖然才能平庸的興家一生都沒完成「興家」的任務，但不表示他毫無貢獻。他和阿部善定之女生了春家和忠家（春家的生歿年不詳；有人考證忠家生於一五三三年，但此時興家尚未納側室，明顯不符。也有學者認為春家和忠家是同一人，然此說沒有明確依據）。這兩個異母弟除了對直家絕對效忠，在他死後還肩負起輔佐直家之子秀家的重責，和毛利家的兩川體制頗為相似。

一五三六年，興家在長船福岡阿部善定的宅邸病逝。也有人認為他死於一五四〇年，雖然這樣較有「餘裕」生下春家和忠家，但大部分書籍並未採此說，在未有進一步佐證前，姑且以三六年為準。八郎理所當然成為新任家督，但這時他尚未成年（不管是八歲或十二歲），還沒元服，當然也還未經歷初陣。

❖十歲就會裝瘋賣傻

奇妙的是，八郎之前相當聰明，但繼任家督後卻彷彿智力突然退化，也因此成為附近孩童捉弄取笑的對象。目睹兒子不尋常的變化，八郎的母親當然是頗為失望，不過八郎卻說：「我的愚痴絕不是本來的樣子。我長大後要出仕浦上家，不久要為祖父報仇。如果被人發覺我很聰明，仇人觀阿彌（島村盛實的別號）難道會善罷甘休嗎？父親正因為愚

刀匠「備前長船」

自鎌倉時代初期以來西國最有名的刀匠，初代長光和當時的正宗是東西兩大鑄刀名家。據說初代長光最有名的作品「大般若長光」，在一五七五年長篠之戰後由德川家康親手賞賜給表現傑出的奧平貞昌（後改名信昌）。

日本刀可分為最上大業物、大業物、良業物、業物四級；江戶時代中期的刀匠山田淺右衛門（第五代）曾列舉日本有史以來的十五位最上大業物刀匠，備前長船系便占了三位，是日本所有刀匠家系中最多的，而電玩動漫中享有大名的正宗和村正反而不在其中。特別是村正，許多野史視為妖刀，這並非毫無根據。一五三五年，三河松平家的家臣阿部彌七郎就是拿它刺殺尾張守山城的家督松平清康（德川家康祖父），不僅讓年僅廿五歲的有為領主殞命，也讓松平家從此多災多難。

備前長船雖位處西國，但作品名聲遠播日本各地。據說一五六八年武田信玄決定出兵攻打駿河今川氏之前，曾在富士山本宮淺間神社獻上備前長船景光（鎌倉時代）打造的名刀，以祈求出兵順利武運昌隆。

痴，才能躲過劫難。所以我也要偽裝成像父親般的愚者。」

裝瘋賣傻以躲過敵人迫害，這是古今中外智者常用的保命招數，像中國的大兵法家孫臏，就是躲在豬舍中和豬群嬉戲，才騙過幾度欲置他於死地的師弟龐涓；羅馬帝國第四任奧古斯都克勞迪斯（Claudius，在位四一～五四）由於身體殘缺加上反應遲鈍，使得他不僅安然躲過臺伯留（Tiberius，在位一四～三七）、卡里古拉（Caligula，在位三七～四一）在位時的大屠殺，更在後者被殺後成為奧古斯都。

但若是一名十歲小孩展現這種裝瘋賣傻的伎倆，那還真令人不寒而慄，未來的發展也讓人擔憂。對照德川家康在今川家當人質時，據說有次過年今川家臣不讓他和少主氏真同坐，年幼家康的反應是對著斥責他的人撒尿，這種反應雖然無禮，卻是小孩子採用最直接方式抗爭的寫照。

得知兒子的意圖，八郎的母親很感安慰，而她和浦上宗景的正室有遠親血緣，透過這層關係，向宗景要求讓八郎出仕浦上家。宗景和重臣島村盛實（排除宇喜多氏後他就成為首屈一指的重臣）商量過，同意讓八郎繼承宇喜多家督並且成為浦上氏的家臣。顯然島村盛實並不明瞭八郎的真面目而相信了傳言，這個輕率的決定日後讓島村氏後悔莫及。

一五四四年，十六歲的八郎元服，改名宇喜多三郎左衛門直家，不久得到主君賞賜乙子城（岡山市乙子）做為居城。這座城位在早先被吞併的砥石城西邊，荒廢已久、規模又小，不過直家並不氣餒，他把這座城視為振興家業的基地而全力開發。能家死後四散的宇喜多歷代家臣，像是戶川平右衛門秀安、長船又三郎貞親、岡平內利勝、花房又七郎正幸先後歸來，頗讓直家有如虎添翼之感，宇喜多氏的雄飛就從這時候開始。

❖討平叛亂叔公，從一座破城展宏圖

乙子城的收入只有三千多石，雖然直家轄有此城，卻可能是全日本最貧困的城主，而且更令他為難的是主君經常命他攻打兒島半島附近的海賊。對方動輒上千兵力，直家主動出擊的人數殊難比擬，但他屢屢施以奇計小挫海賊，這項艱鉅任務竟然和海賊僵持近三年之久，這不能不說是奇蹟了。

一五四七年，備前國內局勢略有改變。浦上宗景帶領主力北上和山陰的尼子氏爭奪美作，使得直家的故城砥石城交由能家的異母弟，也就是直家的叔公浮田國定守備。國定或許有感於滿腔赤誠的兄長無端因佞臣進讒而死，也或許不甘於寄人籬下心存異志（這恐怕才是真正的原因），他私通備中的三村氏，想趁著浦上氏大舉北伐時引外力入侵備前。

三村氏的始祖為遭武田信玄驅逐的信濃守護小笠原長時一族，鎌倉時代初期其中一支移居備中，定居的時間比宇喜多氏還早。三村氏剛到備中時以高松城（日後本能寺之變時，秀吉正在進攻此城）為居城；十六世紀後，居城西遷至備中西境的松山城（岡山縣西臨廣島縣境的高梁市；是日本現存海拔最高的城池，標高四百三十公尺）。附帶一提，日本境內松山城共有三座，另兩座是武藏松山城、四國伊予的松山城。

雖然浮田國定是直家的長輩，但理論上他還是該接受家督的指揮。直家當然不認同叔公莽撞的叛亂行為，因此勸說無效後便向主君請調援軍，大義滅親。直家這一明快舉動目的不外以下三項：一、和叔公劃清界線，向主君表示清白；二、平定叛亂可凸顯自己在浦上家的重要性；三、看看能否藉由平亂來收復家族歷代的根據地砥石城。但是直家出兵攻打砥石城時才發現事情並不簡單。

主君在美作的戰事陷入僵局，能夠派來援助的兵力很有限。直家交戰後還發現，這位幾乎不曾謀面的叔公，武功不亞於祖父，加上直家雖然有攻打海賊的經驗，但野戰和攻城戰截然不同，這對直家來說是初體驗，也是戰局不順的另一原因。

到了一五四九年戰況才有所突破。國定和三村氏的密使會面後，得知更西邊的強權毛利氏會充當三村氏的後盾，如果國定能夠在備前取得重大成果，立下大功的他將可在備前取得極為優勢的地位。但是，如果國定瞭解本州極西部的局勢，應當會知道這話是有破綻的。一五四九年的毛利氏還糾纏在大內氏和出雲尼子氏的激烈廝殺中，必須在兩強中選邊站；當時的毛利元就還不至於為了追求獨立而做出送死的決定。既然如此，怎麼可能越過備後、備中，來到備前幫助國定呢？所以這是直家放出的謠言，目的是要鬆懈國定的戒心。

國定卻為其所惑，戒備逐漸鬆弛，終於被他的孫輩直家混入城內，殺個措手不及，倉皇逃走不知所終。直家雖耗費一年多才攻下此城，但消耗的兵力不多。正當他歡天喜地想向主君要求收回砥石城時，卻遭大仇人島村觀阿彌阻攔：「砥石城和我高取山城息息相關，這兩座城安定了才能確保我們主家」，硬是不讓直家接收砥石城，最後只好由主君出面安撫，改賜以新庄山城（岡山市竹原）。直家雖然對島村的跋扈舉動懷恨在心，但至少這下子擁有兩座城了，雖然收入都不高。他把乙子城交由么弟忠家管理，帶著大弟春家進入新庄山城，這是直家一生中的第二座居城。

同年，直家和兒島半島附近勢力龐大的海賊眾和解。自古以來，弱者很難和強者進行對等談判；如果勢弱卻又視尊嚴甚於一切，就只能埋首沙堆自得其樂了。直家的優點是不把尊嚴掛嘴上，他更重實質，結果不僅達成和解，也贏得主君重視。一五五一年，浦上宗景做主，讓直家娶沼城（岡山市沼，也稱龜山城）城主中山備中守信正之女（日後兩人生下一女）。表面上看，是浦上家器重年輕家臣，但也可以解讀為浦上宗景派出心腹，監視原為地方豪族而來歸的中山信正；而替傑出家臣宇喜多直家安排婚姻，亦有籠絡、使其忠心的作用，可謂一石二鳥。從日後的發展來看，這種臆測是有根據的。

❖暗殺生涯中頭一個受害者

在宇喜多直家一生五十三年歲月中，以新庄山城為居城的十年（一五四九～五九）算是相對安定。浦上氏東邊的赤松、北邊的尼子、西邊的三村，在直家出仕浦上氏時期始終是不小的威脅。外患固然可怕，畢竟尚屬可見之敵；隱形的內賊才更令人擔憂。當時的浦上氏家臣中，直家的仇敵島村觀阿彌和岳父大人中山信正，正屬於這種吃裡扒外的隱憂。中山信正原本是地方勢力，知道打不過又不想被殲滅，才不甘不願歸順，這種騎牆派不能奢望會有多大的忠誠度，因此浦上宗景才要安排直家和中山氏結親，但結果證明，就算是宗景把自己女兒嫁給中山信正也是枉然。

那歷代家臣島村觀阿彌的背叛又該如何解讀呢？自直家元服以來，屢為主家立下戰功，儼然成為浦上家最強戰力。直家傑出的表現不免讓島村觀阿彌有危機意識，一則他是直家不共戴天的仇人，其次自從突襲能家、攻下砥石城後，就不曾再為主家立功，得趕緊替自己的前途打算——既然在浦上家找不到出路，那就試試其他大名家吧！

於是中山信正與島村觀阿彌攜手，不過並不選擇投向赤松、尼子或三村，而是聯合備前北境不服從浦上氏統治的若干豪族一同反叛。

直家察覺這種情形，一五五九年的早春先發制人：設宴邀請岳父光臨，趁觥籌交錯、酒意高漲之際，直家暗殺生涯中頭一個受害者出現了。受不了夫婿暗殺自己父親的直家之妻，後來亦自盡。這事件成為直家以暗殺除去障礙的開端，從此成為其主要手段。同年稍後，直家傾全力圍攻島村所在的砥石城，討回隱忍了廿五年的血債。島村在城破自盡的剎那，終於認清直家實在後生可畏！

一五五九這年的直家戰果非常豐碩。有形收穫是取得沼城、砥石城；他再把居城遷徙到新攻下的沼城，而把後者給了春家，忠家則繼續留守乙子城。另一方面，直家終於完成祖父遺願，不僅除去家族大敵，還讓宇喜多成為備前大名浦上氏的首席家臣。

接下來的奮鬥目標是什麼呢？三十一歲就成為首席家臣的他，會甘心寄人籬下嗎？

❖毛利氏直逼備中、備前而來

之後幾年，直家不斷協助主君宗景掃平備前的地方勢力；一五六二年，位在今日岡山市北端的金川城城主松田元賢失去北方尼子氏的屏障而歸順浦上氏，至此備前宣告統一。本州西部的毛利氏也在一五五五年嚴島合戰消滅取代大內氏自立的陶晴賢，本州西部的周防、長門、石見、備後於數年間悉數為毛利氏平定，並且有直逼備中、備前而來的態勢。備中最強的三村氏評估東西雙方的形勢後，決定投靠毛利，並在其協助下，三村家親出兵攻打美作高田城（岡山縣真庭市）的三浦氏。三浦氏的存亡和直家並無直接關係，但其中有一位人物和直家息息相關，在此略作介紹。

三浦氏的始祖據說是鎌倉幕府創立的功臣三浦義澄，領地原本在相模國三浦郡，室町時代初期有一分支來到備中。相模的本家以三浦半島的新井城（神奈川縣三浦市）為居城，一五一六年被席捲大半個相模的浪人伊勢新九郎長氏攻陷，本家滅亡；分家以美作高田城為居城，傳了十一代到貞勝，一五六五年在三村、毛利聯軍進攻下，城池很快失守，貞勝帶著妻子阿福連夜逃出。即將進入備前國境時，負傷無力再前進的貞勝選擇切腹，遺孀阿福越過邊境，到備前投靠夫家親戚，此人剛好是直家女婿的部屬。

一五六六年春，阿福被帶到沼城，據說直家第一眼就驚為天人，當時喪妻七年的直家三十八歲，新寡的阿福廿一歲，年屆不惑的直家很自然把她留在身邊陪侍。阿福後來不僅為宇喜多氏生下繼承人八郎秀家，還在直家過世後，和收養了秀家的秀吉有曖昧關係。在豐臣秀吉的時代，宇喜多的家業之所以能夠維持、年輕的秀家得以躋身五大老之一，阿福的功勞遠比為直家打拚一輩子的弟弟和眾家臣都來得大。

一五六六年春，三村家親以毛利氏為後盾，入侵美作。二月五日佈陣於興禪寺（岡山縣久米郡久米南町），不過直家早就派遣鐵砲隊等著狙殺他了。鐵砲的有效射程不到一百五十公尺，然而運氣欠佳的三村家親依舊被射穿頭骨氣絕身亡，享年五十歲。主君陣亡使三村軍急忙撤回備中鶴首城（岡山縣高梁市成羽町），三村氏最先的居城），義憤填膺的三村族人除了向毛利氏求援，還動員備中境內的豪族準備入侵備前復仇。一五六七年初，三村氏的年輕家督元親（家親的次子）夜襲明禪寺城（岡山市澤田），以此城做為和直家決鬥的最前線，備中和毛利軍陸續到來，號稱共有兩萬。元親以異母兄庄元祐（過繼給備中守護代庄氏擔任家督）領七千軍為先鋒，妹婿石川久智做中軍，自率八千兵殿後，圍攻沼城。

宇喜多的兵力只有五千多。面對四倍於己的

敵軍，直家毫無懼色。急欲立功的庄元祐一開戰就強攻被宇喜多奪回的明禪寺城，結果中了直家的埋伏，鐵砲隊不斷掃射，七千大軍頃刻之間灰飛湮滅，元祐本人也當場陣亡，這種大軍瞬間被殲滅的錯愕只有武田勝賴最能體會。序戰的勝利大大鼓舞了宇喜多軍的士氣，也讓原本為三村引路的備前豪族如金光、松田、中島、須須木等勢力轉而投入直家陣營，不僅雙方兵力隨之改變，更讓這場戰役變成名副其實的備前和備中的對抗。

消滅了先鋒部隊後，直家接下來要對戰的應該是石川久智的中軍。石川之所以能夠領軍，靠的並非才能，而是和三村元親的裙帶關係，因此看到友軍折損如此之快，頓時心生畏怯，竟然不戰而潰、夾著尾巴逃命。這麼一來，只剩總大將三村元親和宇喜多直家對決了，雙方兵力為八千對上五千多，三村已無太大優勢。經過一整日鏖戰，元親最後的八千兵力也因為不熟悉地理環境，敗在詭計多端的直家手下。

動員了二萬兵力，想剷平整個備前、為父報仇的三村元親竟然踢到大鐵板，不僅他自己搥胸頓足，連想趁此機會將勢力伸入備前、進而入侵播磨以統一山陽道的毛利氏也大感意外。

明禪寺城之役讓宇喜多直家一戰成名。除了以寡擊眾外，直家並未施展卑劣的暗殺手段，而是全憑計謀打敗魯莽的敵方。直家的聲望竄升到連主君浦上宗景也為之畏懼，更讓備前境內的豪族都安分守己，不再有拉攏外地勢力造反的念頭了。但直家並不打算放過這些豪族：雖然他們不會再和三村、赤松或毛利勾結，可是他們效忠的對象是浦上宗景，而非宇喜多直家，為了「下剋上」盜國自立，直家必須排除這些不聽命於他的國內「獨立」勢力。

❖貌合神離，君臣攤牌

首先是一五六七年七月，直家藉口松田氏在明禪寺城之戰出兵太慢，派軍包圍。松田氏只是個嘯聚山頭的小城主，哪敵得過實力足以吞下整個備前的直家，抵抗幾天就陷落了：備前自南北朝（一三三六～九二）以來延續最久的勢力松田氏，就此滅亡。八月，直家派遣么弟忠家率兵九千進攻備前、備中、美作三國交界的備中佐井田城（岡山縣真庭市下中津井）。或許是直家迅速殲滅松田氏的戰果過於輝煌，佐井田城城主植木氏尚未交戰就棄城逃亡了。

正當直家要繼續掃平其他豪族時，長年以來被直家孤立的主君宗景，和多年來對立的毛利氏結盟，以對抗勢力正快速坐大的宇喜多。

浦上和毛利一聯手，立刻讓宇喜多在整個山陽道都沒了盟友。為突破「外交上的困境」，直家結盟山陰道的昔日敵人尼子氏，以對抗浦上、毛利氏。盟友數從無到有，這應該也算是「外交上重大的突破」吧！不過此刻的尼子氏今非昔比，早已不復「陰陽第一太守」經久時的盛況；敗光根基的晴久於一五六〇年病死月山富田城，這座經久最引以為傲的難攻不落之城也於一五六六年十一月被包圍三年的毛利大軍攻陷，晴久的三個兒子義久、倫久、秀久都被送到毛利氏的根據地安藝幽禁，尼子氏本家至此算是滅亡了。

一五六九年夏天，尼子氏遺臣山中幸盛（山中鹿之介之名更為人所知）和立原久綱，擁立遭晴久殺害的尼子新宮黨成員誠久之子勝久為第七代家督，轉戰出雲各地，謀求復興。不客氣地說，直家和這種猶如「流亡政府」的勢力結盟以對抗毛利和浦上，可說是一點幫助也沒有，唯一的好處是分散毛利氏的注意力，使之轉移到尼子氏身上去。

當時直家和毛利元就的四子穗井田元清正為了備中的支配權激戰，直家方面的敗象日益顯著。直家趁著毛利氏轉為注意尼子氏時，趕緊對準岡山城的金光宗高發動最後一擊，因為岡山城比起其他備前城池算是難攻許多，但附近的城池已被直家攻克，孤立無援的岡山城和一座裸露的城池並無兩樣。一五七〇年夏天，直家大軍將之攻陷，曾在明禪寺城之戰大力幫助直家的金光宗高（引三村軍的先鋒庄元祐前來「送死」）也遭直家下令切腹，岡山城成為直家第四座、也是最後一座的居城。如此一來，整個備前只剩下北方浦上宗景的居城天神山城不在直家的掌握中，這對貌合神離的君臣也到差不多該攤牌的時候了。

❖結盟之手伸向毛利

同年秋天，直家正式將居城從沼城遷徙到西

邊的岡山城。和毛利氏的戰爭決非一朝一夕就能結束，因此有必要安排攻略備中的前哨地，就是這座新居城。一五七三年，直家命令岡利勝、戶川秀安、馬場職家等臣下修繕岡山城，規劃城下町，招攬各地商人，讓它成為一座繁榮的城市。今日的岡山市橫跨備前、備中，一八八九年四月一日施行市制後面積不斷擴大，截至二〇〇九年為七八九點九一平方公里，占全縣面積十分之一強，比起直家的時代不知寬廣多少倍。

一五七二年八月，直家派遣使者前往京都拜謁將軍足利義昭，懇請他出面調解毛利和宇喜多間的紛爭。直家之所以這麼做，是因為先前他的主君浦上宗景進京和織田信長密談，雖不清楚內容，但大抵不出浦上希望接受織田的援助以對抗宇喜多。直家雖然僻處中國地方，對畿內的局勢依舊有所瞭解，他知道「尾張的傻蛋」在短短數年內以擁立將軍的名義上洛，接收京都內外充分的人脈和資源，勢力扶搖直上，已成為全日本的最大勢力。事實上，一五七二年左右的信長正面臨將軍義昭撒下的包圍網，根本是困在京都動彈不得，哪有餘力攻打京都西邊一百五十公里的備前？

那麼毛利方面呢？能不能和多年來的對手言和？讓毛利氏從不起眼的吉田郡山城起家，茁

岡山城．後樂園

岡山市發展的起點、坐落於現在市中心的岡山城擁有三層六階的天守閣，城池本身與城下町的修築始於直家，但在秀家手中才完成。至於和岡山城隔旭川相望、以范仲淹〈岳陽樓記〉「後天下之樂而樂」命名的後樂園，和水戶的偕樂園、金澤的兼六園並稱「日本三大名園」，是在岡山城第七代城主池田綱政手上完成（一六八七年動工，一七〇〇年竣工）——從直家到綱政雖只七代，城主卻換了三個姓、四個家系。

壯成中國地方最強勢力的英主元就，已在前一年六月十四日病逝，繼任的長孫輝元雖然已廿歲，但「兩川體制」依舊沿用，毛利氏的戰略和政略都是由元就的次子吉川元春、三子小早川隆景和若干家老主導。

在當時的戰國大名裡，毛利氏家督的權力明顯是小了許多；這種「傳統」，即使在江戶時代萎縮到只剩三十六萬九千石的長州藩也沒有改變，藩政始終掌握在少數家老手中，藩主雖然位高，卻像個花瓶作點綴之用。所以江戶時代的長州藩主很難讓人留下深刻印象，反倒像周布政之助、村田清風、高杉晉作、桂小五郎等家臣都遠比他們的藩主來得有名；相對地，大權一把抓的薩摩藩主，由於事必躬親，且頗有作為，反而歷史留名者較多，像是島津重豪、島津齊彬、島津光久。

兩川中的吉川元春並不同意與直家和解。此外他也不主張積極響應信長包圍網，認為沒必要將毛利大軍送往畿內，只為了「道義」而站上最前線和信長正面交戰。而應先在山陰、山陽等地觀望，趁勢攻下備中、備前，甚至推進到播磨，然後當信長包圍網發揮作用時，再趁勢攻入京都即可。小早川隆景則持不同看法，他認為應該和浦上、宇喜多和睦相處，毛利最終目的還是要上洛和京都的信長決戰，因此沒必要和鄉下大名耗費太多時間；但為了讓己方上洛時能夠更無後顧之憂，他強烈主張宇喜多必須撤出整個備中。雖然毛利家內部選擇了隆景的主張，但如此苛刻的要求直家當然不可能接受，所以這次的和解毫無成效。

❖兩家和解，三家倒楣

一五七三年春（一說七二年），直家喜獲麟兒，因為視為接班人，便用上自己的乳名八郎稱呼（和德川家康以竹千代為日後的三代將軍家光命名是同樣的道理），這位繼承人就是日後的家氏，最後接受秀吉的偏諱改名秀家。

毛利、宇喜多間的僵持在隔年終於有了破冰的進展，促成人物為前將軍足利義昭。信長包圍網自從最有力的成員武田信玄在一五七三年四月十二日病逝信州駒場後，對信長再也構成不了威脅，解除危機的信長馬上對包圍網的始作俑者——稱他為「御父」的義昭——展開猛攻，當年六月攻陷將軍所在的二條城，逼得義昭倉皇逃出畿內，室町幕府也因為主子的逃離而覆滅。

在本願寺十一代座主顯如法王的幫助下，義昭從堺港出海往西來到備後，一五七四年在今日的廣島縣福山市上岸。山陰、山陽的鄉下大名一輩子沒見過將軍，聽到將軍在備後登陸，還以為是微服出巡，紛紛前來求見（只差不能像現代人要求合照並簽名留念），毛利、宇喜多的和解及同盟就在這「愉悅」的氣氛下達成了。兩家這麼一和解，就有人要倒楣了，而且還不只一個喔！

首先是備中最大勢力的三村元親。由於直家是他的殺父、殺兄仇人，即使內心並不想忤逆落難將軍義昭，卻也無法遵照將軍命令讓中國地方的豪族都團結在這個新同盟下。如此「特立獨行」，當然免不了遭到毛利、宇喜多兩強東西夾擊，三村氏的城池快速且連續淪陷，一五七五年六月，其居城備中松山城城破，元親和幾位士兵雖負傷逃出，最後仍在城外切腹。雖然三村氏勢力在兒島半島仍擁有最後一座常山城，但是備中名門三村氏一族已經全部斷絕，常山城也在同年稍後由小早川隆景攻下。

第二個倒楣鬼是直家的主君浦上宗景。他已和信長聯繫，領地支配權得到信長承認，而信長在畿內的處境雖比七三年時有所改善，卻還有石山本願寺、大和的松永彈正久秀、丹波的波多野兄弟、紀伊的雜賀眾、根來眾等反對勢力；即使信長打算支援中國地方，大坂灣外還有隸屬毛利氏的村上水軍阻礙。此外，一五六六年，宗景在播磨的兄長政宗，在其子小次郎清宗與黑田職隆之女的婚禮上，父子雙雙遭到死敵赤松氏突襲，該分支滅亡，浦上氏在播磨的領地就此喪失，進而使得備前的浦上氏猶如海外孤島。

直家陸續收買浦上氏家臣，一五七七年九月水到渠成，不費吹灰之力就打下天神山城，昏庸一輩子的宗景退出備前，在播磨豪族小寺政職、別所長治等處當食客。雖然他力圖收復舊有領地，但終其一生都未能實現了。直家趕跑主君後，宣告擁有整個備前，天神山城也因失去軍事上的價值而遭毀壞。

最後一個倒楣鬼為直家昔日盟友尼子勝久。毛利和宇喜多同盟後，尼子氏在備前、美作也無容身之處了，只好「轉進」更東邊的播磨。一五七七年十月，信長正式命令羽柴秀吉率軍征討毛利氏，之所以選擇這個時間點，是因為信長在同年三月和從來不曾平定的紀伊雜賀眾達成和解；再者，三度反叛的松永久秀被大軍包圍在信貴山城自爆而死；第三，明智光秀已經出兵攻打丹波的波多野氏，整個畿內只剩石山本願寺仍和信長對立。而為石山本願寺撐腰的最大勢力就是毛利氏，所以為了天下布武大業，信長和毛利氏一定免不了正面對決。

秀吉不過帶領四千左右兵力，但一到播磨境內，不少豪族爭先恐後前來歸附，包括秀吉日後兩大軍師之一黑田官兵衛——他們怕的當然不是秀吉，而是信長。在播磨大小城池中，秀吉選擇姬路城做為進攻中國的根據地，當時的姬路城城主正是黑田官兵衛，官兵衛順理成章投入秀吉麾下。十一月起，秀吉迅急出兵，攻下播磨、備前邊境上隸屬直家的福原、上月兩城（均在兵庫縣佐用郡），並把上月城交由被直家遺棄的尼子勝久。

❖山陰名門尼子氏盡滅

暴跳如雷的直家率領八千軍出岡山城，直驅播磨，頗有要和秀吉互別苗頭之意。直家從探子傳回的情報得知秀吉人在姬路，為了給他一點顏色瞧瞧，直家選擇攻打姬路東邊的支城阿閉城（也稱別府城，兵庫縣加古川市）。無巧不巧，戍守阿閉城的正是黑田官兵衛，雖然守兵只有區區五百人，但擅於偷襲戰術的直家竟然反遭官兵衛偷襲敗北，然而這是其中一種說法，大多數認為此役是毛利和雜賀眾聯軍攻打阿閉城，此說的可能性似乎較高。這是大梟雄直家和大軍師官兵衛僅有的一次交手，就戰果來看，官兵衛誠然「後生可畏」。

直家不僅在阿閉城之戰敗給官兵衛，此役也是他一生往東的極限，往後他在東方的活動範圍只侷於上月城和姬路城之間。自一五七八年三月起，信長陸續將大軍挹注播磨，還派繼承人信忠親自率領三萬多兵力前來援助秀吉，顯示他有多重視征討毛利一事。這麼一來，直家必須考慮和毛利同盟的可行性和需求。原本毛利和宇喜多約定一同出兵包圍上月城，直家竟在此刻稱病不出，而且由么弟忠家及其子基家率領一萬五千人前往「觀戰」，坐視昔日盟友遭毛利兩萬大軍圍攻而見死不救。

而秀吉呢？為何不調撥人馬馳援「新盟友」尼子？當時攝津的有岡城（兵庫縣伊丹市，城主荒木村重）、播磨的三木城（兵庫縣三木市，城主別所長治）都掀起反旗響應毛利氏，並暗中供應大坂石山本願寺糧食（特別是同年第二次木津川之戰，毛利的村上水軍被信長的九鬼水軍、熊野水軍擊敗，整個大坂灣遭信長封鎖），要讓本願寺座主顯如法王屈服，就必須切斷石山本願寺的糧食來源，最好的方法就是攻下這兩座城。若從這點考量，上月城的重要性頓時失色不少，秀吉便只能讓尼子氏自生自滅了。

一五七八年七月五日，以兩千三兵力死守上月城近三個月的尼子勝久，終於不敵毛利兩川近三萬五千人的猛攻，開城投降。為保全士兵性命，勝久開城後切腹（一五五三～七八），山陰地方的名門尼子氏就此滅亡；至於歷經七苦八難的忠臣名將山中幸盛（鹿之介）則成為毛利氏俘虜，送至安藝吉田郡山城的路上，由於一直謠傳有人要來劫囚，遂於同年七月十七日在備中松山城秘密處死，得年三十四歲（一五四五～七八）。

一五七九年十一月廿四日，反叛了一年的有岡城被秀吉攻下，城主荒木村重卻在城陷之前就被毛利軍接走，憤怒的信長知道後只有屠戮村重的家人洩憤。一五八〇年一月十七日，抵抗秀吉長達廿二個月的三木城終於在糧食告罄的情況下投降。這是秀吉一生中費時最久的攻城戰，而且這廿二個月當中，毛利軍只有一次突破秀吉陣線、將糧食送到城裡去，所以根據史籍記載，三木城投降時，城內已不見動物，草根樹皮也啃光了，至於有沒有「易子而食」就不得而知了。三木城城主別所長治、友之兄弟，開城後從容切腹，別所氏的本家、名門赤松氏的分支就此滅亡。長治的叔父吉親拒絕切腹，之後下落不明，據說別所氏的分支就由他傳承下去。

有岡、三木兩城陷落後，石山本願寺一如信長的預測，透過正親町天皇前來和解（一五八〇年三月）。雖然條件是顯如必須難堪地退出石山本願寺，但他也別無選擇了。如此一來，畿內除了紀伊的雜賀眾、根來眾，再無反對信長的勢力；加上直家的背叛，毛利氏的勢力範圍一下子從石山本願寺倒退到備中。

合 備前大梟雄撒手人寰

這時的直家健康出現危機。以今日的醫學研判，五十二歲的直家應該是罹患惡性腫瘤，全身浮腫。在「人間五十年」的時代，這歲數已經不能稱為短壽了，但織田、毛利兩強夾擊的情勢，讓他不能就此撒手人寰。直家已經無法再上戰場，此後宇喜多的作戰主要由兩個弟弟春家、忠家，以及忠家的長子基家代勞。春家似乎並無後嗣；而忠家的十九歲次子詮家，雖然已經歷戰陣，但還無法指揮全局。至於直家的兒子家氏還未到上戰場的年齡。

❖雙手沾滿鮮血地離開人間

自從直家於一五七九年四月投靠信長後，氣憤的毛利家持續攻打宇喜多家備中、美作的領地，雙方互有勝負。一五八〇年十二月，小早川隆景攻下岡山城的前哨站備中忍山城（岡山市上高田）後，決定直驅岡山城下，然而毛利軍卻屢中代總大將宇喜多忠家的詭計，決戰戰場反而轉移到岡山城南方、兒島半島的八濱城（岡山縣玉野市）。一五八一年二月十四日，沒能看到兩軍在八濱展開戰鬥的直家，於岡山城因惡性腫瘤惡化病逝，享年五十三歲。

由於雙方當時即將展開死鬥，為了不折損己方士氣，直家遺言保密死訊，只草草葬在岡山城的東邊，沒有舉行任何告別式，這就是戰國時代三大下剋上的代表、備前大梟雄的最後下場。

說起來，三大梟雄的下場都很悽慘。美濃的蝮蛇齋藤道三雖活到六十三歲，但遭繼承人殺害（齋藤義龍是否其親生子還有爭議）；六十八歲逝世的老狐松永久秀是三人中最長壽的，卻是連同兒子自爆而亡，連想收屍、撿骨都愛莫能助；慣用暗殺手段除去政敵、雙手沾滿鮮血的宇喜多直家，雖是病故，但惡性腫瘤帶來的痛苦恐怕不輸前兩人，而且還草草下葬，連未成年的繼承人都不能來送自己最後一程，直到一五八二年一月才公佈死訊，法名「涼雲院天德星友大居士」。

宇喜多直家一輩子玩弄陰謀、詭計、暗殺、騎牆伎倆，當他雙腿一蹬，留給九歲繼承人家氏的遺產為：備前、美作的全部，將近一半的備中以及靠近備前的西播磨三郡，大概有六十萬石上下，在當時的日本算不少了——相較於本能寺之變以前的德川家康，只領有三河、遠江、駿河，加起來七十五萬石左右。

直家死去後，不僅敵對勢力，就連他的家臣、甚至親人都鬆了口氣。么弟忠家晚年時曾有這樣的回憶：「哥哥是個可怕的人。內心陰險，從他表情永遠猜不透他真正的想法。因此每次去見哥哥之前，我衣服內一定要穿件鎧甲保命」——這是多「成功」的駕馭臣下之道！

❖毛利、宇喜多直接對決的最後一役

場景轉回八濱城。直家之死並未影響毛利和宇喜多的戰爭。宇喜多軍士氣相當高昂，特別是基家，一馬當先接連突破毛利軍的防線，然而卻遭流彈射殺，英年早逝（生年不可考，推算起來應該只有廿四、五歲）。基家的死固然可惜，卻大大激勵了宇喜多軍，把原本略占上風的毛利軍節節逼出兒島半島，一舉打翻毛利氏想在備前建立據點的如意算盤。在這場戰役裡，宇喜多方面有七名將領表現極為傑出，人稱「八濱合戰七本槍」——一般提到這稱呼多會想到秀吉麾下的「賤嶽七本槍」，其實「七本槍」和「四天王」都是日本戰國時代對英勇武將的尊稱，並沒有限定是哪些武將。

八濱之戰是毛利和宇喜多直接對決的最後一役，因為此後宇喜多便附從信長、秀吉，以部屬身分和毛利作戰。雖然擊退了外敵，宇喜多氏卻改變不了家督去世、幼主繼位、家臣對立的危機，而且為了對抗毛利入侵，宇喜多氏得有更強大的靠山才行，因此一五八二年一月，負責進攻毛利的統帥秀吉回到姬路城，宇喜多的代理家督忠家親自從岡山城率領八千軍前往歡迎。面對如此陣仗，秀吉帶來一項大禮：直家生前打下的領地，包含備前、備中、美作，全部得到信長承認，並准許由少主家氏繼承。

不過前面提過，直家在世時只擁有部分的備中，其餘還在毛利氏手裡，這代表秀吉有義務以武力相助，因此秀吉在該年三月進入岡山城，準備攻打毛利在備中的據點。秀吉一進城就被直家的未亡人阿福吸引，阿福也知道此人對家族的重要性，不討他歡心的話，別說擋不住毛利的進攻，甚至可能遭到毛利、織田兩大勢力夾擊，可以說整個宇喜多家，包括她和兒子家氏的命運都操控在秀吉手上，因此阿福投入了秀吉的懷抱。

為避免瓜田李下之嫌，秀吉收直家的遺孤家氏（日後的秀家）為猶子——其實秀吉進入岡

猶子和養子

在此對日文中的「猶子」和「養子」（包含「婿養子」）稍作說明。兩者都是建立在收養關係上，不過養子必須捨棄原有姓氏，並且可能成為繼承人（婿養子則加上入贅到女方、住在女方家中的條件），意思與中文的「養子」差不多。猶子則不用改姓，也沒有繼承資格，比較像中文裡的「乾兒子」。

山城的企圖，據說連遠在近江長濱城的正室寧寧都一清二楚；而這對「養父與生母」的組合在宇喜多家臣間和毛利陣營裡恐怕早就是茶餘飯後的話題了。隨著秀吉對阿福寵幸愈深，家氏的地位也不斷攀升，信長死後，秀吉改認為養子，是他六個養子中唯一沒有血緣關係者。

❖宇喜多秀家，老大徒傷悲

秀吉率領織田、宇喜多聯軍攻打毛利的第一個據點是備中高松城，城主是小早川隆景部下裡非常有名的清水宗治。一五八五年，已經接手信長大部分勢力的秀吉為家氏元服，取他兩個「父親」名諱各一字，改名秀家。秀吉對他有多鍾愛呢？以下且擇幾個例子說明。

一五八六年秀家被任命為從四位下近衛中將，獲准使用豐臣家（秀吉在前一年被任命為關白、獲賜姓豐臣，晉升為太政大臣）「五七桐」的家紋。翌年，十五歲的秀家竄升為從三位參議並擔任中納言，秀家也因此被稱為「備前中納言」，並隨同秀吉攻打九州做為初陣。一五八九年，十七歲的秀家已是秀吉的養子，娶了前田利家與阿松的三女豪姬（也是秀吉和寧寧的養女），親上加親，豐臣、前田、宇喜多三家結盟以對抗德川家康的態勢非常明顯。

由此可見，秀家一路有秀吉大力提拔，甚至才二十一歲就成為五大老之一，與德川家康、前田利家、毛利輝元、小早川隆景四位有力大名平起平坐。如果秀吉不那麼早死，或者關原會戰西軍是贏家，那麼宇喜多氏在秀吉政權下有可能繼續成長為超過百萬石的大名。然而金吾中納言小早川秀秋出其不意的背叛，讓秀家享受了風光早發的青年期之後，在流放地八丈島孤獨度過長達五十年的人生下半場，享壽八十三歲。

黑田官兵衛

くろだ　かんべえ

貪慾無饜的軍師

【生卒年】一五四六～一六〇四。

【根據地】豐前中津城。

【性格特徵】慾望過多、強烈的表現慾以及偏執的貪念。

【特殊事蹟】關原之役時，地處九州的官兵衛迅速起兵席捲北九州，展現稱霸天下的野心。

【最大領地】豐前、豐後、筑後。

【最後結局】於福岡城壽終正寢。

【家族命運】關原之戰後，成為筑前福岡五十二萬石大名，進入明治時代後受封為侯爵。

【梟雄度】★★★☆

起 祖輩漂泊至播磨，父親發達成家老

提到黑田官兵衛，對日本戰國史稍有了解的人都知道他和竹中半兵衛（竹中重治）是秀吉統一天下前、後期的兩大軍師。為何這位不世出的名參謀會和聲名狼藉的梟雄扯上關係？這是本文要討論的主題之一。名軍師不可或缺的條件之一是聰明才智，但檢視古今中外歷史不難發現，聰明一樣是梟雄的必備條件。

❖集軍師梟雄於一身

戰國時代的名軍師相當多，如今川家的太原雪齋、武田家的真田幸隆和山本勘助、長尾家的直江實綱、龍造寺家的鍋島直茂、大友家的立花道雪等等，都是竭盡心力協助主家擴張領土。秀吉能夠以最短時間席捲三木城以外的播磨國，提前和毛利氏對決，黑田官兵衛的遊說及遠交近攻發揮了甚大功效，立下的功勳一點也不輸給已逝的另一位軍師竹中半兵衛。但是黑田卻缺乏完美軍師的其他要件：對主家的忠誠度以及清心寡慾。慾望過多的話，為主君策劃戰略時難免會加入自己的私心，也會有強烈的表現慾，就這點而言官兵衛遠不如半兵衛。

秀吉平定九州後，為報答這位多年來貢獻心智的軍師，賜給他豐前六郡共十二萬五千石的領地。平心而論，一介軍師能夠領有超過十萬石的俸祿已是相當難得，看看德川家康賞賜給魚水之交兼軍師本多正信才區區一萬石，便不難知道秀吉是高度肯定官兵衛的貢獻。但壞就壞在秀吉出兵九州前曾經允諾官兵衛，九州若能平定，將賞他其中一國，結果只給了九州最小的豐前中津一帶，官兵衛對秀吉這種「開芭樂票」的行為非常不諒解，日後在關原會戰時做出令東西陣營皆詫異的行為，或許就源自於此吧！

強烈的表現慾以及偏執的貪念，使得官兵衛除了是個能力出眾的軍師外，更可視為傑出的梟雄。

❖從近江黑田氏到備前黑田氏

介紹黑田官兵衛之前，按照慣例先簡述黑田氏的由來。其始祖據說是鎌倉時代末期近江佐佐木氏的分支京極氏的庶子宗滿，由於並非正室所出，領地分封在近江北部靠近越前（福井縣）的伊香郡（秀吉取得天下的關鍵賤岳之戰就在該郡的木之本町）黑田村，時間大概是十四世紀中葉。宗滿定居黑田村後，便以地名做為新姓氏，其八代子孫便是威震天下的黑田官兵衛孝高。從此看來，黑田氏和繼承佐佐木氏嫡系的六角氏、分支京極氏及尼子氏是有遠親關係。

然而黑田氏在近江居住的時間並不久，宗滿四世孫高政一五一一年響應十代將軍義稙的號召而出兵，因違反軍紀惹惱將軍，逐出近江，成為浪人的高政輾轉來到備前國邑久郡福岡鄉，和宇喜多氏當了從未謀面的鄰居，近江黑田氏從此成為備前黑田氏。

高政到備前後沒什麼特別作為，其子重隆帶著兩歲的兒子職隆遷移到播磨姬路定

京極氏略系圖

京極滿信—宗氏—高氏—高秀—高詮—高光—持清—勝秀—高清—高清
（持清）—政光→政光

宗滿—宗信—高教—高宗—高信＝清高—政光—高政
（高宗）—高宗—高政

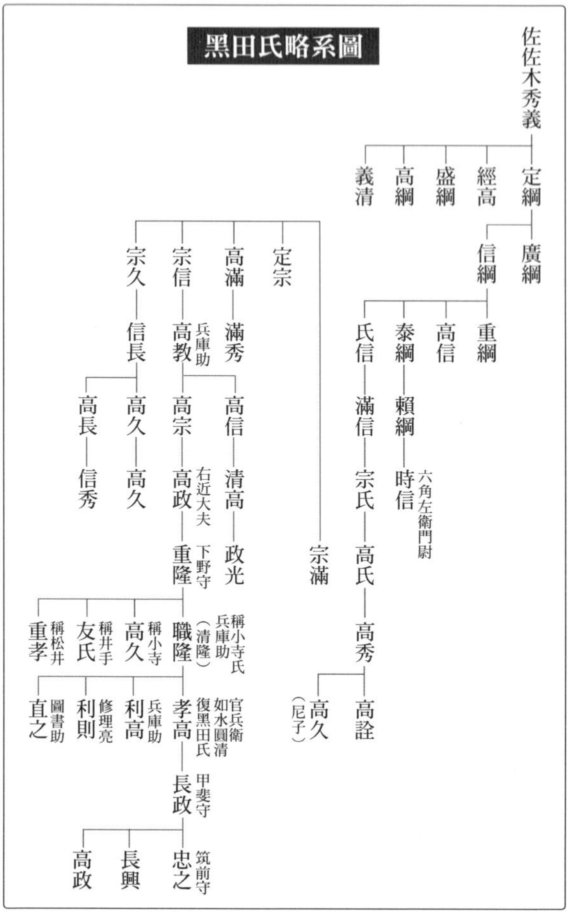

居，而職隆之子就是官兵衛。

黑田高政移居到備前福岡後，就此脫離武士身分，無以維生的他於一五二三年鬱鬱病逝，這時候他的兒子重隆不過十六歲，孫子兵庫助甚四郎也才兩歲，曾孫官兵衛孝高當然還未出生。黑田重隆也在這年離開居住十三年的備前福岡，帶領沒幾個成員的家族往東邊的播磨移動，定居在該國中部的姬路。

為何重隆要離開幾乎已成為第二故鄉的備前福岡呢？這和當時播磨、備前征戰不休的慘狀有關。之前介紹宇喜多直家時提到，播磨的赤松晴政為報父親義村為備前的浦上村宗所殺之仇，一五二三年聯合西播磨勢力雄厚的豪族小寺氏出兵，驅逐浦上氏在播磨新占有的領地。

這場規模不算大的戰役讓赤松晴政嚐到甜頭，不僅一雪敗戰的恥辱，也讓播磨眾多騎牆觀望的豪族轉而效忠。

敗戰的浦上氏由於士氣潰散，成了比強盜還可怕的賊兵，一路從播磨西境開始劫掠，黑田重隆居住的備前福岡受害最深。備前福岡位於畿內通往山陽道的要衝，室町時代曾經風光一陣子，這次在掠奪暴行中受到重創，使得黑田重隆不得不放棄充滿童年回憶的備前福岡，往東邊的播磨遷徙。重隆一定沒想到，這次遷移會遇到生命中的貴人，並且造福他日後的孫子；而且若是繼續居住在備前福岡，也可能會被宇喜多直家以骯髒的手段暗殺掉。

另外還有一個關於黑田氏由來的說法，那就截然不同了。黑田氏世代居住播磨，是當地的「有力人士」，到此為止並無不妥，可是世系方面，除了官兵衛的名字外，其他部份完全不一樣。始祖既不叫宗滿，惹得將軍衝冠一怒的祖先也不叫做高政，甚至官兵衛的祖父也不是重隆、父親也不叫做職隆（在第二種說法裡，官兵衛的父親反而叫做重隆）。但家族起源真實性不可考，這點在當時並不少見──甚至許多是出於捏造──在此僅列出作為讀者參考。

黑田氏略系圖

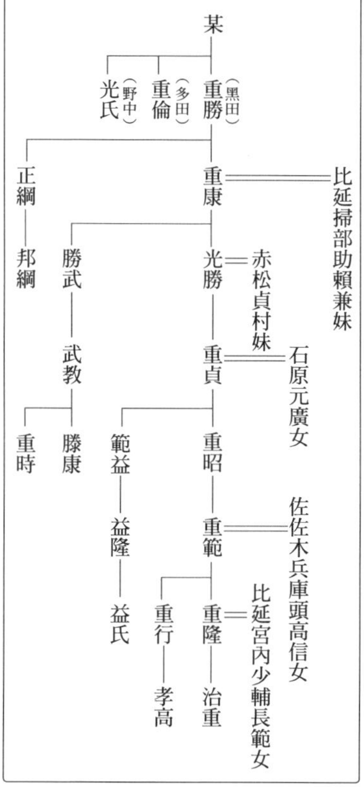

❖催生幕府有功，赤松獲贈播磨

在此必須先介紹一下播磨的情勢。播磨連同但馬、淡路三國，以及丹波、攝津兩國西半部皆屬於今日的兵庫縣。兵庫是目前日本四十七個行政區中涵蓋最多古行政區的縣份，面積八三九四・六八平方公里（國土地理院二〇〇五年四月），在日本全國行政區排行第十一位。地形如已故作家宮本百合子《播州平野》所描寫的大部分屬於平原；而依照二〇一〇年的數據，人口達五百五十九萬多人，在日本各行政區中排第八位。

室町時代，播磨大多時候都是幕府四職之一赤松氏的領地。室町幕府的四職約等同於今日日本的內務省或台灣的內政部，和大約等同內閣總理、行政院長的三管同為室町幕府最重要的中央官員。只有七個家族得以出任三管（細川、畠山、斯波）和四職（赤松、京極、一色、山名），其中赤松和京極純粹是因為戰功而受幕府委以此職；而其餘幾家，都和足利氏有或遠或近的血緣關係。不只如此，就連關東管領上杉氏也因為是足利尊氏母親的娘家而受重用。當一個政權的重要官職大部分都只由血緣關係者出任，不講求實力、無法注入新血，那還能有多大作為呢？

鎌倉幕府末年、一三三〇年左右，赤松氏原本追隨的是後醍醐天皇，即便後來足利尊氏（當時還叫高氏）背叛幕府投效天皇，但兩者到推翻幕府為止還沒有任何交集。

一三三四年後醍醐天皇主張取消武家政權，重返奈良時代以前天皇獨尊的統治形式，這段時間推行的政策稱為「建武新政」。王權伸張，相對地諸侯權力必然受到抑制；但後醍醐天皇沒有軍隊為後盾，削減諸侯權力無異是以自己生命作賭注。建武新政推行不過三年，當初擁立的地方武士紛紛起來反抗，認為這位曾被關過好幾年的後醍醐天皇不足以代表他們的利益，而轉投到武士出身的足利尊氏帳下，世代居住播磨的赤松氏也在這時投靠尊氏，打起反抗建武新政的旗號。這也很正常：天皇都要置你於死地了，難道還要死命替他捍衛政權？明治時代的御用學者也很難硬拗說這時期的武士尊君愛國，同時再次證明武士並沒有尊敬天皇的傳統。

一三三五年十月，足利尊氏東征鎌倉，消滅鎌倉幕府殘餘勢力後，正式和天皇撕破臉，並一度攻入京都。一三三六年五月，足利的軍隊在攝津的湊川（兵庫縣神戶市中央區）和天皇軍迎戰，結果天皇軍的新田義貞已先在兵庫戰敗撤回京都，這一撤反而使剛在櫻井驛（大阪府三島郡島本町）和兒子（正行）訣別的楠木正成成為真正的孤軍。只剩七百騎的正成和多到數不清的足利軍作戰，最後和弟弟正季以及餘部自盡於湊川，至於率領足利軍打贏這場戰役的將領就是赤松氏家督則村（法號圓心）。

赤松圓心的貢獻不只如此，他還建議尊氏，對抗後醍醐天皇需要的不僅實力，更要緊的是名份，千萬不能讓自己成為叛臣。為了合法化自己的地位以號召民心，必須再扶植一位天皇與之抗衡，當然人選得是皇室成員才具說服力。要從傳承千餘年的日本皇室中找出一人和後醍醐互別苗頭並不難，絕對有人願意出任，哪怕這位天皇不見得會被大家承認。

同年八月尊氏上洛，後醍醐天皇逃到大和的吉野郡，尊氏立他的遠房姪子為光明天皇（在明治時代以降皇位不被承認），日本從這年開始分裂，即南北朝時代（也稱吉野時代，一三三六～九二）。縱觀日本歷史，上皇（讓位的天皇）、法皇（出家的天皇）、天皇並存不算稀奇，但同時有兩位天皇卻是頭一遭，赤松圓心的這項建議使足利尊氏和他十四代子孫都躲過「叛臣」的罵名——到了幕末時期，為打擊江戶幕府威信以還政於天皇，才開始追究這「遲來五百年的正義」。

赤松圓心的建議之功，比殺掉一百個楠木正成還大，因此得到尊氏賜予播磨一國。

❖刺殺將軍爭權力，授人把柄遭剿平

不過終其一生，足利氏給予圓心的賞賜也僅止於播磨，至其子孫才位列室町幕府的四職、兼領備前和美作守護，這大約是十四世紀末、南北朝分裂結束後的事。但是赤松氏身兼三國守護的時間並沒很久，後來三處領地全被山名宗全接手了。

足利政權自成立以來，即因不當分封導致臣下實力過強，只要兩個有力大名聯合起來，便足以對將軍造成威脅，這正是室町幕府始終積弱不振的原因。雖然一三九二年南北朝達成協定完成統一，幕府的弱勢並不因此有所改善。六代將軍義教有鑑於此，採取強硬政策，削弱地方勢力，包括把宗親出任的「鎌倉公方」強行分成「古河公方」（下總古河）和「堀越公方」（伊豆堀越），圍攻意圖作亂的幕府四職一色氏和土岐氏。義教這種有計畫的剷除讓其他守護大感緊張，進而反擊，發難者正是赤松氏——圓心的曾孫滿祐一四四一年六月於宅邸宴請義教時，竟然就刺殺將軍了。

滿祐的這一舉動，不過是替各守護大名執行了他們心裡不知反覆演練多少次的行動，然而為擴大自己的勢力，各地大名反而起來「伸張正義」討伐赤松氏。最靠近赤松領地的山名持豐（法號宗全）率先從播磨北邊的但馬發兵，一路勢如破竹，滿祐很快就戰敗而死。

敗戰的赤松不只被除去守護大名的身分，播磨、備前、美作三處領地全由山名宗全接手。請記住：廿六年後的應仁之亂，山名宗全正是西軍的最高統帥！為何他能擔任這一職務？除了四職的身分，正是赤松氏「貢獻」的這三處領地加強了他在幕府裡的發言權。

室町時代許多守護大名如武田氏、大友氏、島津氏都把庶子分封到領國各地，對內可加強控制，對外則做為本家的屏障，以備不時之需。赤松氏也不例外，前面提過的別所氏、黑田氏及與官兵衛甚有關連的小寺氏、明石氏、櫛橋氏等，都是赤松氏在播磨境內的「椿腳」。

一四六七年應仁之亂後，全日本處於空前未

有的亂局，對播磨的統治根基並不紮實的山名氏很快便退出占自赤松氏的三處領地，播磨重回故主統治，改由滿祐的弟弟義雅之孫政則擔任家督。播磨能夠回到赤松氏的手中，主要是因為赤松氏的庶子遍佈播磨（統稱「赤松三十六家」），但赤松在備前和美作並無如此雄厚的勢力，因此名義上政則仍為三國守護，備前和美作卻已落入守護代浦上氏囊中，赤松氏也從政則之後分裂成以置鹽城（兵庫縣飾磨郡夢前町）為居城的本家赤松氏和以龍野城（兵庫縣龍野市龍野町）為居城的分家，本家歷經義村（和浦上氏戰敗被殺）、晴政、義祐三代都沒能收回失地，赤松氏的氣數就到此為止。

❖販賣眼藥起家，富商晉身家老

再回頭來說黑田氏。離開備前進入播磨的黑田重隆，為何會選擇定居姬路，這點並不清楚，他來到播磨後繼續經營祖業販賣眼藥，這是其父高政被逐出近江後，在備前福岡流落十餘年賴以維生之業。克紹箕裘的重隆除在姬路一帶兜售眼藥累積了些許財富外，還成為播磨大名赤松晴政的家臣。重隆在姬路最大的收穫不在於成為赤松家家臣（他同年就和晴政不合離去），而是認識了當地甚有勢力的富農竹森新右衛門（日文的「百姓」意為農民，「大百姓」則為富裕有勢力的農民），在其推廣下，黑田氏的眼藥逐漸從姬路風行到整個播磨，黑田氏從這時開始累積財富，成為姬路屈指可數的豪族。

一五四三年，重隆讓出家督位置給滿隆（元服後的甚四郎），自稱黑田入道宗卜。繼任家督的滿隆馬上展開初陣，奇襲當地惡名昭彰的豪族香山氏，成功取得首級。滿隆這麼做不完全是出於見義勇為，很大的原因在於香山氏會構成黑田眼藥販售的障礙。這一舉動為姬路地區的大豪族小寺氏除去心腹之患，滿隆因而獲得賞識。小寺氏家督藤兵衛（小寺氏歷代家督都襲用藤兵衛之名，就如同歷代三井財閥的當家都名為三井八郎右衛門）政職將名字的「職」字賜給滿隆，於是改名「職隆」（有的記錄寫成「職高」，發音一樣）。和當時一般武將相較，職隆的初陣規模小了許多，畢竟他是一介有錢平民，可能只號召數十名種田農民助陣；但是這次奇襲卻讓他及未出生的兒子發跡，就影響力而言，這場初陣比起許多剽悍武將在戰場上取得的成果要豐碩許多！

之前提過，一五一九年追隨主君赤松晴政攻打備前的叛將浦上村宗時，小寺政職的祖父政隆、父親則職先後戰死，重創的小寺氏必須廣用人才方能維持搖搖欲墜的家業，於是收養同為赤松氏旁系的明石正風之女，一五四五年為這位養女招黑田職隆為贅婿。明石氏的居城即今日的明石市明石城。

當時小寺政職有正則、氏職等兒子，形同小寺家一門眾。職隆入贅後成為家老，也負責管理小寺氏歷代居城姬路城。

❖黑田氏入主姬路城

許多人都知道姬路城和奈良市法隆寺、鹿兒島縣屋久島以及秋田縣、青森縣交界的白神山地，都是日本最早（一九九三年十二月）登錄的聯合國教育科學文化組織（UNESCO）世界文化遺產（後兩者屬世界自然遺產），但是姬路城之所以能得到聯合國青睞，並不是小寺氏的功勞，甚至和職隆及其繼承人官兵衛也沒有關係。

姬路城的建造始於南北朝的一三四六年，在日本可算得上歷史悠久，築城者為赤松圓心的次子貞範，名稱由來是「在姬山道路上構築的城池」。築城目的是防備南朝勢力反撲，但一三四八年的四條畷之戰，南朝在播磨、攝津一帶甚有勢力的楠木氏遭到毀滅性重挫後，姬路城的重要性大為失色，赤松氏便將這座城賜給家老小寺賴季（一三四九年，七世孫即為小寺政職）做為居城。

隨著南朝勢力頹微，姬路城的戰略重要性降低，但因地處播磨平原中央，交通位置便利的優勢並未消失，因此小寺氏憑此城在整個室町時代蓄積實力，和三木城（兵庫縣三木市上之丸町）的別所氏成為播磨赤松氏底下兩股最大勢力。自小寺賴季從主君赤松貞範手中接收姬路城至小寺政職為止，直系的小寺氏先後八代共一百九十七年，是這座後世稱為「天下第一名城」的主人。

小寺職隆接管姬路城後，把生父黑田重隆接過來。有種說法是姬路城的興築始於重隆，但重隆應該只是擴大姬路城的規模。小寺氏家督政職則遷到新居城——也位於今日姬路市的御著城。職隆的好運不止於此，和政職養女成親的翌年，廿五歲的他當了父親，一五四六年十一月廿九日長子誕生，取名萬吉，便是日後的黑田官兵衛孝高。

❖生下即是少城主，畿內之旅拓見聞

重隆四歲離開近江，十六歲時又離開備前福岡；職隆的童年則是在姬路鄉間辛苦行商、販賣眼藥；和父祖相比，萬吉一生下來就是個現成的少城主。他在姬路城裡接受武藝、兵學、文學等各式教育，生活優渥，唯一美中不足的是十歲時失去生母。十六歲時，萬吉到主君小寺政職處服侍，擔任「近習」，暫時住進御著城。

一五六二年，說起來不怎麼光采，十七歲的萬吉跟隨父親討伐當地土匪以做為初陣，並且改名孝高，自稱官兵衛。之後幾年，官兵衛在幾名部屬陪同下，展開畿內之旅（小寺職隆雖是姬路城城主，然俸祿未超過一萬石，也沒有姬路城以外領地，不能視為大名，沒有世襲的家臣，故以部屬稱之）。

官兵衛此行親眼目睹三好三人眾和松永久秀等人的肆虐和京都的殘破，也見證了足利將軍權勢沒落。官兵衛幼時接受的教育中，特別推崇輔佐劉邦完成霸業的張良，因此暗自希望將來能遇上雄霸一方、裂土封王的梟雄，而非重振幕府雄風、恢復既有秩序的足利將軍。在這次行程中，官兵衛結識了和田伊賀守惟政、長岡藤孝（即細川藤孝）及葡萄牙的耶穌會傳教士維耶拉（Gaspar Vilela, 生歿年不詳）。

說到曾造訪日本的耶穌會傳教士，許多人會想到將天主教傳入日本的沙勿略（Francisco de Xavier, 一五〇六～五二）和著有《日本史》的弗羅伊斯（Luis Frois, 一五三二～九七），然而沙勿略停留日本的時間僅兩年兩個月，弗羅伊斯一五六三年才來到日本，其間將近十二年都是由維耶拉等人負責傳道工作。如果沒有維耶拉接棒，天主教在日本的勢力可能不只局限於九州而已，更有可能退出日本。一五五六年抵達日本的維耶拉，最初也和前輩沙勿略一樣，在豐後府內大友家領地傳道（之後有一陣子前往肥前平戶），一五五九年九月應耶穌會的命令前往京都，他是耶穌會教士中第一個道京都傳教者，也是頭一個踏上畿內的歐洲人。

維耶拉到京都後，原本打算謁見將軍足利義輝，取得在畿內的佈教權，但抵達之後發現足利將軍不過是個空殼子，於是轉而請見當時京都的實權掌握者三好長慶。但是長慶忙著和京都一帶的不服從勢力作戰，遠道而來的「上帝使者」雖有「淨化心靈」的功用，但既不能提供他迫切需要的資源，也不能引進勢力龐大的靠山，因此維耶拉在京都初期並無太大斬獲。

在京都傳教不順的維耶拉只得退到和泉國的

堺港，初期他遇到的人當中，對天主教抱持好感的只有將軍義輝的隨從和田惟政（但終生都未受洗）。待退入堺港，由於他為人親切，而且濟貧救窮扶老顧幼，很快就吸引了三萬多名信徒受洗，為天主在人間增加一塊新版圖。受洗者包括和田惟政之弟、攝津高槻城（大阪府高槻市城內町）城主高山飛驒守重房，他是畿內第一個吉利支丹大名（日文對於天主教的譯稱，鎖國後改稱「切支丹」）；堺港商人小西隆佐也成為信徒。這兩人不僅自身受洗，連兒子高山右近（也叫重友、長房）、小西行長也帶著進入天父之國。

❖成為天主的子民

一五六四年左右官兵衛也受洗了，教名Don Simeon。在京都傳教不成的維耶拉，退到堺港反而「業績暴漲」，為當時人已來到九州的同胞弗羅伊斯打下良好基礎。一五六七年，維耶拉離開畿內，回豐後繼續傳教，一五七一年離開日本前往印度，弗羅伊斯則繼續維耶拉的佈道任務，日後當信長上洛，他還透過諸位吉利支丹大名和信長見面。弗羅伊斯的佈道成績也從旁說明一項事實：信長和弗羅伊斯的合作不過是互相利用、各取所需罷了。

官兵衛在畿內接受天主教洗禮、見識鐵砲的威力後返回姬路。一五六七年，四十六歲的父親職隆讓出家督之位，由廿二歲的官兵衛繼承，同時成為姬路城的主人，以及主君小寺家的家老。壯年之齡即隱居的先例，黑田家只維持到官兵衛而已。

立業成家一體兩面，職隆為接任家督的兒子物色了小寺政職之姪、志方城（兵庫縣加古川市志方町）城主櫛橋伊定（嚴格說來算赤松氏旁系）的女兒，安排婚事。由於信仰天主教，官兵衛只能擁有這麼一位妻子，而他也終生遵守了一夫一妻的誓約。官兵衛這點堅持在古代東方男性算是相當罕見，據說日後權傾天下的秀吉曾對天主教傳教士說：「如果你們不那麼嚴格執行一夫一妻制，那麼我也將成為耶穌的門徒。」

❖逆向操作，壓寶信長

官兵衛和櫛橋伊定之女成親後，第二年生下長子松壽丸（元服後改名長政），雖然官兵衛喜獲繼承人，但是幾年下來播磨面臨的局勢卻令他日益擔心。自從一五六八年九月信長簇擁已故將軍義輝之弟義昭上洛後，雖然一度受包圍網威脅，不過大致說來，在那之後信長的領地急速增長。特別是一五七五年五月長篠·設樂原之戰重挫武田軍強大騎兵團後，東邊國境長年以來的威脅解除，使得信長更能全力爭討畿內附近及其西邊的勢力，盛極而衰的關東後北條氏以及武田氏，交由盟友德川家康即可應付。

至於中國地方，從備前、因幡到長門一帶，也逐漸從豪族林立的狀態變成毛利氏獨霸、中間還點綴著宇喜多氏的局面（雖然宇喜多這時依附毛利氏，但實力依然強過播磨的別所氏和小寺氏）。出於地理上的考量，赤松氏諸分支都贊成順從毛利氏，只有官兵衛持不同看法。他認為信長具有完善的建設國家理念，或許爭戰過程中使用了許多令人髮指的手段，但是無破則無立，官兵衛認為抱持如此理念的信長非常有機會一統天下，於是在一五七五年長篠．設樂原之戰過後，以播磨小寺家家老的身分獨自前往美濃岐阜城求見信長。

一五七三年時，毛利家的外交僧安國寺惠瓊於京都會見信長後，曾經做出以下預測：「信長的勢力還能持續個三、五年吧。大概明年就連朝廷的要職也不會有興趣了。不過之後形勢將有急遽轉折，藤吉郎（秀吉）將會是不可小覷的人物。」當時信長的聲勢如日中天，安國寺這番「逆勢」預言應該會被人嗤之以鼻，然而觀諸日後歷史發展不難發現，安國寺的預言比官兵衛來得正確。

一五七五年前後的信長，和本能寺之變前夕相比，版圖還缺了好幾塊，也少了幾次關鍵戰役的勝利，卻已經是日本最強大的勢力，只有東邊的上杉、畿內的本願寺以及中國地方的毛利結盟方能對他構成威脅；九州的島津則是距離過遠，難以發揮牽制作用。官兵衛想必也做了類似評估，才會隻身遠赴美濃求見信長，想藉重其力終結播磨的分裂，除發揮自己才學，更可保全小寺家的家業。

一五七七年十月十日，松永久秀帶著平蜘蛛茶釜自爆而死，畿內的反信長勢力暫時平靜；過沒幾天，十月十九日，中國征討軍就從安土城開拔——已經是官兵衛於岐阜城投入信長麾下的兩年多後了。中國征討軍的統帥為羽柴筑前守秀吉，官兵衛理所當然編在秀吉麾下（不過此時官兵衛在播磨等待秀吉軍隊到來）。從日後發展來看，加入秀吉陣營對官兵衛而言是命運的眷顧，如果他投效明智光秀，很可能死於山崎之戰；如果投效柴田勝家，或者便喪命賤岳之戰。

十月廿二日，秀吉率領的四千中國征討軍進入攝津西部靠近播磨的花隈城，在城主荒木村重的招待下，準備第二天進入播州平野。看到這樣的兵力，或許大家會和花隈城諸將兵有同樣疑問：面對擁有十國領地百二十萬石收入的毛利氏，區區四千人根本是飛蛾撲火吧？恐怕連平定整個播磨也很困難。

❖兩大軍師的夢幻共演

在花隈城休息一天後，秀吉的「大軍」正式開拔進入播磨。當時許多播磨豪族不識秀吉，但並不代表他們不清楚信長的實力——特別是信長在畿內種種「豐功偉業」經過渲染後——絲毫不敢怠慢信長這位長相身材著實奇特的代理人。

秀吉一眼就中意小寺氏的姬路城，不僅做為他在播磨時的居城，更加以整修使之成為經略中國地方和攻打毛利氏的前線基地——今日姬路城的規模便是始於秀吉之手，而由「姬路宰相百萬石」池田輝政完成。官兵衛才能卓絕，又是播磨「在地人」，若無他的協助，要把播磨納入版圖會是事倍功半，儘管如此，貢獻度超乎想像的官兵衛仍被要求獻上人質——也曾在小寺家當人質的長子松壽丸。因為再怎麼有經天緯地之才，對於剛進入播磨的中國征討軍統帥秀吉而言，官兵衛還是個外人。

戰國時代，家老以下的家臣向主君獻上人質（嫡長子為佳）是不成文規定，這比畫押遞上誓詞更能表現效忠之意。譜代家臣尚且如此，招納的降將就更不用說了。一般而言都不會虧待人質，因為在正常情況下他們會是己方未來的大將；然而若其父萌生叛意，人質通常會比叛將更早送命。

征戰多年的秀吉當然有自己的班底，除了異父弟小一郎秀長，大多數是在擔任近江長濱城主時期納入麾下，如美濃國人眾蜂須賀正勝、七次聘請才加入的軍師竹中半兵衛，以及近江方面的增田長盛、石田三成等等（前田玄以、長束正家此刻還不隸屬秀吉指揮），對官兵衛來說，這些深受秀吉信賴的「前輩」同僚無異是潛在的競爭對手。官兵衛要取得秀吉信任，幫助織田家取得播磨只不過「及格」而已，還得比老班底立下更多功勞才行。

秀吉入主播磨以來，各地豪族紛紛歸降，怕的當然是秀吉背後那一怒就會搗毀神佛居處的「魔王」信長。只有上月氏的上月城和福原氏的佐用城（皆位於播磨西鄰備前的佐用郡、臣屬於剛篡位自立的宇喜多直家）做出與眾不同的抉擇，因此自然成為秀吉立威的對象。一五七七年十一月廿七日，秀吉親自進攻上月城；佐用城則由竹中半兵衛和黑田官兵衛連袂出擊，真可說是「夢幻共演」。

既非固若金湯，也無強兵猛將，在兩大軍師的運籌帷幄下，佐用城只一個晚上便陷落了（反倒是秀吉親自出馬的上月城十二月初才攻破）。由於這項任務實在稱不上艱難，秀吉並未因此完全信任官兵衛、確認他的才學，但這次並肩作戰的經驗讓兩大軍師惺惺相惜，在不久的將來，半兵衛甚至還替官兵衛「背書」，以助其家業承續。

兩座城池入手後，秀吉把上月城賜給已經滅亡的山陰豪族尼子勝久及其遺臣山中幸盛。表面上看來播磨一國已納入織田家的控制，其實不然，這只是動亂前的寧靜。

一五七七年底，播磨的最大勢力別所氏（擁有三分之一播磨）和官兵衛的主家小寺氏，都在其勸說下決定投靠信長。播磨兩大豪族（此時赤松氏已沒落）的一致決定自然影響了境內其他騎牆觀望的小勢力，這樣的局面是由信長的威勢、秀吉的四千兵馬加上官兵衛的勸說「不戰而屈人之兵」造成的，但其成果和效力勢必有所限制。

以今觀古，當時的信長毫無疑問是全日本最可能統一天下的人選；不過當時播磨境內以別所氏為代表的豪族，卻更願意投靠就在西邊的毛利氏。是什麼原因讓他們做出如此「錯誤」的判斷呢？

答案在前文已有提及：前將軍足利義昭。義昭在中國地方以其顯赫身分，幫毛利家拉攏了不少沒見過世面的地方豪族，使其影響力從備後大舉往東延伸至播磨東境和攝津西邊。前任將軍的權威加上毛利氏的兵力，足以混淆播磨境內以管窺天者的判斷力；對照秀吉只有四千的兵馬，毛利方面的優勢不言可喻。倚強凌弱是人類的天性，所以即使是已經知道答案的現代人回到當時，也未必能做出比別所氏更正確的抉擇。

❖織田大軍馳援，強壓中國戰線

逢此變局的秀吉深感己方兵力過於薄弱，不僅沒辦法讓投向毛利的豪族來歸，甚至連觀望者也左右不了，更別說還有即將到來的毛利大軍要對付，因此除向安土城的信長求援外別無他法。身為總大將，秀吉當然不可能離開前線回去求援，播磨出身的官兵衛也非合適人選，最後還是委任已臥病在床的竹中半兵衛，由他返回畿內向信長求援，來解除東有別所氏、西有宇喜多氏、毛利氏夾擊，而秀吉自身加上降服的小寺氏、櫛橋氏僅有七千餘兵力的窘境。

當時信長在畿內的敵人只剩石山本願寺和紀伊的雜賀、根來等勢力，其中本願寺已在包圍之中，信長一時雖不得取勝，但也無戰場擴大之虞。此外，上杉謙信已經在該年（一五七八）三月十三日疑似腦溢血病逝，謙信一死，

中國地區主要城池分布圖

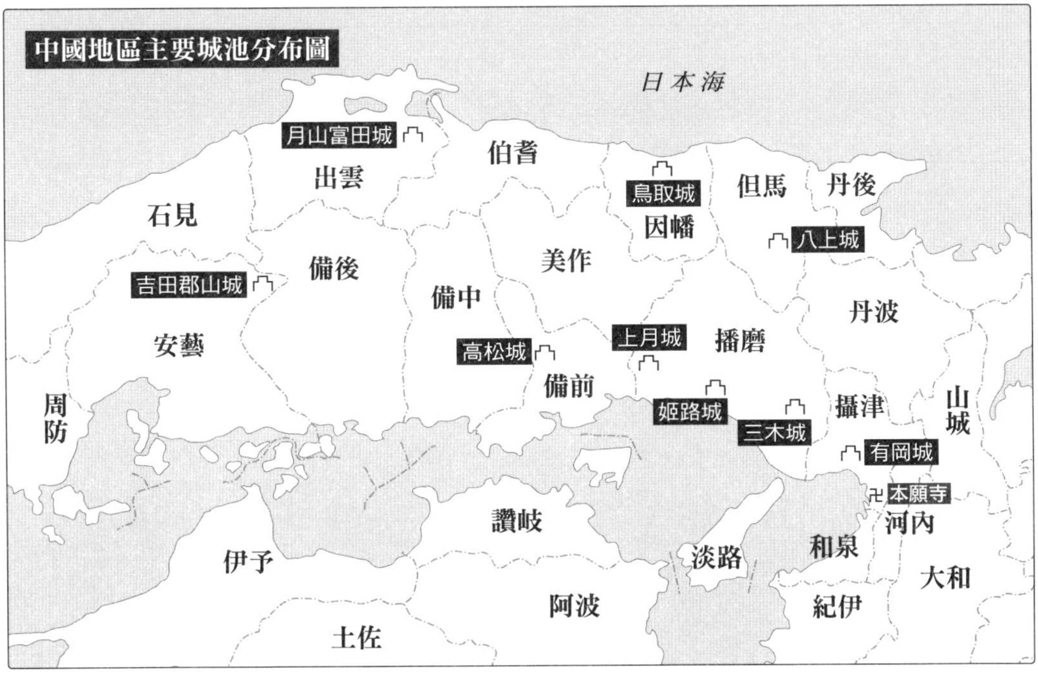

信長東邊的威脅頓時大減，於是派出三萬多人增援中國地方。一五七八年的信長，俸祿總數五百三十餘萬石，以一萬石可維持二百五十名士兵的比例推算，最多可徵募十三萬五千人，但實際上要動員如此兵力幾乎不可能。信長不僅同意增援大軍，還派出準繼承人信忠隨行，連攻略山陰地方的總大將明智光秀、進攻石山本願寺的將領之一荒木村重都奉命前往支援，不難看出信長對中國戰線的重視。

另方面，毛利派出宇喜多直家一萬五、吉川元春一萬五、小早川隆景二萬兵力進入播磨，雖然最後目標是和秀吉決戰，但是毛利並不直攻秀吉，而是先進軍播磨、備前邊境的要地。先前為秀吉拿下的上月城現在屬於山陰名門尼子氏。已滅亡的尼子氏在家臣立原久綱、山中幸盛奔走十餘年後，終於有復興的跡象，但是上月城不僅位在最前線，兵力又只有兩千三百人，秀吉在衡量得失之後，做出棄守上月城、攻打別所氏居城三木城的決定。對秀吉來說，只有平定別所氏，姬路城以東的半個播磨才能安定，也才能以半個播磨為據點和毛利交戰；反之，為了解救上月孤城，不但可能賠上姬路城，甚至補給線還會遭切斷，這麼一來，即使拿下上月城也將因小失大，所以只能任由尼子氏自生自滅。

上月城入手，意味著毛利氏得以把決戰地點往東推進到播磨境內姬路城一帶，但這並不令毛利氏高興，因為擁有備前、備中、美作的宇喜多直家並未協同進攻上月城。雖然直家出兵與否不會改變這座孤城的命運，卻給毛利和宇喜多的同盟帶來極大變數。一五七九年四月，直家終於捨毛利而去。

一五七八年四月，秀吉開始包圍播磨最大反對勢力別所氏的居城三木城（又稱釜山城）。他團團圍住三木城及所有支城，以待其糧盡援絕，這種長期作戰的方式在秀吉的戰史上可稱空前絕後——兩次征討朝鮮之役雖然拖了七年多，但並非秀吉有意為之，故可不算在內。三木城面臨加古川的支流美囊川（長三十九公里），背倚六甲山（高九百三十一公尺），若是貿然進攻，徒增傷亡，即使有大軍增援，秀吉依然不願強攻。三木城不過是遠征中國的第一站，若現在就折損太多兵力，接下來要怎麼面對擁有十國領地、百二十萬石的毛利呢？尤其信長這時脾氣已愈趨暴躁，區區一座三木城就折損過多兵力，他必然大發雷霆。

❖自願出使，遭囚地牢

全力包圍三木城之際，卻傳來信長的部將荒木村重即將在有岡城掀起反旗的消息。官兵衛得知後，自告奮勇要前往勸說，因為當時秀吉正全心投入三木城的作戰，若他能在信長援軍抵達前，憑藉三寸不爛之舌消弭一場戰事，不管在秀吉麾下乃至信長陣營，分量都能加重。由這角度來看，官兵衛自然是過於熱中功名；但也有歷史小說闡述，官兵衛不忍見村重一時糊塗，而將招致信長無謂屠戮，出於惻隱之心才一肩扛下這個任務。

不過，官兵衛的一片苦心顯然遭到辜負。甫抵有岡城，還沒施展蘇秦、張儀的縱橫之才，便被打入不見天日的地牢。村重不僅幽禁官兵衛，還對外封鎖消息，此舉無疑要讓信長方面認為「在地人」官兵衛已經倒戈。果不其然，信長暴跳如雷，氣得要殺官兵衛交出的人質十歲的嫡長子松壽丸。

正當身在長濱城的松壽丸即將小命不保，竹中半兵衛趕緊把知交的兒子藏匿起來，助他逃過無妄之災。沒有半兵衛的當機立斷，日後黑田氏不會有入主筑前五十二萬石的機會。可惜的是，半兵衛八個月後即因肺癆病逝（一五七九年六月），得年僅三十六歲，松壽丸（即日後的長政）還來不及報恩。

秀吉的兩大軍師，後代下場差異甚大。半兵衛早逝，其子重門在關原之役中屬於東軍，卻只獲封關原戰場東側、今日岐阜縣的不破郡垂井町（該處的菩提山城是竹中氏的發源地），才五千石的賞賜還不夠格成為大名。而同屬東軍的黑田長政，則取代金吾中納言小早川秀秋成為筑前的主人，擁有五十二萬石俸祿。他知道重門孩子多、食指浩繁，便養育其次子主膳（元服後改名竹中重次），成年後聘為家臣，以報半兵衛的搭救之恩。

一五七八年十二月八日，信長方面調動近十萬兵力前往攝津平野，對付擁有有岡、池田、花隈、尼崎的荒木村重，這時距離官兵衛被囚禁已一個多月。此時信長除討伐叛變的荒木，也和本願寺進行第三次石山戰爭；軍團長秀吉正在攻打播磨東邊的三木城，另一名軍團長明智光秀則和丹波的波多野氏交戰。至於和東邊的上杉、武田之間並沒有重大衝突，顯然上杉謙信死後，信長的東邊已經沒有太大威脅。

❖荒木家慘遭殺絕，別所氏本家滅亡

一五七九年九月二日，一直盼不到毛利援軍的村重，在信長大軍猛攻下，終於不支離去。

平心而論，村重能守住四座城池近十個月已非常不容易，這當然和據城而守的優勢有關。

毛利援軍始終沒有到來，這點對守軍士氣影響很大。包括村重在內，當時在攝津、播磨一帶和信長作戰的本願寺、別所氏都需要毛利水軍自瀨戶內海方面前來補給，因為陸上的糧道已被信長切斷。毛利氏擁有瀨戶內海屬一屬二的村上水軍，對他們來說，從海路從事運輸補給並不困難，但這種優勢在一五七八年七月爆發第二次木津川之役後就不復存在了。毛利水軍在此役中為信長新發明的鐵甲船擊潰，至少喪失了瀨戶內海東岸的霸權，而這足以斷絕對村重、本願寺以及別所氏的糧食補給。

第二次木津川之役發生一年多後，一五七九

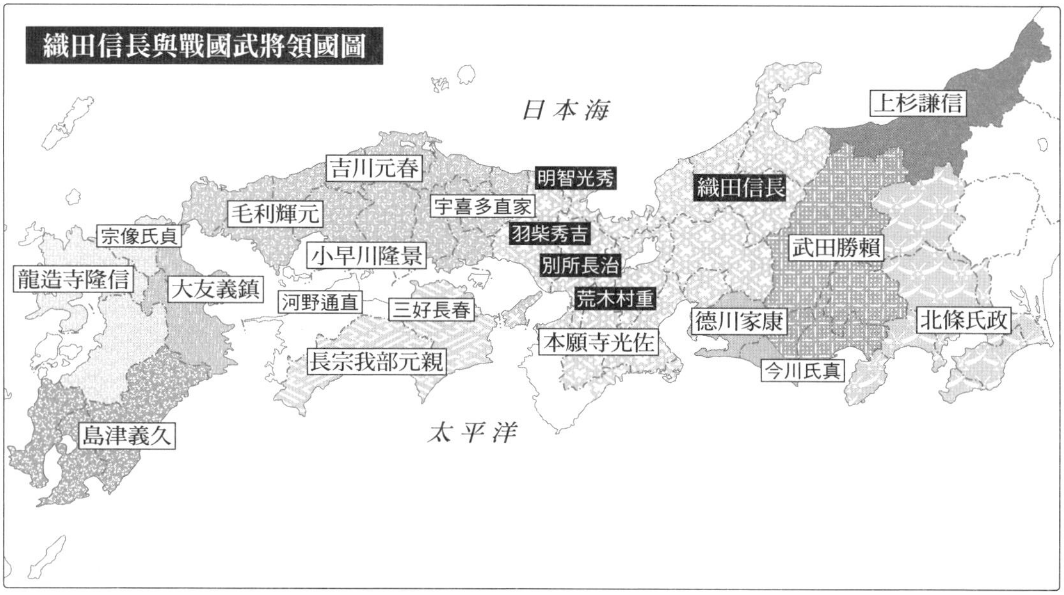

織田信長與戰國武將領國圖

年八月第三次石山戰爭結束。不到一個月有岡城也投降了，只剩東播磨的別所氏苦撐到翌年五月，城內除人之外所有生物都宰完吃光後，終於被秀吉攻下。

有岡城雖於九月二日陷落，村重並未立即放棄抵抗，轉往有岡城南邊的尼崎城，直到隔年三月二日尼崎城也被攻破，村重才在親信的保護下往西逃竄到毛利陣營的勢力範圍。村重自從掀起反旗，到最後流亡，抵抗信長將近一年半。這對昔日君臣從此沒有再碰過面，後來秀吉掌權後，赦免了村重，讓他返回畿內，在大坂以茶人身分度過餘生。

然而村重家人的命運就悲慘了。有岡城破時他們沒能逃出，正好成為信長遷怒的對象。一五七九年十二月十六日，信長一聲令下，京都六條河原（鴨川附近六條通、河原町通交會處）頓時化為人間煉獄，村重以外的荒木家成員共五百一十餘名悉數活活燒死，不僅長子新五郎村次，連村重的兄弟、正室側室都不得倖免。就信長的「紀錄」而言，這次屠戮規模並不大，但是之前多是獲勝後，連同非作戰人員在內的廣義敵軍；卻很少像這次將一個家族趕盡殺絕。

一五七九年十一月十九日，攻打村重的主力瀧川一益軍從有岡城的地牢救出官兵衛。幽禁了一年多，肢體不得伸展，使他膝蓋萎縮，造成無法復原的傷害，之後和立花道雪一樣必須乘坐肩輿才能指揮作戰；一隻眼睛也因為長期處在黑暗中視力衰退，然而身體的退化遠比不上內心的變化。

一五八〇年一月十七日，遭秀吉包圍近兩年的三木城，在「饑殺三木城」（「三木城の干し殺し」）後，城主別所氏的家督長治接受秀吉使者的意見，開城投降。自古以來凡是城下之盟，很少沒有屈辱，這次當然也不例外：別所長治夫婦及子女四人、長治的叔父吉親（又稱賀相）夫婦、長治弟弟友之夫婦等人交出城池後便自盡，許多家臣也追隨他們而去。長治另一個弟弟治定（通稱小八郎）在秀吉剛率軍攻城時就在突襲中先行陣亡，所以別所氏本家至此已宣告滅亡。至於長治的叔父吉親的兒孫都沒在三木城中作戰，因此沒有一同切腹；長治的另一位叔父重宗（或寫成重棟）因不贊同長治依附毛利的主張，作戰前便離開三木城，後來成為秀吉的部下，娶秀吉手下「七本槍」之首福島正則的姊姊，其子正之後來成為正則的養子。

❖姬路城換來大名身分

別所氏滅亡，意味著播磨盡在信長的控制之下；三個月後，顯如法王退出石山本願寺，第三次本願寺戰爭宣告結束。後者代表攝津的戰略位置已不再重要，為方便和西國之雄毛利氏對決、監視剛從毛利陣營倒戈的宇喜多氏，秀吉決定在播磨境內選擇一座居城。他捨三木城而就姬路城，因為有兩項優點是前者所無：姬路城位於播州平原正中央，不像三木城偏向播州東部；其次，大平原中央固然容易受敵軍包圍，相對地也有利於調動己方軍隊。

姬路城原本是官兵衛及其主家小寺氏居城，為補償他的損失，信長另賜以山崎城（兵庫縣宍粟市山崎町）和一萬石俸祿，等於把官兵衛拉拔為信長底下的大名。山崎城位在姬路城西北方，地當播磨、因幡、美作交界，即今日的兵庫、鳥取、岡山三縣附近，就當時的政治版圖來看，則座落於織田、毛利、宇喜多三大勢力要衝，這當然是經過一番計算的安排。

❖秀吉攻勢順利，聞變急返京都

播磨才納入版圖，秀吉旋即又往北攻打因幡的鳥取城。因幡國在五畿七道中屬山陰道八國之一，室町時代為幕府四職山名氏的領地。兩百多年的室町時代，勢力起伏最大的守護大名恐怕就屬山名氏了。十五世紀初全盛期時，領地曾膨脹到十一國，足以和足利將軍家抗衡，世人戲稱「六分之一將軍」。功高震主的山名氏當然成為將軍亟欲剷除的對象，加上應仁之亂爆發，到了十六世紀中葉天文年間（一五三二～五五），受尼子氏侵略到只剩下原先的領地但馬和因幡。

毛利氏壯大後，由兩川體制領軍向東進逼，山名氏不僅節節敗退，家臣甚至裡應外合，不但放逐主君豐國，連主君剛竣工的居城鳥取城（一五四一）也獻給毛利氏。鳥取城一度被秀吉攻下，但隨著包圍三木城的戰事吃緊，秀吉不斷抽調駐守鳥取城的兵力，毛利氏便趁機奪回。名城失而復得，讓毛利倍感珍惜，便派遣重臣石見吉川氏（安藝吉川元春的分家）的家督經家鎮守。

一五八一年六月，秀吉整合播磨境內各豪族兵力共二萬人，取道官兵衛的山崎城，出兵鳥取城。秀吉採用官兵衛的建議，斷絕鳥取城對外交通糧道和水源。

戰術（包括陣形、佈陣、計策）常是勝敗關鍵所在；但一遇上攻城戰，攻方能施展的戰術便相當有限了，除了不計一切卯起來猛攻，大概就只能斷絕守方的糧道，拖延時間逼迫對方投降。斷糧之法雖然曠日廢時，但成效往往比一味猛攻來得有用，只要是沉穩作戰、不貿然搶攻的總大將或參謀，攻城時多會採用這種穩紮穩打、不輕易損失兵力的計策。

鳥取城的抵抗沒有三木城持久，同年十月廿五日，守將吉川經家痛心許多屬下死於缺水，決定以一己切腹換取全城性命，後世稱此為「渴殺鳥取城」（「鳥取城の渴え殺し」）。鳥取城攻下後，整個因幡差不多全倒向秀吉。自一五七七年十月中國征討軍成立，四年間秀吉為信長增添了播磨、備前、美作、因幡約九十五萬石領地，帳面上來看成果豐碩，然而只有因幡一地是從毛利氏手中硬生生搶來的。捷報傳回安土城，上下都笑得合不攏嘴，信長認為天下布武的鴻業已在倒數階段了。

不過信長只對了一半，真正在倒數的是他的性命。翌年六月二日，京都洛中的本能寺，一把無名的憎恨之火奪去信長、信忠、村井貞勝等人性命，卻也意外造就秀吉、官兵衛等人的抬頭。

當時秀吉才聽從心思縝密的官兵衛獻計，完成了水淹備中高松城的「壯舉」，守軍恐慌是在預料之中；正欲進行下一步時，卻傳來京都發生巨變的消息。秀吉聽到後的反應在前作已有提及，然而必須指出的是：秀吉的驚慌失措並不完全因為一手提拔自己的信長死去，他最擔憂的應該是明智光秀若和毛利取得協議，對他前後夾擊，那他必死無疑。

若說秀吉此刻沒有萌生貳心，那是騙人的；但對秀吉而言，此刻更重要的是如何率領將士安全逃離前線返回京都，之後才能奢談接收天下。光回京還不夠，因為信長、信忠雖死，信長還有信雄、信孝及秀勝（秀吉的養子）幾個兒子，秀吉若要為信長復仇，正當性也還不夠充分；就算簇擁養子秀勝，也未必會比信雄、信孝親自出馬來得有號召力。所以秀吉能做的只有搶在眾人之前趕回京都，如果他能最早召集信長的部將，針對叛變的光秀打一場漂亮的復仇戰，或許可以改變上述不利於他的因素。

❖抖露秀吉野心的一句話

觀諸日後發展，秀吉正是因為漂亮打贏山崎之戰，才加重他在織田家的分量，進而取得信長的繼承權。但對於六月三日人還在備中的秀吉來說，他可能沒想那麼遠，只覺得這是個危險之地，千萬不能陷入被明智、毛利夾擊的險境。當他還在思考回京後要怎麼做時，官兵衛拖著殘廢的單腳，冷不防滑行到他身邊，皮笑肉不笑說道：「主公，這是我們的好機會，我們要趁此時把天下納入掌握！」

秀吉對這番話非常不滿。不只因為自己心思被看穿了，官兵衛竟然還大刺刺地揭露出來。要知道，隨著和毛利的戰爭日漸擴大，秀吉需要的將領也愈來愈多，這些將領多半是信長派來支援的，他們和秀吉並不像石田三成、加藤清正那樣親近，遇上和毛利作戰無關的事，未必會聽從秀吉命令。如果太早暴露秀吉趕回京是為了奪權，他們很可能做出不同調的決定，這才是秀吉最畏懼的。但是官兵衛為了逞能邀功而抖露秀吉的野心，難怪從這天起，秀吉便開始漸漸疏遠官兵衛。

第二天秀吉和毛利家的外交官安國寺惠瓊達

成和解，以清水宗治切腹為條件，保全備中高松城。然而秀吉若想安心撤退，勢必需要毛利軍保證不會從背後偷襲，所以秀吉開誠佈公，揭露本能寺之變的發生。前文已提及，毛利其實無意上洛，比起進京，更在意的是經營中國地方。元就在位時就已有這傾向。

據說某年冬天，壯年的元就要尚未過繼出去的元春、隆景各率領四名小廝打雪仗，以觀察他們的將才。元春一開始便積極攻擊，隆景陣營很快便有兩名小廝「陣亡」。但元春陣營幾次搶攻下來，體力消耗殆盡，此時隆景和另兩名小廝開始轉守為攻，片刻間逆轉局勢。明眼人都知道誰是最後的勝利者，元就卻評斷道：「兩人都是贏家。」據說就是在這次「戰役」後，元就決定兩川體制及各自進攻的目標：元春負責山陰，此處雖有難纏的尼子氏，但對外狀況並不複雜，最適合不按常理出牌、喜好冒險深入敵境的元春；隆景負責山陽地方，此區雖無強敵，但是豪族眾多，還有盤據瀨戶內海各島的水軍眾，加上四國勢力也常會介入，因此須以武力、政治、外交三管齊下，最適合擅用計策、不過度擴張、願穩紮穩打的隆景。

如此安排後，元就說道：「元春在北，隆景在南，那我便能成事。」可見元就認為只要能打下山陰、山陽兩地並好好經營，便已足夠，沒必要貿然發動大軍上洛。元就晚年將勢力擴張至北九州豐前、筑前，基本上擁有日本六十八國中的十三國（當然非完全擁有），元就曾這麼說道：「即使十三州有半數為敵人所奪，也還能當個七、八州的太守。倘若時運不濟，最低限度還能保有三州」——這是後話：隆景過世後，毛利氏時運真是不濟到極點，最後只保有防、長二州。

後期的兩川體制幾乎都以隆景的意見為主，其前提為不違背守成的大原則，所以當毛利家得知本能寺之變發生，即便元春主張一路殺入京都，意見仍然沒被採納。正因為隆景對秀吉的坦然抱有好感，所以他力主信守承諾，不加追擊，秀吉才得以安心率軍開拔，五天內疾行一百七十五公里（「中國大撤退」），趕回京都和明智光秀爭奪天下。豐臣政權之所以能夠建立，毛利氏——特別是隆景——居功厥偉，即便他們除了嚴守中立外，什麼也沒做。

隆景即使到了晚年，守成主張也未曾動搖，據說他臨死前留給姪子輝元的遺言是：「豐臣的治世差不多要崩解了。鞏固毛利氏的邊境，決不要無端捲入是非。惠瓊這個人太喜歡玩弄權謀，只要有他在，必定會把毛利牽扯進中央的政治鬥爭，無論如何請疏遠惠瓊吧！」

合　縝密籌劃趕不上局勢變化

到一五八四年十一月小牧・長久手之戰結束為止，除甲斐、信濃為德川家康吞占外，信長生前打下的領地已完全為秀吉繼承，能在兩年多內取得如此空前成就，證明隆景的眼光遠大正確。

一五八五年六月，秀吉任命其弟小一郎秀長為總大將，率領十一萬餘大軍，兵分三路，征討四國的長宗我部氏：秀長、秀次約六萬兵力從紀伊出發，渡過紀淡海峽在淡路島東岸的洲本（兵庫縣洲本市）上岸，橫貫淡路島，再從西岸循鳴門海峽從阿波上岸；宇喜多秀家、蜂須賀正勝率領兩萬三兵力，從備前南邊的兒島半島出海，行經小豆島、直島諸島，仿效源義經從讚岐的屋島（香川縣高松市）登陸，官兵衛以監軍身分隨行；毛利輝元、小早川隆景、吉川元長（元春的長子）率領三萬兵力，從備後尾道（廣島縣尾道市）出發，航行向島、因島，直抵伊予的新居（愛媛縣新居濱市）。

❖四國沒分到，九州又嫌少

其實長宗我部氏只算是「土霸王」，雖然他以智謀統一四國，但也不過就八、九十萬石，以一萬石徵募三百名士兵來看，兵力最多不超過三萬。現在秀吉派出近四倍兵力征討，怎麼看都覺得是向其他未臣服者展現實力。十一萬大軍壓境，長宗我部元親只抵抗了兩個多月便投降。戰後秀吉迅速分配領地：長宗我部元親

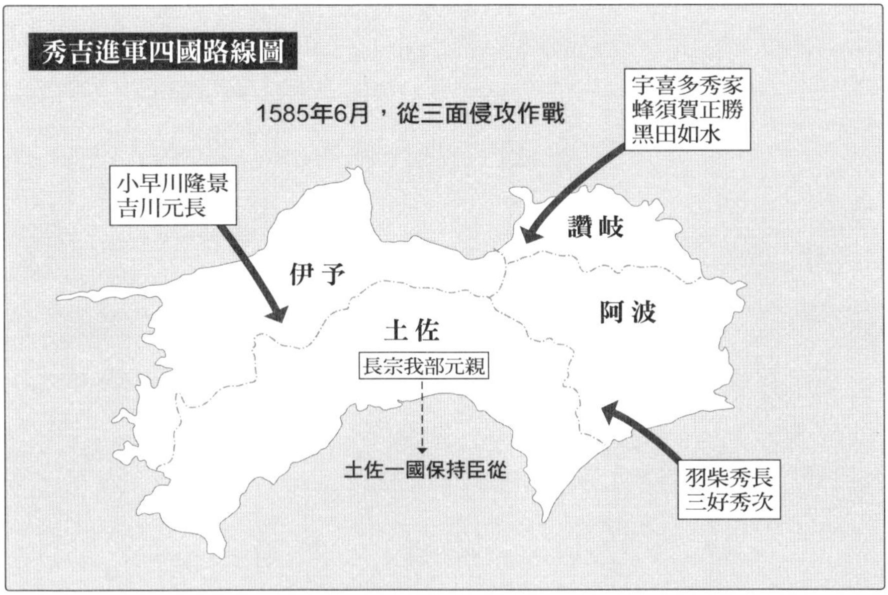

只允許領有土佐；仙石權兵衛秀久為馳援投靠秀吉的十河氏而深入敵境，擊滅元親的先鋒部隊香川氏（十河氏和香川氏都是讚岐豪族，原本都歸於三好氏，三好氏沒落後，兩者便各自選擇對象投靠），因而獲賜讚岐；阿波給長年追隨秀吉的蜂須賀正勝（正勝此時已把家督讓給長子家政），四國最富庶的伊予則給小早川隆景。

「似乎是出征前就分配好了」——官兵衛或許會有這種抱怨，但平心而論，官兵衛不過是監軍身分，四國再怎麼分配也不會有他的份。為安撫人心起見，土佐賞給當地出身的長宗我部元親是最好的決定，真正能用來論功行賞的只剩下讚岐、阿波和伊予，讓官兵衛也分一杯羹的話，只會招致秀吉家臣更多不滿。

不到兩年，秀吉應豐後大友宗麟的哀求，決意攻打即將統一九州的島津義久。或許察覺這段期間官兵衛的不滿，出征前秀吉竟對官兵衛說：「平定九州後，將賜其中一國給你。」九州十一國差距甚大，官兵衛想的多半是肥前、肥後、筑前、豐後等富饒之鄉，而非對馬、壹岐、日向這些貧瘠之地。官兵衛這次以參謀身分參戰，九州征討軍從豐前小倉登陸後便兵分兩路：東路軍由秀長率領，沿著豐前、豐後來到日向，三月底在高城（宮崎縣西都市）擊潰島津軍，這是征討九州過程中規模最大的一場戰役；秀吉親率西路軍，所到之處各豪族無不如迎王師般前來歸附，結果不發一兵、不打一仗便來到薩摩接受義久請降。

所以嚴格說來，官兵衛在九州之役並沒有立下足以獲賜一國的功勞，但秀吉仍然給他豐前國的京都（讀音「みやこ」）、築城、仲津、上毛（皆福岡縣）、下毛、宇佐（皆大分縣）約十二萬五千石的領地，把原本只有一萬石的官兵衛一下子晉升到中等大名的地位。這樣的恩澤應該足以讓官兵衛感激涕零吧？答案是否定的。因為豐前國有八個郡，照秀吉先前的約定，還要再加上田河、企救（也都在福岡縣）兩郡才是。人經常不會滿足自己已得到多少，而斤斤計較那尚未成為囊中物的一小部分。

❖君臨豐前，殺雞儆猴

官兵衛並不覺得自己領受到破格恩賜——即便從參謀搖身變成稱雄一方的大名，除了小一郎秀長外，幾乎可以說是史無前例了。官兵衛一到領地上任，便發現國人眾並不都接受他的調度，決定殺雞儆猴，挑中的對象是城井谷（福岡縣築上郡築上町）的城井氏。

城井的姓氏由來，很明顯是因為居住在城井谷城。城井本姓宇都宮，說到宇都宮氏，【信長之野望】的玩家應該知道，關東下野國有個很弱的大名宇都宮氏，通常都是坐以待斃；四國伊予也有一家姓宇都宮的大名，也常被其他有力大名消滅。

事實上，下野、伊予、豐前三處的宇都宮氏都是藤原北家（攝關家）庶流，下野為本家，豐前是分家，伊予又是豐前的分家。豐前宇都宮氏傳到第六代冬綱改姓城井，為豐前築城郡的豪族，十四代以前臣屬大內氏，之後改投大友氏。秀吉將豐前六郡賜給官兵衛時，城井氏的家督是第十六代鎮房，他當然想藉這機會恢復地方豪族的獨立態勢，此舉引來征討，可是對攻城頗有心得的官兵衛卻在這座名不見經傳的小城踢到鐵板。一五八八年一月，久攻不下的官兵衛與鎮房談和，願讓城井氏維持獨立，為表誠意，官兵衛邀請鎮房及他八十三歲的老父長房前往黑田氏的居城下毛郡中津城（大分縣中津市，一五八七年官兵衛起築）做客。

如果瞭解官兵衛的個性，應該不難判斷這是一場鴻門宴。城井長房、鎮房、朝房祖孫三人歡天喜地進入中津城，發現迎接他們的是黑田武士的重重包圍，還來不及反抗便成為刀下冤魂了。城井一族滅亡後，其他豪族震懾於官兵衛的陰險冷血，諸般反抗就此消弭。

官兵衛這種舉動，讓後人在評價他時，除了名軍師之外也多了梟雄的烙印。不過這番批評並不盡然合理，他是以最小代價迅速平定領地內的叛亂，如果光是「講信修睦」，恐怕得和這些豪族周旋下去，永無寧日。官兵衛自認此事做得天衣無縫，但是紙包不住火，當然最後也傳入關白秀吉的耳裡。

❖「讓人不寒而慄的是黑田」

據說這件事發生後，秀吉某日和御伽眾（伴隨主君的談話對象）聊天時，刻意問道：「我死之後，誰將取而代之得天下呢？」一時間眾人紛紛表示意見，家康、利家、氏鄉、景勝、輝元等人的名字都出籠了，秀吉均不置可否，最後他緩緩說道：「是黑田官兵衛孝高。」根據幕末時期編纂的《名將言行錄》，秀吉是這樣說的：「這世上讓人不寒而慄的人是德川和黑田。」其實這句評論才符合實際狀況。

無論話怎麼說，總之這消息一傳到官兵衛耳裡，他馬上知道大事不妙。此後將有無數雙眼睛暗中觀察他，甚至據之向秀吉進讒言；況且九州平定後，天下統一在望，官兵衛對秀吉來說已是「鳥盡弓藏，兔死狗烹」。想到這裡，官兵衛覺得自己的處境過於危險，為免遭有心人惡意中傷，才四十四歲的他乾脆上奏秀吉請求隱居（退休）。

官兵衛隱居後以「如水軒」為號，顯然是想表達「雖身處褒貶毀譽中，心猶如清水般明澈」。黑田氏第九代家督由其長子廿二歲的長政繼任；說也奇怪，長政繼任後俸祿即調到十八萬石。秀吉是不是針對官兵衛呢？相信數字會說明一切。官兵衛隱居後，拍手叫好的人當然很多，但他親手栽培的部屬皆感失落，尤以後藤又兵衛（基次）為最。

又兵衛之父原為三木城別所氏的家臣，三木城破時切腹殉死，官兵衛憫其忠勇，將兒子收為部下，又兵衛從此成為官兵衛底下最驍勇的戰將之一，黑田武士中能和他相提並論的應該只有母里太兵衛（友信）。又兵衛和繼任的長政始終不和，這或許和個性有關。

官兵衛雖然喜愛玩弄權謀，但對待部下有情有義，因為他知道自己的功名野心要靠部下才能實踐，唯有善待到交心的程度，才能讓他們心甘情願地把命交給自己。松壽丸長政自幼便嚐盡當人質的辛酸，過慣看人臉色的生活，也因而學會明哲保身的處世態度，只要自己不被怪罪，部下是隨時都能當作代罪羔羊。一和官兵衛相比，長政更顯得怕事、畏縮、沒擔當。

又兵衛對官兵衛的一片赤誠並不因為主公隱居而沖淡。一六〇四年官兵衛病逝後，又兵衛和長政的衝突到了水火不容的地步，兩年後長政對又兵衛施以「奉公構」（由原主君通告各藩不得聘用該名解職武士）的處分，在日本境內無法生存的又兵衛，最後只得響應豐臣氏的號召，將大坂城做為自己的埋骨之所。

秀吉晚年發動的朝鮮之役，西國大名皆被點名，特別是古稱西海道的九州，不僅要出兵，兵力要比其他地方多，還得當先鋒隊。長政被任命為第三軍的指揮官（第一軍小西行長，第二軍加藤清正），三支軍隊勢如破竹直抵李朝都城首爾，李朝的君主宣宗（在位一五六七～一六〇八）猶如「最是倉皇辭廟日，教坊猶奏別離歌，揮淚對宮娥」，連夜逃竄往北至平壤。

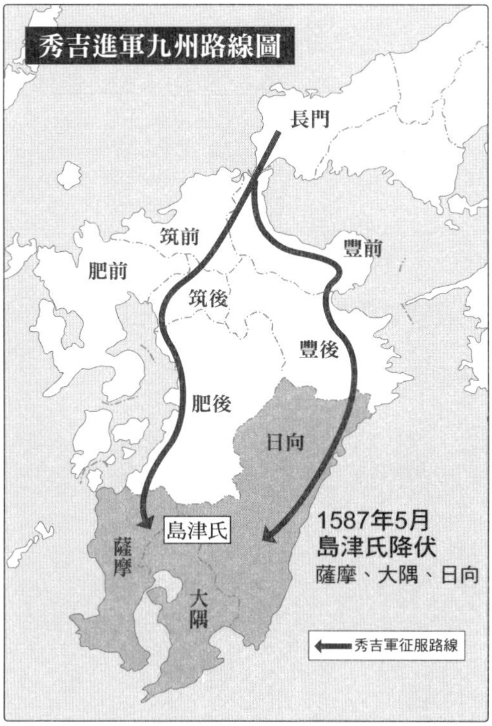

但之後朝鮮半島上的日軍就沒有太大進展，朝鮮之役翌年，隱居的官兵衛也被徵召到朝鮮半島，不過他和文治派的官員石田三成、增田長盛等人相處不融洽，連帶也被秀吉疏遠（此後改稱「如水軒圓清」），直到一五九八年八月十八日秀吉病逝，官兵衛都沒能再見故主一面。秀吉死後，官兵衛覺得機會終於來了。曾被秀吉點名「在他死後最有機會取得天下」，若沒有任何行動，豈非對不起自己、更對不起秀吉的「青眼有加」！

❖坐擁九州積實力，冀望收拾東西軍

官兵衛觀察當時情勢，認為德川家康必定會和大坂陣營展開激烈決戰，這種感覺在翌年前田利家病逝後更為強烈。他認為戰爭將在關東和大坂之間展開，然後蔓延到日本各地。位在九州的自己，或許第一時間趕不到前線，但是可以趁雙方混戰之際，在九州累積實力，然後再從山陽一路打到畿內，收拾兩敗俱傷的家康和大坂陣營。室町幕府的開創者足利尊氏也曾受新田義貞、楠木正成等人圍剿，敗退九州；一三三六年在九州勢力大友氏、大內氏、少貳氏、宗像氏的支持下，從九州一路打回京都，讓後醍醐天皇狼狽地帶著三樣神器逃到南邊的吉野另起爐灶。官兵衛此時想必覺得自己正如當年的尊氏吧！

一六〇〇年七月，官兵衛在九州招募近一萬名「烏合之眾」（主力已被長政帶至關原），只等中央開打，就趁機攻擊北九州各地要城，再順勢南下包圍島津氏；只要結束和島津的作戰，整個九州便納入掌握。之後以九州的兵力從下關一路往東進攻，還在捉對廝殺的東西陣營一定抵不住己方進攻，天下就此手到擒來。

九月十三日，官兵衛一聲令下，這批雜牌軍攻擊豐後熊谷直盛的安岐城（大分縣國東市安岐町）、豐後垣見一直的富來城（大分縣國東市國東町）、豐後太田一吉的臼杵城（大分縣臼杵市）、豐後森朝通的角牟禮城（大分縣玖珠郡玖珠町）、豐後毛利高政的日隈城（大分縣日田市龜山町）、豐前毛利勝信的小倉城（福岡縣北九州市小倉北區）以及香春岳城（福岡縣田川郡香春町）、筑後立花宗茂的柳川城（福岡縣柳川市本城町），都在數日之內被官兵衛一一拿下。

正當官兵衛席捲北九州，整頓軍勢、南下直指島津時，關原之戰竟超乎預料已宣告結束，想必官兵衛有「謀事在人，成事在天」的感慨吧！既然家康已經勝出，就算和島津作戰獲勝，率領九州軍也未必打得贏家康。

戰後論功行賞，黑田長政因擊斃西軍的島左近以及透過吉川廣家讓毛利大軍動彈不得，家康認定他是首要功臣，加上長政娶保科正直之女、家康的養女榮姬為繼室（其元配是蜂須賀正勝的女兒，秀吉死後他休掉元配，以示劃清界線），長政因而得到筑前名島五十二萬三千石的賞賜，將近原本豐前中津十八萬石的三倍。

❖天下大業壞在兒子手上

據說長政回到領地後，得意洋洋對父親誇耀家康如何讚賞他在關原的表現：「『這場戰役能夠獲勝都是多虧有你』，說完並三度和我握手。」官兵衛對這種加油添醋的吹噓顯然不感興趣——談到吹噓，官兵衛的故主秀吉功力可高明幾百倍啦——他只是這麼問長政：「你用哪隻手和他握手啊？」長政回道：「右手。」官兵衛接著冷冷說道：「那你怎麼不用空出來的左手拿刀刺殺他呢？」官兵衛說這番話的心情也不難理解，如果關原之戰能拖久一些，取得天下的新霸主說不定就要換人，而導致這場戰役提前結束的關鍵人物竟然是自己兒子——他或許要責怪竹中半兵衛，當初為什麼要救這個兒子？

在長政之前，筑前的主人是金吾中納言小早川秀秋，居城名島城（福岡縣福岡市東區），俸祿三十三萬六千石。長政當然不認為名島城配得上領有五十二萬三千石的自己，於是選擇了名島城西南邊，北臨玄界灘、東倚那珂川之地另築新城，一六〇一年破土，翌年落成。長政為表示不忘本，決定遵從父親的建議，以黑田氏家業再興之地為新城命名——備前福岡（福岡市中央區）。

筑前北邊臨玄界灘的港口名為博多，此名據說在奈良時代便廣為流傳，而福岡的由來卻始自此刻。筑前的福岡因長政而登上歷史舞台，明治時代廢藩置縣後，福岡之名仍保留下來，進而發展成九州第一大都市，進而名聞世界，但備前福岡這個對黑田氏發展有絕大關係的城鎮反而被人遺忘。

一六〇四年三月廿日，隱居在福岡城西北隅的官兵衛嚥下最後一口氣（另有一說是逝於京都伏見的藩邸），享年五十九歲。一生機關算盡、玩弄權謀，卻不如他那猴子主公長命，在在顯示出人生命運充滿嘲弄、不可預測。

參考書目

日文

《角川日本史辞典》高柳光寿、竹内理三編，角川書店
《知ってろようで意外と知らない・日本史人物事典》児玉幸多監修，講談社
《戦国時代用語辞典》外川淳編著，学習研究社
《日本史年表地図》児玉幸多編，吉川弘文館
《戦国大名》脇田晴子，小学館
《古戦場～戦国武将興亡の舞台》新人物往来社
《最新日本名城古写真集成》人物往来社
《日本の名家、名門人物系譜総覧》新人物往来社
《戦国合戦大全上巻・下克上の奔流と群雄の戦い》学習研究社
《戦国武心伝・武門の意地と闘魂の群像》学習研究社
《毛利戦記・大内、尼子を屠った元就の権謀》学習研究社
《戦国群雄伝・信長、秀吉、そして毛利元就……戦国に覇を唱えた武将たち》世界文化社
《南北朝の動乱》森茂暁，吉川弘文館
《西国の戦国合戦》山本浩樹，吉川弘文館
《下剋上の戦国史・歴史と旅特集》秋田書店
《大名の日本地図》中嶋繁雄，文芸春秋
《ビジュアル戦国１０００人》世界文化社
《戦国合戦事典》小和田哲男，ＰＨＰ文庫
《ウラ読み「戦国合戦」》谷口研，ＰＨＰ文庫
《戦国武将名言録》楠戸義昭，ＰＨＰ文庫
《三好長慶》長江正一，吉川弘文館
《日本武将列伝》江崎俊平，社会思想社
《武将列伝・戦国揺籃篇》海音寺潮五郎，文春文庫
《悪人列伝・近世篇》海音寺潮五郎，文春文庫
《黒田如水》吉川英冶，講談社
《松永弾正》戸部新十郎，中公文庫
《宇喜多秀家　備前物語》津本陽，文春文庫
《果心居士の幻術》司馬遼太郎，新潮文庫
《新装版　播磨灘物語》司馬遼太郎，講談社文庫

中文

《日本中世史》鄭樑生，三民書局
《日本戰國物語》孫琳、不戒，中國友誼出版
《日本戰國史》陳杰，陝西人民出版社
《向日本名將學習——人材篇》徐宗遵編著，武陵出版社
《梟雄心理學》中西信男，王志明譯，遠流出版
《織田信長》山岡莊八，孫遠羣譯，遠流出版
《天與地》海音寺潮五郎，陳寶蓮譯，遠流出版
《日本戰國風雲錄・天下大勢》洪維揚，遠流出版
《日本戰國風雲錄・群雄紛起》洪維揚，遠流出版

國家圖書館出版品預行編目資料

日本戰國梟雄傳. 西國篇 / 洪維揚著. -- 初版. --
臺北市 : 遠流, 2011.09
面； 公分

ISBN 978-957-32-6851-2（平裝）

1.戰國時代 2.軍人 3.日本史

731.254 100016819

日本館・歷史潮 J0246

日本戰國梟雄錄・西國篇

作　者——洪維揚
主　編——吳倩怡
特約編輯——陳錦輝
行政編輯——許景麗・高竹馨
美術編輯・地圖繪製——陳春惠
人物繪製——諏訪原寬幸

發行人——王榮文
出版發行——遠流出版事業股份有限公司
100台北市南昌路二段八十一號六樓
電話——(02) 2392-6899
傳真——(02) 2392-6658
郵政劃撥—— 0189456-1
著作權顧問——蕭雄淋律師
法律顧問——董安丹律師
2011年9月15日——初版一刷
行政院新聞局局版台業字第1295號
售價新台幣——360元

Printed in Taiwan
ISBN 978-957-32-6851-2
遠流博識網
http://www.ylib.com
http://www.ebook.com.tw
E-mail:ylib@ylib.com